Introduction to Trade in the 4th Industrial Revolution Era

# 4.0 시대의
# 무역학개론

이주섭 저

## 4.0 Introduction to trade

에이드북

### 4.0 Introduction to Trade

Copy Right ⓒ2022 by Aidbook Publishing Co.
6, Sadang-ro 9 ga-gil, Dongjak-gu,
Seoul, KOREA

You will, You make

# Preface

지난 2년간은 전례에 없었던 Covid-19 전염병의 전 세계적인 확산으로 인하여 예방 차원에서 각국이 사회적인 거리두기(Social Distance Policy)정책을 실시하였고, 이로 인하여 대외적인 사회활동의 제한으로 말미암아 많은 국민들에게 엄청난 재앙의 시기였다. 특히, 우리나라는 무역 및 산업발전에 옳지 않은 만은 영향을 받았고, 사적모임 제한으로 인하여 자영업자들이 경제적으로 도산위기에 몰리는 한편, 해외 출입국 제한으로 대외무역 및 통상활동에 엄청난 제약이 있었다. 뿐만 아니라 대학 및 교육기관들은 비대면 교육으로 인하여 정상적인 교육활동을 할 수 없는 현실에 직면하여 불편함이 이루 말할 수 없었다. 하루빨리 이러한 코로나 펜데믹으로 인한 각종 제약으로부터 벗어나 정상적인 일상으로 돌아갈 수 있기를 기대해 본다.

이러한 격변기에도 우리가 살고 있는 현실은 4차 산업혁명의 파괴적 기술들과 함께 세계 무역환경은 빛의 속도로 끊임없는 변화 속에서 새로운 패러다임을 형성하고 있다. 즉, 국가와 국가 간의 긴밀한 관계가 필요하였던 국제화 체제에서 이제는 국경이라는 개념이 무의미해지고 하나의 지구촌에서 무한경쟁 체제로 총성 없는 경제 전쟁이 시작된 것이다.

또한, 국제통상 환경도 급변하여 국제무역의 대상과 범위가 급속히 확대되는 가운데 전통적인 무역활동의 상품교역에서 최근에는 서비스, 기술, 지적재산권 등의 교역과 노동, 자본 등 생산요소의 이동이 활발해지고 있다. 특히, 국제무역 및 투자가 보다 자유화되고, 국제경쟁이 치열해지면서 선진국들은 공정무역질서의 강화로 환경, 노동, 경쟁, 기술라운드 등 새로운 협상 의제를 제기함으로써 개도국들을 견제하고 있는 실정이다.

우리나라는 삼면이 바다로 둘러싸이고 남북한이 38°선으로 막혀 있으면서 무역 의존도가 높고, 부존자원이 빈약한 우리의 입장에서는 무역의 중요성은 아무리 강조해도 지나치지 않을 것이다. 본서는 3개의 Part로 나누고, 1부는 무역의 기초인 국제무역의 전반적인 이해부분으로 8개 Chapter, 2부에서는 무역실무분야를 초심자들이 알기 쉽게 풀이한 9개 Chapter, 3부에서는 4차 산업혁명시대의 기초이론 Chapter로 정리하였다.

　Covid-19 펜데믹(Pandemic)으로 인한 어려움에도 불구하고 본서의 출간을 승낙해 주신 도서출판 에이드북 양준석 대표님께 감사드리며, 아울러 본서의 출간을 위해 교정 및 편집을 위해 애써주신 편집직원 분들께도 깊은 감사를 드립니다. 또한, 저자가 집필 중에 아름다운 밥상을 손수 준비하여 가져다주시고, 사랑과 배려를 아끼시지 않으신 저자의 매형 백준성님에게 이 자리를 빌려 깊은 감사를 올립니다.

　아무쪼록 본서가 어려운 여건 속에서도 무역 초심자와 무역전선에 종사하고 계시는 분들과 국제통상분야의 전공학도들에게 많은 도움이 되길 바랍니다. 아울러 강호제현들의 많은 질정이 있으시기를 바라며 겸허하게 수정·보완할 것을 약속드립니다.

2022년 1월
임인년 새해 우석교정에서
저자 씀

# Contents

# [1부] 국제무역의 이해

## Chap. 01 무역의 기본개념 ·············································· 21

1. 무역이란? ·························································· 21
2. 왜 무역을 하는가? ················································ 22
3. 무역의 특징 ······················································· 23
   (1) 해상의존성 ··················································· 23
   (2) 산업관련성 ··················································· 24
   (3) 기업의 위험성 ················································ 25
   (4) 국제관습성 ··················································· 26
4. 무역의 주체와 객체 ··············································· 26
   (1) 글로벌 무역의 주체 ·········································· 26
   (2) 글로벌 무역의 객체 ·········································· 28
5. 무역의 형태 ······················································· 29
   (1) 직접무역 ····················································· 29
   (2) 간접무역 ····················································· 29
6. 무역의 성격 및 무역관련 통계지표 ······························· 33
   (1) 무역의 성격 ·················································· 33
   (2) 무역관련 통계지표 ··········································· 34

## Chap. 02 무역학의 연구범위 ············································ 39

1. 의의 ······························································· 39
2. 국제경제 및 국제통상환경 ········································ 39

3. 무역상무 ·············································································· 41

4. 글로벌 경영론 ······································································ 42

## Chap. 03 무역관리와 국내외 규범 ········································· 45

1. 무역관리의 의의 ··································································· 45

2. 국내 무역관련 법규 ····························································· 45

   (1) 대외무역법 ···································································· 46

   (2) 외국환거래법 ································································ 46

   (3) 관세법 ············································································ 46

   (4) 기타 관련법규 ······························································ 47

3. 무역관련 국제규범 ······························································· 48

## Chap. 04 글로벌 무역이론 ······················································ 51

1. 고전적 무역이론 ··································································· 51

   (1) 절대생산비설 ································································ 51

   (2) 비교생산비설 ································································ 53

   (3) 상호수요이론 ································································ 55

2. 근대적 무역이론 ··································································· 58

   (1) 헥셔·올린 정리 ····························································· 58

   (2) 레온티에프의 역설 ······················································ 60

3. 현대적 무역이론 ··································································· 62

   (1) 대표적 수요이론 ·························································· 62

   (2) 연구·개발 요소이론 ···················································· 63

   (3) 기술격차이론 ································································ 64

  (4) 제품수명주기 이론 ·········································· 66
  (5) 산업 내 무역이론 ·········································· 69

## Chap. 05 국제무역정책 ·········································· 73

### 1. 무역정책의 의의와 목표 ·········································· 73
  (1) 무역정책의 개념 ·········································· 73
  (2) 무역정책의 목표 ·········································· 74

### 2. 무역정책의 변천과정 ·········································· 76
  (1) 중상주의 ·········································· 76
  (2) 자유무역주의 ·········································· 77
  (3) 보호무역주의 ·········································· 78
  (4) 전략적 무역정책 ·········································· 80
  (5) 신 보호무역주의 ·········································· 81

### 3. 무역정책 수단 ·········································· 82
  (1) 관 세 ·········································· 82
  (2) 비관세장벽 ·········································· 85

## Chap. 06 국제무역환경 ·········································· 83

### 1. 신 무역환경의 도래 ·········································· 83
  (1) 국제무역환경의 변화 ·········································· 83
  (2) WTO 체제의 출범 ·········································· 90

### 2. 무역 질서의 구조변화와 통상마찰 ·········································· 97
  (1) 지역경제 블록화 ·········································· 97
  (2) 통상마찰과 새로운 통상현안 ·········································· 102

**Chap. 07** 국제경영 ·············································································· 105

   **1. 기업의 국제화** ················································································ 105
      (1) 기업의 국제화 과정 ···································································· 105
      (2) 해외시장 진출전략 ···································································· 108

   **2. 다국적기업** ····················································································· 112
      (1) 다국적기업의 정의 및 특성 ························································ 112
      (2) 다국적기업의 생성 동기 ···························································· 112
      (3) 다국적기업의 기준 ···································································· 114
      (4) 다국적기업의 경제적 효과 ························································ 115
      (5) 다국적기업 경영자의 경영전략 ·················································· 117

**Chap. 08** 무역금융과 외국환 ······················································· 121

   **1. 무역금융의 기초** ············································································ 121
      (1) 무역금융의 의의와 특징 ···························································· 121

   **2. 무역금융제도** ················································································· 123
      (1) 무역금융의 의의 ········································································ 123
      (2) 무역금융의 융자대상 ································································ 123
      (3) 무역금융의 특징 ········································································ 123
      (4) 무역금융의 종류 ········································································ 125
      (5) 무역금융의 융자방법 ································································ 126
      (6) 무역금융의 선택 ········································································ 126

   **3. 외국환** ··························································································· 127
      (1) 외국환의 기본개념 ···································································· 127
      (2) 외국환시장 ················································································ 129
      (3) 환율의 기본개념 ········································································ 132

### 4. 국제수지와 국제수지표 ········································· 134
　(1) 국제수지의 기본개념 ········································ 134
　(2) 국제수지의 조정 ············································· 136

# [2부] 무역실무

## Chap. 01 수출입 절차 ·················································· 141

### 1. 수출의 정의 ····················································· 141
　(1) 수출계약의 체결 ·············································· 141
　(2) 수출승인 ····················································· 142
　(3) 수출품 확보 ·················································· 143
　(4) 운송 및 보험계약의 체결 ···································· 145
　(5) 선적 절차 ···················································· 148
　(6) 컨테이너 화물 ················································ 149
　(7) 출고 및 육상운송 ············································ 150
　(8) 화물입고 및 인도 ············································ 150
　(9) 선화증권 발행 ················································ 150
　(10) 선화증권 수취 ··············································· 151
　(11) 선적서류 완비 ··············································· 151
　(12) 수출 통관 ··················································· 151

## Chap. 02 해외시장조사와 거래처 발굴 ································ 153

### 1. 해외시장조사의 개념 ··········································· 153
### 2. 해외시장조사의 내용과 방법 ··································· 154
　(1) 해외시장조사의 내용 ········································· 154

  (2) 해외시장조사 방법 ·············································· 156
 3. 거래선 발굴 ························································· 157
  (1) 거래알선사이트 이용 ·········································· 158
  (2) 상공인명부의 이용 ············································ 159
  (3) 국내외 무역유관기관 이용 ··································· 160
  (4) 주한 외국공관 이용 ··········································· 160
  (5) 해외 홍보매체 이용 ··········································· 160
  (6) 국제전시회 참가 ··············································· 161
  (7) 해외광고 ························································· 161
 4. 거래제의 ······························································ 161
  (1) 거래제의서 작성방법 ·········································· 162
  (2) 거래제의서 송부 ··············································· 162
 5. 거래조회 ······························································ 163
  (1) 거래조회에 대한 회신 ········································ 164
 6. 신용조회 ······························································ 164
  (1) 신용조회 개념 ·················································· 164
  (2) 신용조회 내용 ·················································· 164
  (3) 신용조회처 ······················································ 165
 7. Inquiry의 배부 ···················································· 166
 8. 청약(Offer) ························································· 169
  (1) 청약의 의의 ····················································· 169
  (2) 오퍼서식 및 작성 ·············································· 171
  (3) 청약의 유인 ····················································· 174
 9. 승낙(Acceptance) ················································ 174
  (1) 승낙이란 ························································· 174

  (2) 승낙 요건 ··············································· 174
  (3) 승낙 방법 ··············································· 174
  (4) 승낙통지의 효력발생 시기 ··············································· 175

## Chap. 03 무역계약 ··············································· 179

### 1. 무역계약의 성립요건 ··············································· 179

### 2. 무역계약의 성격 ··············································· 180
  (1) 합의계약(Consensual Contract) ··············································· 180
  (2) 쌍무계약(Bilateral Contract) ··············································· 180
  (3) 유상계약(Remunerative Contract) ··············································· 180
  (4) 불 요식계약(Informal Contract) ··············································· 180

### 3. 무역계약서 작성 ··············································· 180
  (1) 계약서의 필요성 ··············································· 180
  (2) 계약서 작성시 검토사항 ··············································· 181
  (3) 수출입 계약의 체결방법 ··············································· 181
  (4) 계약서의 확정·확인 ··············································· 183

## Chap. 04 무역거래 조건과 통일규칙(INCOTERMS 2020) ··············································· 185

### 1. 무역거래 조건의 의의 ··············································· 185

### 2. INCOTERMS 2020 조건 ··············································· 186

### 3. INCOTERMS 2020 주요 개정내용 ··············································· 187
  (1) 서 설 ··············································· 187
  (2) CIP 매도인의 최대 부보 의무화 ··············································· 188
  (3) FCA상 본선적재표기 선하증권에 관한 규정의 신설 ··············································· 189

  (4) DAT에서 DPU로 명칭변경 ································ 190
  (5) 매도인/매수인 자신의 운송수단에 의한 운송의 허용 ············ 190
 **4. INCOTERMS 2020의 내용** ································ 191
  (1) 공장 인도조건(EXW) ···································· 191
  (2) 운송인 인도조건(FCA) ·································· 192
  (3) 선측 인도조건(FAS) ···································· 193
  (4) 본선 인도조건(FOB) ···································· 193
  (5) 운임포함 인도조건(CFR) ································ 194
  (6) 운임·보험료 포함 인도조건(CIF) ························ 195
  (7) 운송비 지급 인도조건(CPT) ····························· 195
  (8) 운송비·보험료 지급 인도조건(CIP) ······················ 196
  (9) 도착지 양하 인도조건(DPU) ····························· 197
  (10) 목적지 인도조건(DAP) ·································· 198
  (11) 관세지급반입 인도조건(DDP) ···························· 199

## Chap. 05 무역계약의 8대 기본조건 ································ 201

 **1. 품질조건** ·················································· 201
  (1) 품질 결정방법 ············································ 201
  (2) 품질의 결정시기 ·········································· 203
 **2. 수량조건** ·················································· 203
  (1) 수량 단위 ················································ 204
  (2) 과부족 용인조건 ·········································· 204
 **3. 가격조건** ·················································· 205
 **4. 선적조건** ·················································· 206
  (1) 선적시기 ················································ 206

(2) 분할선적과 환적의 허용 여부 ·················································· 207
　　(3) 선적 지연에 따른 면책조항의 설정 ········································· 208
5. 대금결제조건 ········································································· 209
　　(1) 대금결제 방식 ············································································· 209
　　(2) 대금결제 시기 ············································································· 210
6. 보험조건 ················································································· 211
7. 포장조건 ················································································· 211
　　(1) 포장 방법 ····················································································· 212
　　(2) 포장의 종류 ················································································· 212
　　(3) 화인(Shipping Marks) ······························································· 212
8. 클레임과 중재조항 ······························································· 212

## Chap. 06 신용장 ·················································· 213

1. 신용장의 당사자와 종류 ··················································· 213
　　(1) 신용장 당사자 ············································································· 213
　　(2) 신용장의 종류 ············································································· 215
　　(3) 신용장통일규칙 ··········································································· 219
2. eUCP ······················································································ 220
　　(1) eUCP의 의의 ·············································································· 220
　　(2) eUCP의 제정 배경 ···································································· 220
　　(3) eUCP의 특징 ·············································································· 221
　　(4) eUCP의 구성 ·············································································· 222

## Chap. 07 국제물품운송과 보험 ·················· 223

**1. 국제물품운송** ·················· 223
  (1) 해상운송 ·················· 223
  (2) 컨테이너운송 ·················· 229
  (3) 항공운송 ·················· 232
  (4) 복합운송 ·················· 234

**2. 해상보험** ·················· 236
  (1) 해상보험의 성격 ·················· 236
  (2) 해상손해 ·················· 240

**3. 무역보험** ·················· 243
  (1) 무역보험의 개념 ·················· 243
  (2) 수출보험의 기능 ·················· 243
  (3) 담보위험의 종류 ·················· 244
  (4) 무역보험 운영방법 ·················· 245
  (5) 무역보험 운영종목 ·················· 245

## Chap. 08 수출입 통관 ·················· 249

**1. 통관과 보세구역** ·················· 249
  (1) 통관의 의의 ·················· 249
  (2) 통관의 대상 ·················· 250
  (3) 보세구역 ·················· 250

**2. 수출통관** ·················· 252
  (1) 수출통관의 의의 ·················· 252
  (2) 수출통관 절차 ·················· 252

3. 수입통관 ·········································································· 255
   (1) 수입통관의 의의 ························································ 255
   (2) 수입통관 절차 ··························································· 255

## Chap. 09 무역클레임과 중재 ············································ 261

### 1. 무역클레임 제기 ····························································· 261
   (1) 무역클레임의 개념 ···················································· 261
   (2) 물품검사와 통지의무 ················································ 262
   (3) 무역클레임 제기기간 ················································ 263

### 2. 무역클레임 해결방법 ····················································· 265
   (1) 당사자에 의한 해결방법 ············································ 265
   (2) 제3자에 의한 해결방법 ············································· 266

### 3. 상사중재 ······································································· 267
   (1) 상사중재의 특징과 장·단점 ······································ 267

### 4. 중재합의 ······································································· 269
   (1) 중재합의의 의의와 형태 ············································ 269
   (2) 중재합의의 대상과 요건 ············································ 270
   (3) 중재합의의 형식 ······················································· 271
   (4) 중재합의의 효력 ······················································· 274

### 5. 중재신청과 답변 및 반대신청 ········································ 275
   (1) 중재신청 ··································································· 275
   (2) 답변(Answer) ·························································· 276
   (3) 반대신청(Counter-Claim) ······································· 276

### 6. 중재판정부 구성 ···························································· 276
   (1) 중재판정부(Arbitral Tribunal) ································· 276

  (2) 중재인(Arbitrator) ································································· 277
**7. 심리와 중재판정** ································································ 280
  (1) 중재 장소의 결정 ····················································· 280
  (2) 심 리 ····································································· 280
  (3) 중재판정 ······························································· 283
  (4) 중재판정 취소의 소 ················································· 283

# [3부] 4차 산업혁명시대

## Chap. 01 4차 산업혁명의 의의와 정의 ································· 287
**1. 4차 산업혁명의 의의** ··························································· 287
**2. 4차 산업혁명의 정의** ··························································· 288

## Chap. 02 4차 산업혁명에 의한 변화와 핵심기술 ···················· 293
**1. 4차 산업혁명이 가져올 변화** ················································· 293
**2. 4차 산업혁명의 핵심기술** ····················································· 298
  (1) 인공지능(AI) ··························································· 298
  (2) 로봇(Robot) ···························································· 302
  (3) 사물인터넷(IoT) ······················································ 305
  (4) 융복합기술 자동차 ··················································· 311
  (5) 3D 프린팅 ······························································ 316
  (6) 빅 데이터(Big Data) ················································ 318
  (7) 가상현실(VR)과 증강현실(AR) ·································· 319
  (8) 드론(Drone) ···························································· 321

(9) 공유경제(Sharing Economy) ································· 323
(10) 가상화폐와 블록체인(Virtual Currency & Block Chain) ······· 325
(11) 핀테크(Fin Tech) ······································· 328

[참고문헌] ················································· 332

4.0 Introduction to Trade

# [제1부]
# 국제무역의 이해

PART 1

*a point note*

# 01 무역의 기본개념

INTRODUCTION to TRADE

## 1. 무역이란?

무역(international trade)은 그 주체와 대상에 따라 여러 가지로 정의되고 있다. 그 구체적인 정의는 다음과 같다.

첫째, 무역(international trade)은 '교환 또는 매매'를 의미한다. 서양어의 무역(trade)은 '걷다', '밟다'는 의미의 "Tread"와 발자취 또는 '항로'의 의미인 "Trace"에서 유래되었다. 한편, 동양에서의 '무역(貿易)'의 의미는 '무역'의 '무(貿)'와 '바꾸다'는 '역(易)'의 합성어로 교환이나 매매를 의미하고 있다. 결국, 무역은 '국가 간의 매매나 교환'을 의미한다고 할 수 있다.

둘째, 무역의 대상은 재화(goods)와 용역(service)이다. 재화란 상품 등과 같은 유형재화(visible goods)와 자본 등과 같은 무형재화(invisible goods)를 의미한다. 그리고 용역이란 기술, 노동, 운임, 보험 등과 같은 무체물(invisible service)을 말한다. 고대의 무역은 각 지역의 천연자원을 서로 교환하는 것에 국한되었지만, 그 후 산업화 단계에서는 공장에서 생산·가공된 공산품을 매매하거나 교환하는 형태로 확대되었다. 최근 들어 무역은 기술, 서비스, 자본, 토지 심지어 노동력 등에 걸쳐 그 대상의 폭을 넓혀 가고 있으며, 서비스와 기술 등 눈에 보이지 않는 무역(invisible trade)이 경제의 소프트화 추세에 따라 확대되고 있는 상황이다.

셋째, 무역은 그 대상인 재화와 용역이 이동하는 현상을 말한다. 이러한 이동현상은 동일 국가 내에서 이루어질 수도 있고, 국경을 넘어 다른 국가로 이동할 수도 있다. 재화와 용역이 국가 내에서 이동하는 현상을 '국내무역(domestic trade)'이라고 하고, 국경을 넘어 이동하는 것을 '국제무역(international trade)'이라고 한다. 무한경쟁 체제하에서 시장의 구분은 예전과는 달리 큰 차이점이 없어져 가고 있기 때문에 무역은 곧 '국제무역'을 의미한다고 할 수 있다. 이런 관점에서 본다면 무역은 가치생산을 목적으로 한 물품의 국제적인 매매나 교환을 의미하는 수출입을 말한다. 보다 넓은 의미로 해석한다면 물품, 자본, 기술, 노동(서비스)등과 같은 경제적 가치를 지닌 모든 재화를 국제간에 교환·매매하여 그 효용가치나 경제적 효과를 증대시키는 국제적 상행위를 무역이라고 할 수 있다.

## 2. 왜 무역을 하는가?

무역을 하는 궁극적인 이유는 값싸고 좋은 물건을 수입해서 잘 사는데 그 목적이 있다. 즉, 무역은 비교우위에 있는 국가로부터 수입을 하고, 상대적으로 비교우위가 높은 물건을 수출해서 개개인이 기호에 맞는 각종 재화를 가질 수 있게 하는 것이다.

무역으로 얻을 수 있는 이점은 다음과 같다.

① 국내에서 생산되지 않는 재화를 얻을 수 있다.
② 국내에서 생산은 되지만 품질이 낮거나 상대적으로 생산비가 높아 비싼 재화도 무역을 통하여 보다 저렴한 가격, 보다 좋은 품질의 재화를 얻을 수 있다.
③ 무역을 통하여 대량생산을 통한 규모의 경제효과에 른 단위당 생산비 절감, 고용증대효과 등을 얻을 수 있다.
④ 국제 분업에 의한 원재료와 상품의 이동이 증대된다.

〈표 1-1〉· 무역의 정의 및 위험과 절차

| 순서 | 요약 내용 |
|---|---|
| 무역의 정의 | • 수출(export)과 수입(import)<br>• 대상 : 상품거래뿐만 아니라 용역(노동)거래, 자본거래, 기술거래 및 해외건설 등 경제적인 가치가 있는 모든 대상(plant 및 기술수출, 해외건설, 해외투자, design, software 등)의 국제간 거래 |
| 무역거래 위험 | • 신용위험(credit risk) : 수출상이 수출대금을 확실하게 회수할 수 없는 위험<br>• 상업위험(mercantile risk) : 수입상의 계약 물품 인수여부에 대한 위험<br>• 환위험(exchange risk) : 시차 동안에 발생하는 환율변동으로 인한 환위험<br>• 가격변동위험(market risk) : 시간적인 차이로 상품의 국제시세 급변위험 |
| 무역거래 절차 | • 수출절차 : 무역업자유화(무역업 고유번호신청)→품목선정→시장조사→마케팅→거래선 발굴→청약 및 승낙→신용조사→거래조건협의→계약체결→수출신용장수취→수출승인(필요시)→수출상품 제조 및 확보→해상운송 및 보험→통관 및 선적→서류매입(대금회수)→관세 환급→사후관리<br>• 수입절차 : 수입계약체결→수입승인(필요시)→수입신용장개설→운송서류내도→수입대금결제 및 서류인수→수입통관→물품반출→무역클레임과 중재 |

## 3. 무역의 특징

무역이란 격자지간 거래라는 특징을 지니고 있으나 국민경제·세계경제와 밀접한 관계를 맺고 있는 상황에서 국내거래와는 여러 가지 다른 국가 간의 거래로서 다음과 같은 특징을 지니고 있다.

### (1) 해상의존성

무역은 대체로 해상을 주된 통상 경로(route)로 삼고 있기 때문에 해상운송 및

이를 기초로 한 모든 제도의 경제적 기능에 의하여 실현된다. 따라서 무역은 고도의 해상의존성을 지니고 있다고 할 수 있으며, 이러한 사실은 해양국가의 무역에만 국한되지 않고 프랑스나 독일과 같은 전형적인 대륙국가에도 해당된다.

따라서 세계의 무역은 해상중심으로 해운의 발달과 함께 발전하여 왔으며, 그 후 경제규모의 확대와 더불어 무역과 해운이 분화되고 또 다시 해운과 해상보험이 분리되어 각각 독립기업으로 성장하게 되었다. 운송도 해상운송·육상운송·항공운송 및 내수로(內水路) 운송 등으로 세분화되었기 때문에 오늘날에 있어서의 해상은 이들 일체의 운송을 통상 경로로 하고 해상항(海商港)을 중심으로 한 해운·해상보험, 그리고 상항(商港)에 있어서의 상품창고·보세창고·가공창고 등, 창고제도의 일체를 포함하는 통합체를 지칭하게 된다. 이와 같이 무역이 해운이라는 통상 경로를 통하여 발전되어 왔기 때문에 무역의 해상의존성은 절대적이라 할 수 있다.

### (2) 산업관련성

무역은 세계의 자원과 세계시장의 활용을 그 성립조건으로 하고 있기 때문에 산업과 상호 의존관계에 있다. 또한 무역은 국제 분업을 통한 국제적 공급 및 수요를 충족시킬 뿐만 아니라 당사국의 국내 산업을 육성·발전시켜 국민경제의 수준을 향상시켜 준다. 무역의 산업관련성은 무역과 국제 분업, 무역과 국내 산업이라는 두 가지 측면에서 살펴볼 수 있다.

첫째, 무역은 국제 분업의 발달을 촉진시켜 값싸고 좋은 물품의 국제적 공급을 가능하게 할 뿐만 아니라 생산요소의 효율적인 이용과 산업의 특수화를 통하여 우량·저렴한 상품의 국제적 유통을 원활하게 한다. 따라서 국가의 자본과 노동 등의 생산요소를 비교적 그 국가에 적합한 생산에 집중시켜 생산력의 증가를 통한 값싸고 좋은 재화를 각국에 공급할 수 있다.

둘째, 무역은 국내 주요산업이 필요로 하는 원료를 자원이 풍부한 세계 각국으로부터 수입·공급하고, 국내에서 생산된 상품을 수출하여 대량생산과 고용수준 향상을 통한 국민경제 발전의 선도적 역할을 하게 된다.

### (3) 기업의 위험성

기업 위험(risk)은 무역에 있어서 제도·조직·관습 등이 전혀 다른 외국의 상대방과 거래를 하는 것이므로, 무역객체에 대한 계약·인도 및 결제 과정에 국내거래에서 볼 수 없는 기업적 위험성이 존재하고 있다. 이러한 위험성은 세 가지로 나누어 볼 수 있는데, '① 상품과 관련된 위험', '② 물품대금의 결제 및 금융에 관한 위험', '③ 상품가격 및 환율의 변동에 관한 위험'으로서 구체적으로 설명하면 다음과 같다.

#### ① 상품관련 위험

장기간의 운송 및 보관 중인 상품 그 자체에 발생하는 물리적 위험이 대표적인 경우로서 이러한 위험은 해상보험과 그에 따르는 각종의 손해 보험에 의하여 보험업자에게 전가되고 있다.

#### ② 물품대금의 결제 및 금융에 관한 위험

물품 또는 상품 대금의 결제 및 금융상의 지불불능 및 지불거절과 관련된 위험으로서 무역에서 흔히 발생하는 경제적 위험의 한 종류이다. 이러한 위험은 신용장 제도나 혹은, 수출보험제도를 통하여 어느 정도까지는 보호될 수 있다.

#### ③ 상품가격 및 환율변동에 관한 위험

대량의 선물거래(先物去來)에서 파생될 수 있는 상품가격 변동에 따른 투기적 위험뿐만 아니라 외환시세의 변동에 따른 환위험 등으로서 국내의 상거래에서는 생각할 수 없는 일종의 기업 위험이다. 무역거래는 이행미필매매계약(履行未畢賣買契約)으로 이루어지기 때문에 계약시기와 상품의 인도 및 대금의 지불시와는 시간적 격차가 존재한다. 따라서 이 기간 중의 상품 가격 및 환율의 변동은 어느 한 당사자에게 손해를 끼칠 수 있다. 상품가격의 변동은 특정품의 인도불이행 또는 인수 거절 등의 투기적 위험이 따르는데 이런 경우, 헤징(hedging) 방식을 통하여 위험을 전가시킨다.

헤징이란 일명 연계매매라고도 불리며, 실물거래에서의 손실 또는 이익이 청산

거래에 있어서 그에 상당하는 이익 또는 손실로 상계되도록 하기 위한 반대의 성질을 가진 상대적 거래이다. 즉, 상품의 선물(先物)을 대량으로 실물시장에서 매수한 경우, 미래 상품 수령시의 가격변동에 대비하여 같은 조건으로 거래소에 매도해 둔다.

따라서 같은 사람이 동시에 두 개의 시장에서 반대의 매매를 실행함으로써 파생되는 한 편의 손실(이익)은 다른 편의 이익(손실)으로 보상받을 수 있다. 끝으로 환율변동에 따르는 위험, 즉 환위험은 수출업자의 경우 한국수출보험공사의 환변동보험에 가입함으로써 위험을 줄일 수 있다.

### (4) 국제관습성

국제무역은 국제간의 사적 매매활동의 결과를 종합한 것에 불과하며 국내 상사매매(商社賣買)와 같이 매매쌍방에 법률상의 권리·의무를 발생시키는 법률 행위로서, 낙성(諾成)·쌍무(雙務)·유상(有償)의 상사계약이다.

그럼에도 불구하고 국가 간에 공통적으로 사용하는 국제매매에 대한 규칙 또는 협약은 현재까지 통일된 것이 없다. 따라서 국제매매에 관한 통일된 국제규칙 또는 협약이 없기 때문에 무역은 일반적으로 역사·문화·종교·습관 및 법률이 상이한 여러 국가 사이의 마찰과 시련을 통하여 정형화된 무역관습에 기초하여 계약을 체결·이행하고 있다.

무역관습은 국제상업회의소나 국제법협회와 같은 세계적으로 권위를 인정받고 있는 국제단체에 의하여 조사·연구·심의되어 국제규칙으로 발전하였고, 결국 국제관습법이 되었다. 따라서 국제매매에 관한 분쟁의 경우 무역관행규칙, 즉 국제관습법에 따라 거래되는 특수성을 갖는다.

## 4. 무역의 주체와 객체

### (1) 글로벌 무역의 주체

글로벌 무역의 주체(subject)는 계속·반복적으로 무역사업을 영위하는 주체, 즉 무역거래자를 말한다. 무역업은 국제간의 거래인 무역을 일정한 목적과 계획을 가지고 짜임새 있게 지속적으로 경영하는 것이다. 사업은 사람(who), 사업대상(what) 및 영업(how) 등 세 가지의 요소가 결합된 것이다. 무역업을 시작하고자 하는 사람(who)은 어떠한 사업대상(what, item)을 어떠한 방식(how)으로 사업을 진행할 것인가에 대한 사업계획을 수립(PLAN)하고, 사업을 수행(DO)하고, 평가(SEE)하는 절차를 반복하게 된다. 대외무역법상1) 무역의 주체는 무역업자(수출 또는 수입을 하는 자), 무역대리업자(외국의 수입자 또는 수출자의 위임을 받는 자), 무역위임자(수출입을 위임하는 자) 및 무역대행자(수출입의 위임을 행하는 자)를 통합하는 무역거래자라는 명칭을 사용한다.

우리나라는 2000년 1월 이후 무역업종이 자유화 되어 명칭 구분도 없어졌으며, 특별한 인허가 등의 아무런 제한이 없다. 따라서 무역을 업( )으로 영위하고자 하는 사람은 한국무역협회에서 '무역업고유번호'만 받으면 누구든지 자유롭게 할 수 있다. 다만 특정한 품목을 수출입 하고자 하는 경우에는 품목의 특성상 개별법에 따라서 별도의 자격요건을 갖추어야 하는 경우도 있다.

무역업고유번호는 한국무역협회의 본부 및 각 시도에 위치한 지부를 방문하거나 인터넷을 통하여 신청서와 사업자등록증 사본을 제출하면 신청 즉시 발급받을 수 있으며 또한 무역협회 회원으로 가입하여 무역에 관한 One-stop Service를 받을 수 있다. 따라서 무역업고유번호를 발급받기 이전에 '사업장 소재지 관할세무서'에서 먼저 사업자 등록증을 발급받아 무역업고유번호 신청시 함께 제출해야 한다.

〈표 1-2〉· 사업자등록증 및 무역업고유번호증 신청

| 구 분 | 사업자등록증 | 무역업고유번호증 |
|---|---|---|
| 신청장소 | 관할세무서 | 한국무역협회 본·지부 |
| 필요서류 | 주민등록등본,<br>사무실임대계약서(필요시) | 사업자등록증, 무역업고유번호 부여신청서 |
| 처리기간 | 1~2일 | 즉시 |
| 소요경비 | 무료 | 무료 |

---

1) 대외무역법 제2조(정의) 제3호

## (2) 글로벌 무역의 객체

무역의 객체(object)라 함은 무역거래의 수동적 위치에 있는 대상, 즉 권리 의무의 목적을 말한다. 무역의 객체는 앞서 글로벌 무역의 개념에서 지적한 바와 같이 거래대상에 따라 유형무역(visible trade)과 무형무역 (invisible trade)으로 나누어, 전자는 주로 물품(goods) 거래, 후자는 서비스나 기술무역 등을 말한다. 기술무역은 특허권, 의장권, 저작권 등의 지적 재산권(IPR: intellectual property right)이 이에 속한다.

무역의 객체는 대외무역법의 정의를 기준으로 물품, 용역(서비스) 및 전자적 형태의 무체물 등으로 구분할 수 있다. 물품(物品, goods)이란 상품, 제품, 물건 등, 여러 가지로 불러지며, 대외무역법에서는 '외국환거래법에서 정하는 지급수단인 증권 및 채권을 화체한 서류외의 동산'으로, 민법에서는 '유체물 및 전기, 기타 관리할 수 있는 자연력'이라고 정의하고 있다. 이러한 개별법상의 정의가 너무 어렵기 때문에, 실무적으로는 HS Code[2]가 있는 것을 물품이라 칭해도 무방하며, 현재 HS Code가 있는 상품은 약 12,000가지에 달한다.

용역(service)이란 물질적 재화 이외의 생산이나 소비에 필요한 노무인데 모든 용역이 무역 개념에 포함되는 것은 아니고, 경영상담업, 법무·회계서비스업, 디자인, 컴퓨터 설계 및 자문업 등 대통령령으로 특별히 정하는 것만을 수출입 대상으로 하고 있다.

전자적 형태의 무체물이란 소프트웨어산업진흥법 제2조 제1호의 규정에 의한 소프트웨어, 부호 문자·음성·음향 이미지·영상 등을 디지털 방식으로 제작하거나 처리한 자료 또는 기타 이와 유사한 전자적 형태의 무체물로서 산업통상자원부장관이 정하여 고시하는 것을 말한다. 정보통신기술의 발달로 인터넷을 통하여 소프트웨어를 판매하는 등 가상공간을 통한 무역거래, 즉 전자무역거래가 빠른 속도로 증가하고 있다. 이와 같이 정보통신망을 이용한 '전자적 형태의 무체물'에는 소프트웨어와 영상물(영화·게임·애니메이션·만화·

---

[2] 국제통일상품분류(The Harmonized Commodity Description and Coding System)란 국제 무역에서 사용되는 세계적으로 공통된 상품 분류방식을 말하는 것으로 10자리 숫자로 되어있고, 6자리까지가 세계 공통이다.

캐릭터), 음향·음성물, 전자서적, 데이터베이스 등이 포함된다.

물품의 수출입은 국내와 외국 간의 물품 이동이 전제되기 때문에 국경 개념과 이를 경유하는 통관의 개념이 있지만, 전자적 형태의 무체물은 정보통신망을 통하여 거래되기 때문에 국경의 개념이 없고 국내거주자와 해외거주자라는 거래주체를 기준으로 수출입의 개념을 이해하여야 한다.

## 5. 무역의 형태

무역은 보는 관점에 따라 여러 가지의 분류방법이 있다. 그러나 여기서는 무역이 수출업자와 수입업자가 직접 매매를 하는 직접무역(direct trade)과 이들 사이에 매개역할을 수행하는 제3국의 업자가 개입되어 있는 간접무역(indirect trade)에 대해 알아본다. 특히, 간접무역 중에서도 중계무역은 남북한 간의 교역에 있어 여러 가지 형태로 이용되고 있으므로 그 중요도가 높다고 하겠다.

### (1) 직접무역

직접무역(direct trade)이란 수출업자와 수입업자가 직접 매매계약을 체결하여 이행하는 거래를 말한다. 즉, 약정된 물품은 수출업자의 소재지에서 수입업자의 소재지로 직접 운송된다. 매매대금의 결제 또한 직접 이루어진다. 따라서 직접무역은 현대무역에서 가장 일반적인 형태의 무역이다.

### (2) 간접무역

간접무역(indirect trade)은 직접무역과는 달리 수출국과 수입국 간의 무역거래에 제3국의 상인을 통하여 무역거래가 이루어지는 경우이다.

#### ① 중개무역

중개무역(merchandising trade)은 수출·수입의 양 당사자 외에 제3자가 개입하여 수출과 수입을 중개하는 무역형태를 말한다. 이처럼 제3자가 수출입을 중개하는 경우 물품의 인도와 대금결제는 수출자와 수입자 간에 직접 이루어지고, 중개인은 이에 따른 중개수수료(brokerage commission)를 받게 된다.

### ② 통과무역

통과무역(transit trade)은 양국 간에 무역이 행해질 때 물품이 수출국에서 수입국으로 직접 전달되지 못하고, 제3국을 거쳐서 수입국으로 전해지는 형태의 무역을 말한다. 이때 통과국인 제3국은 이에 따른 노임과 통과수수료 등을 획득할 수 있다. 통과무역은 중개무역과 유사하지만 제3국의 중개인이 스스로 개입을 하는 것이 아니라는 점에서 중개무역과 상이하다 할 수 있다.

### ③ 스위치 무역

스위치 무역(switch trade)은 매매계약을 수출업자와 수입업자가 직접 체결하고 약정된 물품도 직접 수출지에서 수입지로 직행하지만, 대금결제에 제3국의 업자인 스위처(switcher)가 개입되어 있는 경우를 말한다. 이때 스위처는 이에 상응하는 스위치 수수료(switch commission)를 받는다.

### ④ 중계무역

중계무역(intermediary trade)은 수출을 목적으로 제품을 수입하여 원형 그대로 다시 수출하는 무역형태를 말한다. 수출상은 수입가격과 수출가격의 차익을 취하게 된다. 따라서 중계무역은 관세상의 이점이 있으며, 금융·창고보관 등의 측면에서 직접무역보다 간편한 금융체계와 항구가 있어야 보다 효율적으로 이루어질 수 있다. 중계무역은 일반적으로 중계무역항을 통하여 이루어지고 있으며, 이러한 중계무역항이 되기 위하여 교통이 편리한 자유무역항 요건, 상품의 집산지 요건, 외환거래의 자유보장 요건을 충족하여야 한다.

대표적인 중계무역항은 홍콩과 싱가폴이라 할 수 있다. 한편, 중계무역은 가공무역과도 유사한 점이 있으나 가공무역은 가공과정을 거쳐 수출되는 반면, 중계무역은 가공과정을 거의 거치지 않는다는 점에서 차이가 있다.

### ⑤ 가공무역

가공무역(processing trade)은 가득액을 획득하기 위하여 원재료의 전부 또는 일부를 외국에서 수입하여 이를 가공한 후 다시 수출하는 무역을 말한다. 가공무역은 수입해 온 물품을 그 수입국에 재수출 또는 수입국이 아닌 제3국에 재수출하는지의 여부에 따라서 수입국에 재수출하는 경우를 적극적 가공무역이라 하고, 제3국에 재수출하는 경우를 통과적 가공무역이라 한다.

또한, 가공무역은 수탁가공무역과 위탁가공무역으로 구분되기도 하는데, 전자의 경우 상대방으로부터 위탁을 받아 가공한 뒤 수출하는 무역형태를 말하며, 가득액의 획득을 목적으로 원자재의 전부 또는 일부를 상대방의 위탁에 의해 외국에서 수입한 뒤, 이를 가공하여 그 위탁자나 지정된 자에게 수출하는 가공무역이 이에 해당한다. 한편, 후자는 해외 생산자에게 원자재의 전부 또는 일부를 수출하여 이를 가공 후 가공임의 지급을 조건으로 다시 수입하는 무역의 형태를 의미한다. 이 경우 원자재와 가공물품은 위탁자의 소유가 되고 수탁자는 가공에 대한 공임만을 받게 된다.

### ⑥ 우회무역

우회무역(round-about trade)은 2국 간의 무역에서 상대국과의 직접적인 수출입의 형태를 취하지 않고, 형식적으로 제3국을 경유시키는 무역 방식을 말한다. 이러한 무역의 유형은 예를 들어 A국가가 B국가의 외환에 대하여 심한 통제를 하는 경우라든지, B국가의 특정 제품에 대하여 수입규제를 하는 경우에 A국가와의 무역거래 어려움을 피하면서 이러한 외환 통제 내지 수입규제를 받지 않는 제3국을 통하여 A국가로 진출하기 위하여 활용된다.

### ⑦ 연계무역

연계무역(counter trade)은 수출업자가 상품, 기계, 기술, 노하우(know-how) 등을 수출하고 이와 관련하여 수입업자로부터 수출가액의 전부 또는 일정비율을 대응제품으로 구입하는 무역이다. 즉, 상품과 기술의 수출입 가액의 전부

또는 일부를 현금결제 이외의 형태로 연계하는 무역이라 할 수 있다. 연계무역은 다시 다음과 같은 여러 가지 종류가 있다.

[바터무역]

바터무역(barter trade : 물물교환)은 전통적인 물물교환형태의 실물무역으로서 대금결제나 화폐의 이전 없이 재화나 용역의 거래가 국제간에 이루어지는 무역이다.

[구상무역]

구상무역(compensation trade)은 수출과 수입에 따른 대금결제를 그에 상응하는 수입 또는 수출로 상계하는 무역을 말한다. 구상무역은 일반적으로 하나의 계약서에 의해 이루어진다. 구상무역은 다시 대금결제 시 환의 개입 여부에 따라 무환구상무역(바터무역)과 유환구상무역으로 나누어진다.

구상무역의 대금결제는 Back to Back 신용장 또는 ESCROW신용장 등에 의해 이루어진다(이들 신용장은 무역상무편을 참조하기 바람).

⑧ 제품환매무역

제품환매무역(buy-back trade)은 구상무역의 하나로서 무역당사자 간에 상품으로 결제되는 특수한 구상무역의 형태이다. 이는 수출업자가 플랜트, 기계, 설비, 기술 등을 수출하고 그 대가로 설비나 기술로 생산되는 제품을 구매 또는 수입하는 형태이다.

[대응구매]

대응구매(counter purchase)는 수출액의 전부 또는 일정비율만큼 수입업자의 제품을 본인 또는 제3자를 통하여 구매하는 거래형태로서 일반적으로 2개의 계약서로 이루어진다. 즉, 당초의 1차 주계약서에 대응구매의 의무를 명시함으로써, 수출계약(primary contract)과 연관된 대응구매를 약정하는 조건부

계약(secondary sales agreement)의 보합계약서로 이루어진다.

[선구매]

선구매(advance purchase)는 대응구매와 달리 선수입 후수출 형태의 무역을 말한다. 즉, 수출자가 수출하기에 앞서 수입자로부터 제품을 먼저 수입하고, 수입하는 조건으로 수입자로 하여금 수출자의 제품을 일정기간 내에 구매하도록 하는 거래방식을 의미한다.

[상계무역]

상계무역(offset trade)은 수입국에서 생산한 부품과 자재를 수출국이 수입하여 수출품에 결합시킴으로써 수출대금의 일부를 상계시키는 거래를 말하며, 수출입 시 별도의 계약서가 작성된 후 교환된다. 이러한 무역방식은 주로 항공기, 무기 및 첨단기술 제품 등 고도의 기술 상품에 이용되는 방식으로 우리나라의 경우 고속철의 도입에서도 활용되었다.

[삼각무역]

삼각무역(triangle trade)은 상대국과의 사이에 제3국을 개입시켜서 상대국과의 무역 불균형을 제3국과의 무역을 통해서 수지균형을 꾀하는 무역방식을 말한다. 다시 말하여 일반적으로 2국간에서만 무역이 행해지면 편무역이 될 가능성이 높기에, 제3국을 개입시켜 3국간의 협정에 의하여 3국 전체로서 채권과 채무의 상쇄가 가능토록 한 무역방식을 의미한다.

## 6. 무역의 성격 및 무역관련 통계지표

### (1) 무역의 성격

#### ① 기업경제적 성격

무역의 기업경제적 성격은 경영경제적 성격 내지 개별주체의 경제적 성격이라고도 불리는데, 이는 무역에 있어서의 현실적 주체가 개별무역기업에 있기

때문이다. 다시 말하여 무역이라는 국제상거래는 궁극적으로 개별무역기업이 환경이 서로 다른 국가의 개별무역기업을 상대로 행하여지는 거래이기에, 무역은 기본적으로 개별기업 경제적인 성격을 지닌다 할 수 있다.

### ② 국민경제적 성격

무역은 앞서 언급한 바와 같이 개별기업이 주체가 되어 상이한 국가 간에 이루어지는 국제경제교류 활동으로 그것이 국경을 초월하여 이루어지는 거래이므로 일국의 국민경제에 지대한 영향을 미치게 된다.

가령 개별기업의 무역은 개별기업 매출액의 증대뿐만 아니라 국제수지의 개선, 투자증가, 고용증대, 더 나아가 국민소득의 증대를 가져오는 등 국민경제적인 성격을 지니게 된다.

### ③ 세계경제적 성격

오늘날 세계의 모든 국가는 선진국이든 후진국이든 넓게는 세계무역이라고 하는 테두리 안에 있으며, 정도의 차이는 있을지언정 각국 경제는 무역에 의존하고 있으므로 무역을 배제한 국민경제의 유지·발전을 생각할 수는 없다. 즉, 각국은 모두 자신의 국내시장을 소유하고 거기에 국민경제를 형성하고 있지만, 오늘날의 경제구조에서는 외국시장 없이는 존재할 수 없다. 따라서 한 국가의 국민경제는 무역을 통해서 순차적으로 다른 국민경제와 연관을 가짐으로써 세계무역 내지 세계경제를 형성하고 있다고 할 수 있다.

### (2) 무역관련 통계지표

앞에서 살펴본 바와 같이 무역은 개별기업의 경제적 성격을 지니고, 이는 다시 국민경제의 일부를 구성하는 국민경제적 성격을, 그리고 각국의 국민경제적 성격의 무역은 세계경제의 일부를 구성하는 세계경제적 성격을 지닌다고 할 수 있다. 그러나 여기서 우리가 간과할 수 없는 점은 무역의 중요성이 국가에 따라 동일하지는 않다는 점이다. 국제적으로 비교하여 한 국가의 무역액이 크다고 해서 반드시 무역이 그 나라 국민경제에 큰 의미를 갖는다고는 할 수 없으며, 오히려 무역액이 작더라도 국가에 따라서는 매우 중요한 역할을 하는 경우가 적지 않다. 예컨대 미국과 같이 그 무역액이 타 국가들에 비하여 가장 크다 할지라도 그 중요성은 비교적 작다. 이는 국토가 광활하고 천연자원도 풍부하며 그 경제력이 막강하여, 공업·농업의 모든 분야에서 자급자족도가 높기 때문이다. 반면에 한국과 같이 국토가 협소하고 자원도 빈약한데다 과잉인구를 가진 국가에서는 무역액이 다른 선진제국에 비하여 그다지 크지는 않다 할지라도 무역의 중요성은 매우 크다 하겠다.

모든 국가가 무역을 국민경제와 연관시켜 무역의존도와 같은 무역통계지표를 작성하는데, 이를 통해 한 국가에서 무역이 얼마만큼 중요한가를 수치로써 파악할 수 있다. 다음의 무역의존도와 같은 통계지표와 이와 연관된 각종 지표를 살펴보자.

### ① 무역의존도

무역의존도는 한 국가의 국민경제가 무역에 어느 정도 의존하고 있는가를 보여 주는 것이다. 이는 국민총생산 또는 국민소득으로 측정할 수 있다.

국민총생산(gross national product: GNP)이란 일정기간(통상 1년) 동안에 국민 및 그들이 소유하는 생산요소에서 생산된 최종생산물의 시장가치를 화폐로 집계한 것이다. 국민소득(national income: NI)은 정부부문을 뺀 민간부문(가계 및 기업)이 소유하는 생산요소에서 생산된 최종생산물의 시장가치를 화폐로 집계한 것을 말한다. 무역의존도는 다음과 같다.

> 무역의존도가 높을수록 한 국가의 경제가 무역에 많이 의존하고 있으므로, 무역은 국민경제발전에 공헌도를 명확히 하고 있다. 또한, 그 국가 경제가 외국의 경제상황에 쉽게 영향 받는다는 것을 의미한다고도 볼 수 있으며, 무역액 대신 수출액 또는 수입액을 사용하여 각각 수출의존도 또는 수입의존도를 알 수 있다. 수출입이 균형 잡혀 있을 때 수출의존도와 수입의존도는 같게 된다.

### ② 1인당 무역액

국민총생산이나 국민소득에 대한 무역의존도에는 인구가 고려되지 않았는데, 인구를 고려하여 1인당 무역액을 산출하기도 한다.

1인당 무역액이 타국과 비교하여 상대적으로 크면 무역의존도가 높고, 작으면 무역의존도가 낮은 것이다. 앞에서 언급한 무역의존도와 더불어 일인당 무역액도 국민경제나 국제경제를 분석하기 위한 중요한 자료로 이용되고 있다.

영국이나 서구제국과 같이 국제분업에서 공업의 특화가 잘 이루어져 있는 지역에서는 인구밀도가 높더라도 소득수준이 높을 뿐만 아니라 1인당 무역액도 매우 크다. 반면에 인구밀도가 낮고 소득수준이 높으며, 기술과 자원이 풍부하여 자급자족도가 높은 미국이나 캐나다 같은 국가는 일인당 소득액에 비하여 1인당 무역액은 비교적 작다.

### ③ 무역결합도

무역결합도(intensity of trade)란 타국에 대한 한 국가의 무역이 세계무역에서 어느 정도 비율을 나타내고 있는가를 측정하는 지표이다. 무역결합도를 보여주는 지표를 Brown지수라고도 하며, 이것은 한 국가와 상대국의 무역의존 관계뿐만 아니라 세계무역과의 연관성을 명확히 나타낸다. 무역결합도는 아래와 같이 나타낼 수 있다.

> 무역결합도가 1이면 상대국에 대한 일국의 무역비율은 상대국이 세계무역에서 차지하는 비율과 같고, 1 이상이면 상대국에 대한 한 국가의 무역비율은 상대국이 세계무역에서 차지하는 비율보다 높다. 1 이하이면 상대국에 대한 한 국가의 무역비율은 상대국이 세계무역에서 차지하는 비율보다 작다고 판단할 수 있다. 무역결합도는 다시 수출결합도와 수입결합도로 나누어 생각할 수 있다.

### ④ 특화계수

세계무역에서 한 국가가 어느 상품의 수출에 특화하고 있는가를 알 필요가 있는데, 이를 계수로 나타낸 것을 특화계수라고 한다. 특화계수는 각 상품별로 계산되는데, 한 국가의 어떤 상품 X재의 특화계수는 다음과 같이 나타낸다.

예를 들어, X재가 세계 수출총액의 10%를 차지하고 있으며, 어떤 나라에서 이 상품이 수출총액의 20%를 점하고 있다. 그러면 이 나라에서 X재 특화계수는 2가 된다. 특화계수가 1을 넘는 상품은 그 나라의 특화상품이 된다.

### ⑤ 교역조건지수

교역조건지수는 수입상품가격에 대한 수출상품가격의 교환비율을 나타내며, 수출상품의 총가격을 수입상품의 총가격으로 나누어 구할 수 있다.

한 국가가 무역을 하는데 교역조건이 100 이상이 되면, 그 나라에 유리하고, 그 이하가 되면 불리하다고 할 수 있다. 예를 들어, 수출상품 가격이 120, 수입상품 가격이 110이라고 하면 교역조건지수는 약 109가 된다. 이 경우 이 나라는 외화가득면에서 약 9%가 유리하다.

### ⑥ 수입자율화율

수입자유화율이란 한 국가에서 총수입상품 중 정부의 승인을 받지 않고도 수입할 수 있는 상품의 비율이 어느 정도인지를 나타내는 지표이다. 이 비율이 높을수록 한 국가 시장의 개방 폭이 크다는 것을 알 수 있다.

### ⑦ 외화가득률

외화가득률이란 한 국가에서 수출을 통해 얼마만큼 외화를 획득할 수 있는가를 측정하는 지표이다. 특히, 원자재를 수입하여 반제품이나 완제품을 생산하여 수출하는 가공무역에 따른 수출이익을 측정할 때 유용한 지표로서, 다음과 같이 나타낼 수 있다.

예를 들어, 면제품의 수출액은 10억 달러였는데, 그 가공에 쓰여 진 수입원 면이 5억 달러였다면 그 상품의 외화가득률은 50%가 된다.

# 02 무역학의 연구범위

## 1. 의의

글로벌 무역은 국경을 달리하는 국가에 거주하는 당사자들 사이에 이루어지는 상거래임은 이미 주지한 바와 같다. 또한, 이러한 상거래는 국내거래와는 다른 고유한 특징이 있고, 그러한 거래는 기업과의 연관성 속에서, 즉 기업의 운영과정의 일부를 이루고, 더 나아가 한 국가의 국민경제에, 그리고 크게는 세계경제의 일부를 구성하게 된다고도 이미 기술하였다. 이는 결국 글로벌 무역을 일부 특정 기초학문의 고유영역으로 볼 수 없음을 말하는 것이라 할 수 있으며, 글로벌 무역학은 그 학문적 성격상 학제간(interdisciplinary) 연구가 바탕이 되는 학문이라고 할 수 있다.

글로벌 무역학은 무역의 현상을 개별기업이나 국가의 입장에서 보면 크게 국제경제(international economics) 및 국제통상환경, 무역상무(international commerce) 및 글로벌 경영(global business) 세 분야로 대별된다 할 수 있다.

## 2. 국제경제 및 국제통상환경

국제경제는 실물 면의 무역이론. 무역정책과 금융 면의 국제금융이론을 포괄한다. 무역이론(trade theory)에서는 우선 각국 간에 과연 무역이 일어날 수 있느냐 하는 문제를 제기한다.

즉, 한 국가가 타국에 어떤 상품을 수출할 수 있고 어떤 상품을 수입하여야 하는가의 무역의 방향(무역패턴)을 먼저 고려해야 한다. 만약, 양국에서 무역이 일어난다면 그 결과 양국이 모두 경제적 이익을 얻을 수 있느냐 하는 점을 다룬다. 이는 무역 후 어느 한 국가라도 경제적 이익이 있지 않으면 무역을 할 필요가 없기 때문이다.

따라서 무역이론은 각국의 무역의 동기 및 무역의 방향과 무역 후의 이익을 연구한다고 할 수 있다.

무역정책(trade policy)은 경제정책의 일환으로서 다른 나라와의 경제행위에 개입하는 대외 경제정책 수단의 하나이다. 무역정책을 수립하는 이유는 국민경제의 대내외적 균형을 달성함과 동시에 경제발전을 이룩하기 위한 무역의 환경조성을 하기 위해서다. 따라서 무역정책에서는 한 국가의 경제정책의 하나로서 무역정책에 관련한 제반문제를 연구한다.

국제금융이론은 무역이론과 무역정책에서 재화와 용역의 교역과정에서 발생되는 대금결제 및 자본 자체의 이동을 연구한다. 여기서는 환율·외환, 국제수지 및 국제금융시장을 그 연구대상으로 한다.

한편, 국제통상환경은 하나의 국민경제가 다른 국민경제에 대하여 국제상거래상 어떠한 환경에 직면에 있는지를 연구대상으로 한다. 그러한 환경요인에는 이질적인 정치, 문화, 법적 환경의 차이 등이 있을 수 있으나 그 외에도 국제경제 활동을 제약하는 다양한 국제기구 등과 같은 요인을 추가하여 생각해 볼 수 있다.

이러한 국제경제기구들은 특히 무역이 국민경제에 그리고 더 나아가 세계경제에 지대한 영향을 미치기에 등장하기 시작하였고, 1980년대 이후 신자유무역주의의 등장과 함께 GATT와 이를 이은 WTO가 대표적인 예라 할 수 있다. 그리고 국제통상환경이 주로 다루는 국제경제기구에는 OECD, UNCTAD 등이 있고, 세계경제의 지역주의화에 따른 각종 지역무역협정인 EU, NAFTA, AFTA, APEC, WTO/DDA, RTA, TTP 등도 국제통상환경이 주로 다루는 연구대상이기도 하다.

## 3. 무역상무

무역상무는 이러한 국제무역이론을 기초로 하여, 실제로 무역 당사자가 무역거래를 보다 합리적이고 효율적으로 할 수 있게 하는 제반사항을 실천적 측면에서 연구를 주된 대상으로 한다.

무역거래의 절차는 크게 무역계약 체결 이전단계, 무역계약의 체결단계, 무역계약의 이행단계 및 무역계약의 종료단계 내지 무역클레임 단계로 구별된다. 이러한 무역거래의 절차는 무역계약이라는 주 계약을 중심으로 이루어지며, 무역계약의 이행을 위하여 국제물품매매의 경우 국제운송, 국제결제, 해상보험 등의 종속계약이 수반되게 된다. 다만, 이러한 무역계약의 이행이 원활하게 잘 이루어지면 무역종료 단계에 이르나, 이행이 원활하게 되지 못하면 일방 피해 당사자에 의해 무역클레임이 제기되어 분쟁이 발생하여 무역클레임과 관련한 여러 문제가 있게 된다. 이러한 제반사항을 무역거래의 대상으로 물품매매로 국한하여 분야별로 나누어 상술하면 다음과 같다.

무역계약론에서는 무역계약의 작성실무에서부터, 무역매매계약이 성립·이행. 종료되는 과정에서 발생할 수 있는 문제들을 규율하는 국제적 법규범을 연구한다. 이와 더불어 당사자간, 업계간, 항구간 내지 국가 간의 서로 다른 상관습의 이해를 위한 연구와 서로 다른 상관습으로 인해 발생되는 혼란을 피하기 위해서 국제적으로 통일화된 각종 해석, 규칙 등을 국제운송론에서는 무역이 이행되는 과정에서 약정된 물품을 수출국에서 수입국으로 운송할 때 송화인과 운송인 간에 체결하는 운송계약을 중심으로 연구한다.

국제운송계약은 해상, 육상, 항공 및 복합운송이 있으며 여기에 창고 및 보관 등의 개념이 합쳐져 국제물류까지 포함된다.

해상보험론에서는 약정품이 운송되는 과정에서 발생할 가능성이 있는 손해를 보상할 것을 목적으로 보험계약자와 보험자 간에 체결하는 해상보험계약을 중심으로 연구한다. 이 외에도 무역보험의 일부로 수출보험, P&I Club 및 제3자에 대한 배상책임을 커버하는 제조물책임보험도 경우에 따라서 포함되기도 한다.

국제결제론에서는 수입업자가 약정품의 대가로 수출업자에게 대금을 지불하기 위해 체결하는 환계약을 중심으로 연구한다. 이러한 환계약에는 전통적 결제방식인 L/C 방식을 비롯하여 D/A, D/P, M/T, T/T, Open Account 등의 결제방식을 포함하여 연구가 이루어진다.

무역클레임론에서는 무역이 이행되는 과정에서 관계 당사자에게 발생하는 다양한 분쟁방식을 연구한다. 이러한 연구는 주로 소송, 상사중재, 화해, 알선, 조정 등의 분쟁해결 방식의 비교, 각 해결 방식의 실무적 절차 및 문제점 등의 연구가 있다.

## 4. 글로벌 경영론

글로벌 경영론은 글로벌 기업이 대외 경영활동을 하는데 필요한 경영전략의 수립과 실행(조직구성)에 뒤이어 마케팅관리, 인사관리, 생산관리, 재무관리 등 하부 경영기능에 대해 연구한다. 여기서 글로벌 마케팅 관리는 매출액에 영향을 주고, 그 외 인사, 생산, 재무관리는 생산비 또는 생산요소인 노동, 원료, 자본에 관한 것이라 할 수 있다.

이들 중 글로벌 마케팅론은 글로벌 기업의 목표를 만족시키는 교환을 창출하기 위하여 서비스, 아이디어 및 용역에 관하여 구상하고, 이들의 가격을 결정, 촉진, 유통을 기획하고 집행하는 일련의 과정에 대해 연구하는 것이라 할 수 있다. 여기서 소비자의 욕구를 파악하기 위한 마케팅 조사와 기업이 통제 가능한 수단과 방법을 선정하는 마케팅믹스 전략 등 마케팅 과정과 이념은 글로벌 마케팅과 국내 마케팅이 동일하다 할 수 있다.

글로벌 인사관리론이란 글로벌 기업이 필요로 하는 인재를 선발, 채용, 교육하고, 이들에게 적당한 보수와 승진의 기회를 제공하는 일련의 활동을 연구하는 것이다. 다시 말하면, 글로벌 인사관리란 인적자원을 대상으로 한 글로벌 경영관리 활동을 의미하며, 글로벌 기업이 목적을 달성하기 위해 기업 내 인적 구성원 상호관계를 조정하고 이들에게 동기를 부여하며, 직무에 관한 만족도를 높이기 위한 제반 경영활동 등을 말한다.

글로벌 생산관리론이란 국제적 차원에서 생산 활동을 계획하고 조직하며 통제하는 일련의 행위, 즉 단순히 제품의 생산만을 의미하는 것이 아니라 제품 생산에 필요한 원료의 확보에서부터 생산된 제품을 해외시장에 공급할 때까지의 모든 과정과 관련된 기업 활동을 연구하는 것이다.

　글로벌 재무관리론이란 기업의 글로벌 경영활동에 필요한 자금을 조달하고 조달된 자금을 운영하는 재무 활동을 효과적으로 하기 위해서 계획, 집행, 통제하는 일련의 기업활동을 연구하는 것이라 할 수 있다. 즉 글로벌 재무관리론에서는 기업이 금융시장에서 필요한 자금을 조달하여 이를 기업 내부에 적시에 분배·공급함으로써 기업활동의 계속성을 유지하고, 발생한 이익을 주주 내지 투자자들에게 적절히 배분하거나 사내에 유보시키는 등의 모든 글로벌 재무 활동을 연구하는 것이다.

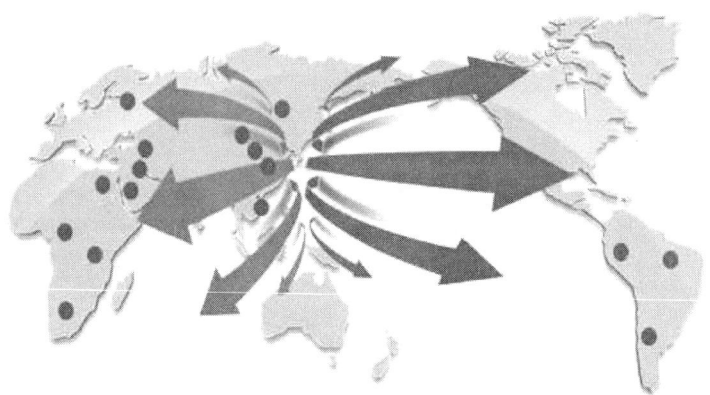

# 무역관리와 국내외 규범

## 1. 무역관리의 의의

무역관리란 국가의 제도, 기구, 법규에 의한 무역거래의 간섭, 통제 규제를 총칭한 것이다. 무역관리는 국제수지의 균형과 국민경제의 발전을 기하기 어려운 경우에 직·간접적으로 대외거래 상품의 품목과 수량을 제한하는 일종의 무역통제 정책이다.

우리나라에서 수출입관리를 하는 목적은 국민경제의 발전에 기여하는데 있으며, 그 방법과 수단으로는 대외무역을 진흥하고 공정한 거래 질서를 확립하여 국제수지의 균형을 꾀하고 통상의 확대를 도모하는데 있다.

## 2. 국내 무역관련 법규

국가에 의한 무역관리(trade control)는 거래 당사자가 국제규범에 따라 자유롭게 체결한 수출입계약을 이행할 때 국가에서 무역정책에 따라 사전·사후적으로 무역거래를 관리 또는 통제하는 것을 말한다.

국가마다 자국의 무역정책을 구체화하기 위하여 무역관련 국내법을 제정하여 시행하고 있는데, 현재 우리나라에서 제정되어 운영되고 있는 무역에 관련된 주요 법규는 대외무역법, 외국환관리법, 관세법이다. 수출입 기본질서에 대해서는 대외무역법으로 관리하고 있고, 물품의 이동과 관련해서는 관세법으로 관리하고 있으며 무역대금의 결제 방법에 대해서는 외국환 거래법으로 관리하고 있다. 우리나라의 무역 관리법규의 체계와 내용은 다음과 같다.

### (1) 대외무역법

'대외무역법'은 우리나라의 무역관리를 위한 기본법으로서 물품의 수출입을 총괄적으로 관리한다. 대외무역법에서는 국가 통제를 위한 관리제도 이외에도 수출을 진흥하기 위한 무역진흥제도로서 외화획득용 원료수입제도 그리고 산업피해구제제도와 수출입질서 유지를 위한 제반사항을 규정하고 있다.

### (2) 외국환거래법

'외국환거래법'은 결제방법을 관리하기 위한 법규로서 주로 국민인 거주자와 외국인인 비거주자 간에 외국환을 영수하거나 지급하는 방법을 규정하고 있다. 우리나라의 제반 외국환관리제도는 외환보유고가 부족할 때 정착된 것이기 때문에 달러화 등 외국환의 영수는 비교적 자유로우나 외국환의 지급에 대해서는 엄격하게 제한하여 오다가 1996년 OECD 가입 이후에 외국환관리법을 외국환거래법으로 변경하여 그 제한을 크게 완화하였다.

### (3) 관세법

'관세법'은 수출입 물품의 통관절차와 수입물품에 대한 과세절차를 규정하고 있다. 관세법에 의한 통관절차 및 과세절차는 세관에서 처리한다. 세관은 우리나라 수출입의 관문으로서 물품이 국내외로 이동되는 것을 통제하는 최종적인 현장이다. 수출입 통관시 세관은 당해 물품의 수출입이 국내의 제반법규에 따라 허용되는지 여부에 대하여 최종적으로 확인하며, 수입물품에 대하여는 납세의무자가 적정한 과세가격에 대하여 타당한 세율만큼의 관세 등을 납부하도록 하고 있다. 우리나라는 모든 품목에 대하여 아무나 함부로 무역을 하지 못하도록 하다가 1996년 12월 OECD에 가입함에 따라 제반 무역관리제도를 대폭적으로 자유화하여 선진화를 추진하여 왔다.

종래 우리나라의 각종 무역관리제도는 못살던 시절, 즉 외환이 부족한 시절에 정착된 제도로서 주로 외국환의 대외지급을 억제하기 위한 정책적인 기초에 따라 도입·시행되어 왔다. 외환관리를 강조하여 원칙적으로 모든 수출입 거래에 대하여 국가통제체제를 유지하면서 특히 외국환의 수요를 유발하는 수입에 대하여는 편중적으로 제한을 가하여 왔다. 1997년 우리나라 무역의 기본법인 대외무역법을 개정·시행하면서 물품의 수출입 및 수출입대금의 결제(특히, 지급)는 원칙적으로 자유로우며, 대외신용도 확보 등 자유무역(free trade) 질서를 유지하는 범위 안에서 자기 책임 하에 성실하게 무역거래를 이행하도록 하고 있다.

### (4) 기타 관련법규

무역진흥을 위한 무역 관련법규로 무역금융을 지원하기 위한 한국은행 총액한도 대출관련 무역금융취급세칙 및 절차, 수출물품에 대하여 부가가치세영세율 적용을 규정하고 있는 부가가치세법, 관세환급을 위한 수출용 원재료에 대한 관세 등, 환급에 관한 특례법(환급특례법)이 있다. 이와 함께 약사법, 식품위생법, 식물방역법, 환경보전법, 전기용품안전관리법 등 60개 무역관련 개별법이 있다.

우리나라뿐만 아니라 미국, EU 및 일본 등 선진국도 대외적으로는 자유무역을 표방하면서도 자국의 무역정책을 효과적으로 추진하기 위하여 각종 무역관련 국내법 체계를 유지하고 있다. 이에 따라 특히, 수출을 원활하게 수행하려면 미국이나 EU의 통상법, 일본의 개별법 등 수출국의 무역관련 제반 법규에 대하여도 깊은 관심을 갖고 그 내용을 파악하여야 할 것이다.

#### ① 무역객체에 대한 관리

〈표 1-3〉· 국내무역관리 3대 법규

| | |
|---|---|
| 대외무역법<br>(수출입총괄) | • 수출입 거래형태 : 특정거래형태의 수출입인정<br>• 수출입 품목 : 수출입승인(행정기관 등에서 승인) |
| 외국환거래법<br>(수출입대금결제) | • 외국환은행의 확인 또는 신고사항<br>• 한국은행총재 또는 재정경제부장관의 허가사항 |
| 관세법<br>(물품의 이동) | • 수출입 통관절차<br>• 관세의 부과 및 징수 |

<표 1-4> · 단계별 무역거래 기본 당사자

| 거래내용 | 수 입 상 | | 수 출 상 | |
|---|---|---|---|---|
| 매매관계 | Buyer | 매수인 | Seller | 매도인 |
| 무역관계 | Importer | 수입상 | Exporter | 수출상 |
| 신용장관계 | Applicant Opener Customer | 개설의뢰인 | Beneficiary User Addressee | 수익자 신용장 사용인 신용장 수령인 |
| 환어음관계 | Drawee Payer | 지급인 | Drawer Payee | 발행인 대금 수취인 |
| 운송관계 | Consignee | 수화인 | Consignor | 선적인 |
| 계정관계 | Accountee | 대금결제인 | Accounter | 대금수령인 |

## 3. 무역관련 국제규범

무역은 서로 다른 국가에 속하는 당사자 간의 거래로 국가마다 국내법과 상관습이 다르므로 수출입 시 거래당사자 간 동일한 사안에 대해 다르게 해석할 수 있다. 따라서 무역거래당사자 간 계약을 체결하고 이행하는데 있어 국제규범인 국제규칙과 국제거래법에 따른다. 즉, 거래당사자 간에 동일한 사안에 대해 동일하게 인지하고 해석할 수 있도록 국제적으로 통일된 규범이 필요하다.

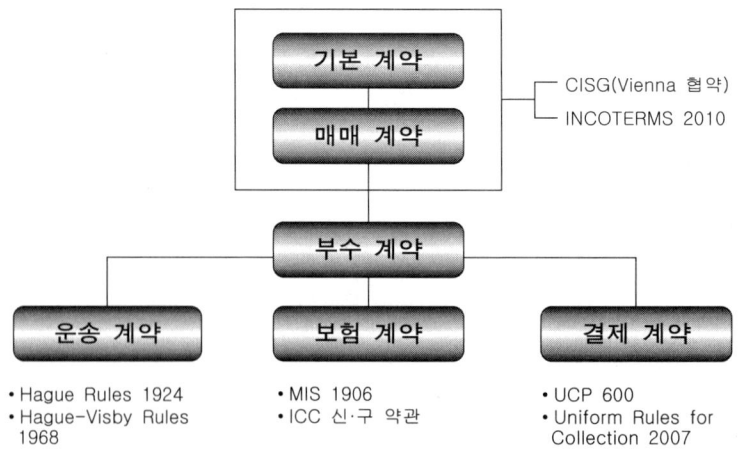

【그림 1-1】 무역관련 국제규범

이와 같은 무역관련 국제규범은 오랜 시간의 국제거래 관행과 관습을 반영한 것으로서 대표적으로 다음과 같은 것들이 있다.

**첫째,** 무역계약 체결시에 활용하는 국제규칙과 국제상관습이 있다.

먼저 대표적인 국제규칙으로 "UN 국제물품매매에 관한 통일규칙(United Nations Convention on Contract for the International Sales of Goods : CISG 일명, Vienna 협약)"이 있다. 이는 통일된 국제민법으로 주로 당사자 간에 수출입 기본계약을 체결할 때 준거법으로 활용된다.

국제상관습으로는 "INCOTERMS 2020이 있다. 국제상업회의소(ICC)에서 발간한 인코텀즈 2020(Incoterms® 2020)의 "인코텀즈 2020 소개문(Introduction to Incoterms 2020)", "모든 운송방식용 규칙(Rules for Any Mode or Modes of Transport)", 해상 및 내수로 운송방식용 규칙(Rules for Sea and Inland Waterway Transport)", "조항별 규칙 비교(Article-by-Article Text fo Rules)" 등의 4개 부문으로 구성되어 있다.

"인코텀즈 2020 소개문(Introduction to Incoterms® 2020)"에서는 10개 항목을 기술하고 있다.

"모든 운송방식용 규칙(Rules for any Mode or Modes of Transport)"에서는 EXW, FCA, CPT, CIP, DAP, DPU, DDP의 7개 규칙을 규정하고, "해상 및 내수로 운송방식용 규칙(Rules for Sea and Inland Waterway Transport)"에서는 FAS, FOB, CFR, CIF의 4개 규칙을 규정하고 있다.

모든 운송방식용 규칙(EXW, FCA, CPT, CIP, DAP, DPU, DDP)은 운송수단에 관계없이 사용될 수 있고, 둘 이상의 운송방식이 이용되는 경우에도 사용될 수 있다(즉, 복합운송방식에도 사용 가능하다). 해상 및 내수로 운송방식용 규칙(FAS, FOB, CFR, CIF)은 해상운송이나 내수로 운송에만 사용될 수 있다.

**둘째,** 운송관련 국제규범이 있다.

해상운송과 관련하여 "선하증권통일조약(hague rules, 1924)"과 "개선선하증권조약(hague-visby rules, 1968)" 및 "Hamburg Rules(1978)"이 있다.

항공운송 관련 "국제항공운송에 관한 통일규칙(warsaw convention, 1929)"이 있으며, 복합운송과 관련하여 "복합운송증권을 위한 통일규칙(uniform rules for a combined transport document, 1973)"이 있다.

셋째, 보험관련 국제규범이 있다.

해상보험과 관련하여 영국의 "해상보험법(Marine Insurance Act, 1906)"이 국제규칙으로 준용되고 있으며, 런던보험자 협회에서 만든 "Institute Cargo Clause(ICC) 신·구약관"이 있다.

넷째, 결제관련 국제규범이 있다.

"신용장통일규칙(Uniform Customs and Practices for the Documetary Credits, UCP600)"과 "추심에 관한 통일규칙(Uniform Rules for Collection, 1985)"이 있다.

# 04 글로벌 무역이론
INTRODUCTION to TRADE

무역이론은 왜 세계의 국가들이 상호간에 무역을 하면 무역을 하지 않을 때보다 이익을 얻을 수 있는지에 대한 해답을 제시하고 있다. 이러한 무역이론은 무역 발생의 원인, 무역의 방향(무역 패턴), 교역조건의 결정, 그리고 무역이 후생·소득분배·자원배분 등에 미치는 영향 분석을 중심과제로 한다.

무역 현상에 대한 최초의 규명과 체계화는 18세기 중엽부터 19세기 중엽 사이 활동을 했던 애덤 스미스(Adam Smith)와 데이빗 리카도(David Recardo) 등 고전학파 경제학자들에 의해 이루어진 고전적 무역이론이다.

그 후 헥셔(E. F. Heckscher)와 올린(B. Ohlin)은 무역 현상을 설명하는데 가격의 개념을 도입하여 균형 분석을 시도함으로써 근대적 무역이론의 기초를 확립하였다. 또한, 1960년대 이후 이러한 전통적인 무역이론에 대한 보완이론으로서 현대적 무역이론이 대두되었다.

## 1. 고전적 무역이론

### (1) 절대생산비설

만일 온대지역 국가와 열대지역 국가가 있는데, 온대지역 국가는 소맥 생산에 적합하고, 열대지역 국가는 바나나 생산에 적합하다고 하자.

그런데 온대지역 국가에서 소맥과 바나나도 함께 생산한다면 바나나의 생산은 거의 성공하기 힘들 것이며, 성공한다 하더라도 상당한 노력과 많은 노동력 및 자본 등의 자원이 바나나의 생산에 투입됨으로써 중요한 소맥 생산에서 조차 실패할 가능성이 높다.

열대지역 국가에서도 사정은 마찬가지인데, 열대지역 국가에서 소맥 상산을 한다면, 소맥 생산에 대단한 무리가 따르기 때문이다. 따라서 양국은 국제 분업 방식에 따라 각기 자국에 적합한 제품을 생산하는데 자원과 노력을 집중하여 자국의 생산품을 수출하는 것이 전체의 생산량도 증가시키고, 또한 소맥과 바나나도 많이 손에 넣을 수 있다는 것이다.

이와 같이 국제분업에 기초한 무역은 어떤 국가에 있어서나 이루어질 수 있을 것이다. 이 이론은 애덤 스미스(Adam Smith)가 그의 저서 「국부론(The Wealth of Nations)」에서 노동생산성을 증대시키기 위한 분업의 필요성을 역설하고, 이를 국제무역에 적용시켜 각국의 절대생산비의 차이를 통해 국제무역의 원리를 규명하고자 했던 것으로, 각국은 자국이 가장 능률적으로 생산할 수 있는 제품의 생산에 특화함으로써 국제무역을 통해 부(wealth)를 극대화할 수 있다는 것이다.

즉, 각국은 두 제품 중에서 한 제품을 그들의 무역 상대국보다 더 낮은 비용으로 생산할 수 있다고 가정하고, 이 때 각국은 절대 우위(다른 국가보다 더 낮은 실질생산비를 투입하여 생산할 수 있는 상태)에 있는 제품을 생산하여 이를 수출하고, 그렇지 않은 제품을 수입하면 이득을 얻게 된다는 것이다.

만일 포르투갈과 영국 두 국가가 두 종류의 제품에 관하여 <표 1-5>와 같은 생산조건에 있다고 하자. 1단위의 포도주를 생산하기 위해 포르투갈은 80시간의 노동력을, 1단위의 모직물 생산에는 100시간의 노동력을 필요로 하며, 영국은 각각 120시간, 90시간의 노동력을 필요로 한다.

또한, 하나의 가정 조건이지만 1단위의 포도주와 1단위의 모직물은 국내에서나 무역에서나 자유로이 교환할 수 있다고 하면, 이 경우 포르투갈은 영국보다 적은 노동력으로 1단위의 포도주를 생산할 수 있고, 반대로 영국은 1단위의 모직물을 포르투갈보다 적은 노동력으로 생산할 수 있다. 결국 절대생산비 측면에서 포도주는 포르투갈이 우위에 있고, 모직물은 영국이 우위에 있다.

이 경우 양국이 어떻게 무역을 하면 쌍방이 모두 이익을 얻게 되는가는 명확하다. 포르투갈은 영국에 포도주를 수출하고 영국으로부터 모직물을 수입하면 되고, 영국은 포도주를 수입하고 모직물을 수출하는 것이다. 그렇게 함으로써 포르투갈은 자급자족의 경제시대에는 180시간의 노동력을 투입하지 않으면 포도주와 모직물 각 1단위를 손에 넣을 수 없었지만, 이제 포도주를 160시간의 노동력으로 2단위 생산하고 그 중 1단위를 모직물 1단위와 교환하는 것이므로, 20시간의 노동시간도 절약할 수 있는 것이다. 동일하게 영국도 30시간 적은 노동으로 포도주와 모직물 각 1단위를 손에 넣을 수 있다.

〈표 1-5〉· 절대생산비설(예)

| 구 분 | 1단위의 포도주 | 1단위의 모직물 |
|---|---|---|
| 포르투갈 | 80 | 100 |
| 영 국 | 120 | 90 |

이러한 형태로 국제분업이 성립하여 무역이 행해진다고 하는 사고방식을 「절대생산비설(theory of absolute cost)」 또는 「절대우위론(theory of absolute advantage)」이라 한다.

이 이론은 국제분업론을 통하여 무역의 원리와 이익을 설명하였을 뿐만 아니라, 마치 자유경쟁이 일국에서 유익한 것처럼 외국과의 무역에서도 유익함을 주장하였기 때문에, 자유무역정책의 이론적 기초가 되고 있다.

### (2) 비교생산비설

비교생산비설(theory of comparative cost)은 현대적 민족국가가 형성되기 시작한 17~18세기에 풍미했던 국부(國富)의 근원은 금·은의 확보에 있다는 중상주의에 대한 비판에서 출발. 영국의 고전경제학자 리카도(D. Ricardo)의 경제 및 과세의 원리(Principles of Political Economy and Taxation)에서 최초로 체계화되어 고전학파 무역이론의 중심을 이루고 있다.

이 이론의 요지는 어떤 나라가 다른 나라에 비해 모든 생산물의 생산에 절대열위에 있다 하더라도 그 절대열위의 정도가 낮은, 즉 비교우위에 있는 산업부문에 특화 생산하여 이를 수출하고, 이와 교환으로 절대열위의 정도가 큰, 즉 비교열위에 있는 생산물을 외국으로부터 수입한다면 각국은 모두 무역이익을 얻을 수 있다는 것이다. 애덤 스미스(Adam Smith)는 국제분업이 각국 노동의 절대적 차이에 의해 이루어진다고 본 반면, 리카도(D. Ricardo)는 노동의 절대적 차이에서뿐만 아니라 상대적 차이에 의해서도 발생한다고 하였다.

비교생산비설에 관해서는 사람에 따라 여러 가지 해설방법이 있는데, 그 해설방법 자체가 해설자 자신의 이론적 입장을 반영하고 있다. 여기서는 리카도(D. Ricardo) 설명을 충분히 반영해 검토하여 보자.

리카도(D. Ricardo)는 "한 국가에 있어서 제품의 상대적 가치를 좌우하는 것과 같은 동일한 규칙이 둘 또는 그 이상의 국가들 간에 교환되는 제품의 상대가치를 좌우한다. 라는 의미는 아니다"라고 서술하고, 그의 투하노동가치설이 국제무역의 영역에서는 타당하지 않다는 것을 인정하고 있다.

그는 국제간에서는 자본과 노동이 일국 내에서와 같이 자유로이 이동하지 않는다고 가정하고, 영국과 포르투갈 간의 복지와 포도주와의 비교를 통해 설명하고 있다.

> 영국은 복지를 생산하는데 1년간 100인의 노동을 필요로 하고, 포도주를 양조하는데 동일기간에 120인의 노동을 필요로 한다고 가정할 때, 영국은 복지를 수출하고 포도주를 수입하는 것이 이익이 됨을 알 수 있다. 포르투갈에서는 포도주를 양조하는데 1년간 80인의 노동을 필요하고, 복지를 생산하는데 동일기간에 90인의 노동을 필요로 한다고 가정할 때, 포르투갈에 있어서는 포도주를 수출하고 복지를 수입하는 것이 유리할 것이다.

〈표 1-6〉· 비교생산비설(예)                              (단위 : 노동자/명)

| 구 분 | 복지(C) | 포도주(W) |
| --- | --- | --- |
| 영 국 | 100 | 120 |
| 포르투갈 | 90 | 80 |

여기서 그는 영국의 복지와 포르투갈의 포도주를 교환하는 것이 양국에 유리하다고 결론을 내리고, 그 때 "영국은 (포르투갈의) 80명의 노동 생산물과 대조가 되고, 100명의 노동 생산물을 제공할 것이다. 이러한 교환은 동일국가의 개인 간에서는 발생할 수 없을 것이다"라고 하였다. 이러한 국제간의 불균등 노동량 교환이 그의 주장의 요점이다.

이 이론은 비교우위와 비교열위를 생산비로써 설명하였기 때문에, 「비교생산비(theory of comparative cost) 또는 비교우위론(theory of comparative advantage)」이라고 하며, 종래의 자유무역정책의 이론적 뒷받침으로 널리 적용되었으나 오늘날 복잡한 국제무역 체제하에서는 다음과 같은 단점을 지니고 있어 이론전개가 밀리고 있다.

첫째, 노동가치설에 입각하여 노동만이 부(wealth)를 창조하며, 그 재화를 생산하는데 필요한 생산요소는 오직 노동뿐이며, 동시에 노동에는 질적 차이가 없다고 가정하였다. 실질적으로는 생산에는 노동 이외에 자본·토지 등의 요소가 결합되어 이루어짐은 물론, 또한 이러한 노동에도 단순공·고도의 숙련공 또는 질적 수준의 고도화 등 여러 가지 질적 차이가 있기 마련이다.

둘째, 생산요소의 투입과 생산량 사이에는 일정불변의 비례관계가 있다고 가정하였다. 즉, 이 생산요소의 투입에서 오는 수확체감 또는 수확체증은 존재하지 않는다고 했다. 이것은 현실의 경제와 거리가 멀다고 볼 수 있다. 일반적으로 다른 생산요소를 고정시켜 놓고 한 가지 생산요소를 누적적으로 투입시키면 수확체감의 현상이 나타난다. 그리고 오늘날 세계경제는 대량생산의 경제, 규모의 경제가 있기도 하다.

### (3) 상호수요이론

밀(J. S. Mill)은 그의 저서 「경제학 원리(Principle of Political Economy)」에서 리카도가 규명하지 못한 교역제품의 국제교환비율(교역조건)과 교역 당사국에 대한 무역이익의 배분을 규명하였는데, 이를 「상호수요이론」이라 한다. 또한, 「상호수요균등의 법칙(law of equation of reciprocal demand)」 또는 「국제 가치 설(theory of international value)」이라고도 한다.

그는 무역은 양국 간의 교역조건에 의해 발생한다고 하고, 두 교역제품의 국제교환비율(교역조건)은 비교생산비의 상한과 하한, 즉 두 교역 당사국의 국내 교환비율 내에서 자국의 수출품에 대한 외국의 수요와 외국에서의 수입품에 대한 자국의 수요가 상호 일치하는 점에서 결정되며, 또한 이러한 상호수요에 의해 결정된 교역조건에 의해 교역 당사국의 무역이익 배분이 이루어진다고 하였다.

일반적으로 특정 상품의 생산비가 변동하면 그에 대한 수요도 변하기 마련이므로, 2국간의 상호수요의 크기와 탄력성의 변화가 양국의 교역조건을 결정한다고 주장하였던 것이다. 즉, 교역상대국 상품에 대한 자국의 수요탄력성이 크면 교역조건은 자국에 불리하고, 반대의 경우에는 자국에 유리하다는 사실을 규명한 것이다.

이러한 상호수요이론은 <표 1-7>을 이용하여 설명할 수 있다. 동일한 노동량을 투입해서 영국에서는 라사 10야드와 린넨 15야드를 생산할 수 있고, 반면에 독일에서는 라사 10야드와 린넨 20야드를 각각 생산할 수 있다고 가정해 보자.

〈표 1-7〉· 동일한 노동량 투입에 따른 생산량

| 상품 \ 국가 | 영국 | 독일 |
|---|---|---|
| 라 사 | 10야드 | 10야드 |
| 린 넨 | 15야드 | 20야드 |

이러한 조건하에서 무역이 이루어지면 비교생산비의 원리에 따라 영국은 라사의 생산에, 독일은 린넨의 생산에 특화하게 된다.

무역개시 전에 라사와 린넨의 국내교환 비율은 영국은 10X : 15Y, 독일은 10X : 20Y이다. 무역이 개시되면 영국은 자국의 비교우위상품인 라사에 대해서 라사와 린넨의 국내교환 비율인 10 : 15보다 유리한 국제교역 조건하에서만 특화 생산하여 무역을 하려 할 것이고, 반면에 독일은 자국의 비교우위 상품인 린넨에 대해 라사와 린넨의 국내교환 비율인 10 : 20보다 유리한 국제교역 조건하에서만 특화 생산하여 무역을 하려고 할 것이다. 그 이유는 이러한 범위를 초과하면 무역은 어느 나라에 있어서나 불리하게 되어 오히려 국내에서 두 상품을 모두 생산하여 교환하는 것이 유리하기 때문이다.

따라서 라사와 린넨 두 상품의 국제교환 비율인 국제교역 조건은 라사 10야드에 대해 린넨 15야드 이상과 린넨 20야드 이하의 범위가 될 것이다.

만약, 라사와 린넨의 국제교역 조건이 10X : 18Y에서 결정된다면, 영국은 두 상품을 모두 국내에서 생산할 때보다 라사 10단위를 수출하여 그 대가로 독일의 린넨 18단위를 수입하여 교환하는 경우가 린넨 3야드를 더 얻을 수 있고, 독일은 린넨 18단위를 수출하여 그 대가로 영국의 라사 10단위를 수입하여 교환하는 경우가 국내에서 라사를 생산하여 교환하는 경우보다 린넨 2야드를 절약할 수 있게 된다.

라사와 린넨의 국제교역 조건이 10X : 17.5Y가 가장 이상적인 것처럼 보이나, 국제교역 조건은 영국과 동일 양국의 수요의 변화에 따라 결정되기 때문에 그것은 임의로 설정한 것에 불과하고 실제로 교역 가능한 조건은 될 수가 없다.

결국 무역이익은 국제교역 조건에 따라 결정되며, 국제교역 조건은 양국의 비교생산비의 상한과 하한의 범위 내 어느 점에서 결정된다. 또한, 무역이익의 배분은 양국의 두 상품의 상호수요의 탄력성에 따라 좌우된다.

이 상호수요이론은 생산 측면만 고려한 리카도의 비교생산비설이 설명할 수 없었던 교역상품의 국제교환 비율인 국제교역 조건을 수요측면(교역 당사국의 수요탄력성)을 고려하여 도출하였으며, 교역 당사국에 배분되는 무역이익을 규명하였다는 점에서 그 의의가 크다.

동시에 리카도의 비교생산비설이 가정했던 수송비의 무시나 2국가·2재화·2생산요소 모델 등 여러 가지 비현실적인 가정을 그대로 도입하였으며, 또한 지나치게 수요 측면만을 강조한 나머지 상대적으로 공급측면에 대한 배려가 부족하였다는 비판을 받고 있다.

## 2. 근대적 무역이론

### (1) 헥셔·올린 정리

헥셔·올린 정리는 비교우위의 원인을 각국에서의 생산요소 부존량 차이에서 설명하고, 또 생산요소의 상대가격이 국제간의 균등화하는 경향이 있다는 이론이다. 이는 최초로 스웨덴의 경제학자인 헥셔(E. F. Heckscher)에 의해 주창되었다.

그 후 그의 제자인 올린(B. Ohlin)에 의해 더욱 발전되었으므로, 이들의 업적을 기념하여 「헥셔·올린 정리(Hecksher-Ohlin theorem)」라고 한다.

이 이론의 생산요소로는 토지·노동·자본·에너지 등의 복수요소가 있음을 밝히면서, 제1명제로서 「요소부존이론」, 제2명제로서 「요소가격 균등화 정리」 등 두 가지 명제를 들어 설명하였다.

#### ① 제1명제 : 요소부존이론

국가 간에는 생산요소의 부존량에 차이가 있고, 생산물마다 또한 요소집약도에 차이가 있기 때문에 비교생산비의 차이가 발생한다. 즉, 각국은 그 나라에 비교적 풍부하게 존재하는 생산요소를 보다 집약적으로 사용하는 재화의 생산에 비교우위를 가진다는 것이다. 또한, 요소부존량의 차이란 절대적 부존량의 차이가 아니라, 상대적 부존량의 차이를 말하는 것이다.

이러한 측면에서 제1명제인 요소부존이론(theory of factor endowment)은 「비교생산비의 결정요인」이라고도 하며, 또한 각국의 요소부존비율의 차이(상대적 요소풍요도 : relative factor-abundance)와 각 재화의 요소투입비율의 차이(상대적 요소집약도 : relative factor-intensity)가 무역유형을 결정하는 주요 인자라는 점을 강조하고 있다는 점에서 「요소비율이론(factor-proportion theory)」이라고도 한다.

예를 들면, 1970년대에 우리나라에서는 노동이 비교적 풍부하기 때문에 노동임금이 낮아서 노동을 집약적으로 사용하는 산업, 즉 신발류 및 섬유산업에 비교우위를 가진다는 것이다.

### ② 제2명제 : 요소가격균등화정리

제1명제가 제시하는 바에 따라 요소부존 상태의 차이에 의해 국가 간의 비교생산비 차가 발생되고, 이에 따라 무역이 성립하면 생산요소가 국제간에 이동하지 않더라도, 제품 무역에 의하여 생산요소의 상대가격이 국제간에 결국은 균등화하는 경향이 있다는 것이다.

즉, 오늘날 국제간에는 생산요소의 이동이 비교적 자유롭기 때문에 생산요소는 보수가 낮은 나라에서 높은 나라로, 즉 임금조건이 좋은 국가로 이동하기 때문에 국가 간에 생산요소의 부존량의 차와 가격차가 없어지게 되어 각국의 비교우위가 소멸된다는 것이다.

만일, 이러한 생산요소의 이동이 이루어지지 않는다 하더라도 생산물의 이동이 국제간에 일어나고 있으면, 생산요소의 가격은 균등화되고 생산요소의 이동이 있었던 것과 같은 결과가 된다는 것이다.

예를 들면, 한국은 노동집약적인 신발류 산업에 특화 생산함으로써 노동에 대한 수요가 상대적으로 증대하여 임금이 상승할 것이고, 미국은 농산물을 특화 생산한다면 토지에 대한 수요가 상대적으로 증대하여 지가가 상승할 것이다. 이렇게 되면 한국에서는 임금이 상승하여 결과적으로 미국의 임금과 같아지게 되고, 미국에서는 지가가 상승하여 한국의 지가와 같아지게 된다는 것이다. 이와 같이 생산요소의 상대가격이 국제간의 균등화되는 경향을 「요소가격균등화정리(factor price equalization theorem)」라 한다.

이상의 두 가지 명제를 종합해 볼 때, 각국은 그 나라가 상대적으로 풍부히 가지고 있는 생산요소를 보다 많이 사용하여 생산되는 재화에 비교우위를 갖게 된다」라고 정의된다. 예를 들면, 농업제품과 기계제품을 비교해 보면, 농업은 토지를 상대적으로 많이 사용하는데 비하여 기계제품은 노동과 자본이 보다 많이 사용된다고 생각된다.

그 결과 토지를 풍부하게 갖고 있는 국가는 농업에 비교우위를 갖게 되고, 노동과 자본이 상대적으로 풍부한 국가는 공업제품에 비교우위를 갖게 된다는 것이다.

### (2) 레온티에프의 역설

레온티에프(W. Leontief)는 1947년의 미국의 산업연관표 작성을 위해 수집한 수치에 근거하여 미국의 무역구조에 관해 하나의 실증적 연구를 1953년과 1956년에 각각 발표하였다. 일반적으로 미국은 타국에 비해 자본이 풍부하고, 반면에 노동이 상대적으로 부족하므로 「헥셔·올린 정리」의 제1명제인 요소부존량이론에 따르면, 자본집약적 제품을 수출하고 노동집약적 제품을 수입하는 것으로 판단될 수 있는데, 통계적으로 검증한 결과 예상과는 달리 오히려 수출산업에 있어서 자본/노동비율이 수입경쟁 산업보다 낮음으로써 모순된 결과가 도출되었다. 이러한 요소부존이론과는 정반대의 결과가 나왔기 때문에 「레온티에프의 역설(W. Leontief's paradox)」이라 부르게 되었다.

그가 계산한 것은 미국 수출산업의 자본과 노동의 투입량, 수입대체산업의 자본과 노동의 투입량과의 비교였는데, 그 결과를 집약한 수치는 <표 1-8>과 같다.

<표 1-8> · 수출산업과 수입대체산업의 자본과 노동투입량

| 구 분 | 수출산업 | 수입대체산업 |
|---|---|---|
| 자본($,1947년 가격) | 2,550,780 | 3,091,339 |
| 노동(연인원) | 182,313 | 170,004 |

여기에서 그는 "평균하여 100만 달러의 가치가 있는 미국 수출재에는 동 액의 경쟁적 수입을 국내에서 대체하는데 필요하게 됨으로써 상당히 적은 자본과 많은 노동이 체화(体化)되고 있다. 국제 분업에 있어서 미국의 역할은 자본집약적 생산부문보다도 노동집약적 생산부문에의 특화에 기초를 두고 있다. 달리 표현하면 이 국가가 무역을 하는 것은 자본을 절약하고 과잉노동을 처분하기 위한 것이고 그 반대는 아니다. 미국경제는 미국 이외의 국가와 비교해서 자본의 상대적 과잉과 노동의 상대적 부족이 특징적이라고 할 수 있다. 이렇게 광범위하게 전해지고 있는 견해는 잘못된 것으로 판명되었다. 따라서 실

제로는 그 반대가 옳다"라고 결론을 내리고 있다.

미국의 요소부존상태는 자본과잉·노동부족으로 보여지나 사실 요소가격 면에서 보면 당시의 미국에서는 임금이 타국보다 높고 이자율은 낮았다. 그러므로 「헥셔·올린 정리」에서는 레온티에프의 결론이 반대가 되어서는 안 된다. 여기서 「레온티에프의 역설」이라 부르는 문제가 발생하였다.

이 역설은 「헥셔·올린 정리」의 두 명제 중, 「생산요소의 가격은 그의 부존량에 비례하기 때문에, 풍부한 생산요소의 집약도가 높은 산업에 국가의 비교우위가 발생한다」라고 하는 것과 관련되고 있다.

현재 "무역에 의해 국제적 생산요소가격의 균등화가 발생한다"라는 명제가 부정도 긍정도 되고 있지 않다. 그러나 제1명제가 기초적인 것이기 때문에 이것은 「헥셔·올린 정리」에 있어서 근본을 위협하는 성격의 문제를 부여했던 것이다. 적어도 올린(E. Ohlin)은 여러 가지 수정 조건을 고려하고도 자신의 결론은 조금은 애매하게 되었다하더라도 역전한다고는 생각하지 않았다.

레온티에프의 역설이 이처럼 「헥셔·올린 정리」에 중대한 도전이었기 때문에 이것을 둘러싸고 "그의 검증방법이 과연 적절하였는가", "이론의 성립조건을 이루고 있는 전제가 현실 속에서 충족되고 있는가"가 활발하게 논의되게 되었다. 레온티에프는 전자의 비판을 받고 방법상의 재검토를 행하는 과정에서 미국무역과 관련하여 다시 한 번 검증을 행했지만, 그 결론도 기본적으로 변하지 않았다. 거기에서의 논의는 후자의 논점, 특히 역전을 설명할 수 있는 조건을 찾는데 집중하였다.

이렇게 해서 미국의 자본집약재에 대한 수요에 강한 편향이 있는 경우, 요소가격의 대폭적인 변화를 수반하는 최적자본·노동비율의 순위가 교체된다고 하는 요소집약도에 역전이 생기는 경우(factor-intensity reversal), 국가 간에 노동자의 질이 다르다고 하는 생산요소의 국제적 이질성이 있는 경우, 양국에서 각 산업의 생산함수가 다른 경우, 생산요소로서 자본과 노동 이외에 자연자원을 제3의 요소로서 고려한 경우 등이 「헥셔·올린 정리」를 유지하면서, 이 레온티에프의 역설을 설명하는 조건으로서 들었다.

그러나 최후로 거론한 자연자원의 경우를 제외하고(이것은 레온티에프가 고

려하고 있었다), 이러한 것을 실제로 적용하면 레온티에프가 검증하여 찾아낸 결론이 발생된다는 것이 계량적으로 실증되었다는 뜻은 아니다. 추상적인 논리적 가능성의 설명에 그치고 있다. 결국 이유야 어떻든 간에 이것에서 「헥셔·올린 정리」가 사실에 기초한 이론이라고 증명된 것은 아니다.

## 3. 현대적 무역이론

근대 제조업의 분업론을 발전시킨 리카도(D. Rcardo)의 비교생산비설은 고전적 무역이론으로서 아직도 국제무역을 설명하는 핵심이며, 자유무역이론의 근간이 되고 있다. 이 이론은 국제무역의 기본원리를 제시하였다는 점에서 높이 평가되고 있으나 제품의 생산비를 오직 노동량에서 결정된다는 가정에서만 출발하고 있으며, 이러한 노동생산비의 차이가 왜 발생하는가에 대해서는 분명하게 설명하지 못하고 있다.

또한, 근대무역이론인 「헥셔·올린 정리」는 리카도가 설명하지 못한 생산비 차이의 원인을 국가 간 생산요소 부존량의 차이에서 규명하고, 자유무역이 요소가격에 미치는 효과를 밝힌 점에서 높은 평가를 받고 있으나 현실에 부합하지 아니하는 많은 가설들을 포함하고 있으며, 생산요소의 부존비율이 다른 국가들 간에만 무역이 발생한다고 보았다.

이와 같이 전통적 무역이론들은 지나치게 비현실적인 가설을 전제로 하고 있으며, 실증적 검증에서도 상반된 결론이 제시되고 있는가 하면, 오늘날 국제무역이 복잡다기(複雜多岐)해짐에 따라 이러한 전통적 무역이론에 대한 보완이론이 1960년대 이후 제기되고 있다. 그 대표적인 이론으로서는 다음과 같은 것들을 들 수 있다.

### (1) 대표적 수요이론

스웨덴의 린더(S. B. Linder)에 의해 1961년 주장된 대표적 수요 이론(representative demand theory)은 공산품간의 무역에 있어서 무역 당사국의 수요패턴이 유사하면 할수록 그 무역규모는 확대된다는 이론으로, 1인당 국민소득의 수준이 유사하면 유사할수록 두 국가 간의 수요구조는 유사해지고, 그 수요구조가 유사해지면 유사해질수록 또한 무역량은 많아진다는 것이다.

어떤 제품이 수출 가능성을 가지기 위해서는 우선 그 제품이 국내에서 생산되고 수요가 있어야 한다. 그래서 국내수요, 즉 대표적 수요를 바탕으로 하여 그 제품이 값싸게 생산되기 시작하면, 그 국내수요와 유사한 수요패턴을 가진 해외의 국가로 수출하게 된다는 것이다.

이런 점에서 볼 때 국내시장에서 가장 큰 양의 재화는 결과적으로 수출가능성이 가장 많은 재화가 된다는 이론이다. 일반적으로 경쟁적 시장에서는 소비자의 선호에 따라 재화 및 서비스의 수요가 결정되고, 이에 대응하여 생산이 이루어져 노동·자본·토지 등의 제자원이 가장 바람직한 상태로 배분된다고 했다. 즉, 파레토최적[3](Pareto's Optimum)이 실현된다는 것이다.

그러나 현실적으로 국제무역에 있어서 각국의 비교우위에 의한 독점적 요인과 그 사회적 선호 형태가 각각 다르기 때문에 경쟁이 불완전해지고, 또한 자원의 최적배분(optimum allocation of resources)이 실현되지 못하므로, 각국 간의 무역마찰이 생기게 되고, 또한 고도의 무역정책이 필요하게 된다.

### (2) 연구·개발 요소이론

연구·개발 요소 이론(theory of research and development factor)은 연구·개발(R&D) 활동이 무역패턴의 결정에 지배적 역할을 한다는 것으로, 특히 오늘날 미국을 비롯한 대부분의 선진국 무역패턴이 주로 연구·개발요소에 의해 결정된다는 것이다.

이 이론은 그루버(W. D. Gruber), 메타(D. Metha), 버논(R. Vernon) 등 3인 공동연구와 키싱(D. B. Keesing)의 연구에 의해 밝혀졌다.

키싱(D. B. Keesing)은 기술이 무역구조에 미치는 효과분석을 위하여 기술과 신개발제품의 무역과의 관계를 ① 수출과 연구·개발(R&D)에 지출된 비용,

---

[3] 파레토최적이란 경제적 후생의 극대화의 기준으로서 사용되는 개념인데, 이것은 타인에게 피해를 입히지 않고서는 어느 누구도 더 이상 잘 살게 할 수 없을 정도로 자원이 잘 활용되고 있는 자원의 최적 분배상태를 말하는 것이다.

② 수출과 기술인력의 구성비율의 관점에서 실증적으로 분석하고, 다음과 같은 연구결과를 발표하였다.

미국의 경우 연구·개발 종사자와 같은 고급노동자가 많이 투입되는 산업일수록 국제경쟁력이 강하고, 그 산업의 제품수출이 국제시장에서 큰 비율을 차지하고 있다. 즉, 미국은 기술집약도(총 종업원 중에서 숙련기술인력이 차지하는 비율)가 높은 제품을 수출하고 있으며, 미국의 기술적 우위가 하강 또는 소멸될 때 기술집약재의 수출은 상대적으로 감소하고 있다는 것이다.

한편 그루버, 메타, 버논의 3인 공동연구에서도 키싱의 연구에서처럼 연구개발지표가 큰 기업일수록 수출비율이 높으며, 또한 해외직접투자에 있어서도 적극적이라는 사실을 규명하였다.

결국 국가간 기술부존의 차이가 신제품의 시장점유율을 결정함으로써, 무역은 국가간 기술격차에 기초하고 있다는 것을 강조하고 있다. 그러므로 오늘날 선진국을 중심으로 R&D투자비율은 점점 확대되고 있다.

### (3) 기술격차이론

기술격차이론(technological gap theory)은 1961년 포스너(M. V. Posner)에 의해 처음으로 이론적 모형이 세워졌다. 그 후 1965년에 후프바우어(G. C. Hufbauer)는 이를 근거로 저임금 무역을 첨가하여 화학섬유 합성고무 및 수지 등의 화학합성 원자재의 무역패턴이 시간의 경과에 따라 어떻게 변화하며, 이를 변화시키는 요인이 무엇인가를 실증적 분석을 통해 검증하여 보완한 것이다.

이는 각국 간의 생산 기술상 격차가 무역발생의 원인이 되고 무역패턴의 결정에 지배적 작용을 한다는 이론이다. 특히, 이 이론은 선진공업국들이 가지는 비교우위의 패턴을 설명하는 것으로, 고도로 발전된 선진국들 간에 공산품 무역이 이루어지는 것은 생산기술의 혁신으로 인하여 기술격차가 각종 산업에 불규칙적으로 일어나서 그것이 비교생산비의 차이를 발생시키기 때문이다.

이런 모형에 의하면 기술 선진국(예, 미국)은 신제품과 신 생산 공정의 도입에 의해 야기된 기술 갭을 통하여 신제품의 수출을 증가시키고, 세계 시장에서 독점을 유지하게 된다는 것이다. 한 국가의 수출은 다른 국가가 이 기술을 모방 또는 이전하게 될 때까지 계속된다는 이론이다.

그러나 이런 모형은 기술 갭의 규모와 발생원인, 그리고 시간의 경과와 더불어 기술 갭이 소멸되어 가는 과정을 정확히 설명하지 못하는 점에 문제점이 있다. [그림 1-2]를 보면 $t_0$을 중심으로 위쪽에는 기술 혁신국의 생산·수출의 양이 표시되어 있고, 아래쪽에는 기술 모방국의 생산·수출의 양이 표시되어 있다.

기술 혁신국에서는 새로운 기술이 개발됨에 따라 $t_0$시점에서 신제품을 생산하게 된다. 그 후 시간이 지남에 따라 기술 혁신국의 신제품 생산은 증가하여 $t_1$시점에 이르면, 동 제품을 기술 모방국에 수출하기 시작한다. 이 때 $t_0 \sim t_1$시점은 기술 혁신국이 신제품의 자급자족을 이룩하는 기간으로, 포스너는 이를 수요시차(demand lag)라고 하였다.

이후 시간이 지남에 따라 기술 혁신국의 생산·수출의 양은 계속 늘어나 $t_2$시점에서 기술 혁신국의 생산량과 수출량은 최대가 되는 반면, 기술 후진국인 기술 모방국도 동 제품을 모방·생산하기 시작함으로써 $t_1 \sim t_2$시점까지를 포스너는 기술 모방국의 반응시차(reaction lag)라 하였다.

이와 같이 기술 혁신국이 수출이익을 얻을 수 있는 이유는 기술 모방국의 반응시차가 기술 혁신국의 수요시차보다 길기 때문인데, 반응시차와 수요시차 간의 차이가 크면 클수록 기술혁신국의 이익은 커진다.

그런데 기술 모방국의 반응시차에 영향을 줄 수 있는 요인으로는 규모의 경제, 수송비, 관세, 기술모방국의 수요의 소득탄력성, 시장의 규모와 소득수준 등을 들 수 있다.

이러한 반응시차가 지난 후 $t_2 \sim t_3$시점 사이에서는 기술 모방국이 기술 혁신국의 기술을 습득하여 국내생산을 늘리게 되고, $t_3$시점 이후에서는 오히려 기술 후진국인 기술 모방국이 기술 선진국인 기술 혁신국에 역수출하게 된다.

($t_3$, $t_0$)을 일괄한 것이 기술 모방국의 모방시차(imitation lag)인데, 실제로 무역이 이루어지는 기간은 모방시차에서 수요시차를 차감한 기간으로, 이 기간 중에 기술 혁신국에서 기술 모방국으로 수출이 이루어진다.

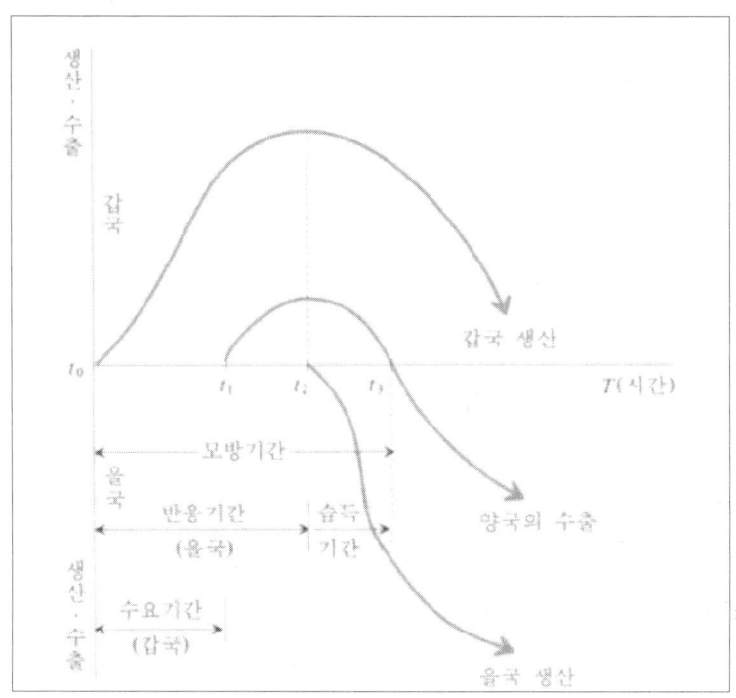

【그림 1-2】 기술격차와 무역의 발생

이것이 기술격차무역이다. $t_3$시점 이후는 저임금 무역이 발생하는 시기이다. 이 시기는 기술 모방국의 제품이 기술혁신국의 제품과 해외에서 경쟁하게 되는 시기로 기술 모방국의 제품이 저임금이므로 기술 혁신국의 제품을 제압하게 된다고 한다.

### (4) 제품수명주기 이론

버논(R. Vernon)은 기술발전이 어떻게 국가 간의 비교우위와 무역구조를 결정하는데 영향을 미치는가를 설명하기 위하여 신제품의 수명주기를 일반화시킨 제품사이클이론(product cycle theory) 또는 제품라이프사이클이론(product life cycle theory)을 개발하였다. 즉, 시간이 흐름과 함께 기술발전에 따라 국가 간의 비교우위와 무역구조가 어떻게 동태적으로 변화하는가를 밝히고 있는 이 이론은 기술불변(국가 간의 기술수준은 동일)을 가정한 「헥셔・올린 정리」와 대조를 이룬다.

이 이론에 따르면 제품은 생물의 생애와 같이 순환과정을 거치게 되는데, 그 수명기간 동안 도입기, 성장기, 성숙기, 쇠퇴기 4단계로 구분되어 각 단계에서 생산, 소비 및 무역구조가 다르게 결정된다는 것이다.

즉, 어떤 제품이 선진국에서 개발되어 수출되기 시작하면, 그 제품은 해외의 수요자들에게 서서히 알려지면서 수출이 완만히 증대하다가, 대량생산으로 저가로 수출하게 되면 수출량은 급증하게 된다. 이 기간이 지나면 수출규모는 고정화되다가 중진국 등에서 대체 제품 등의 출현으로 수요가 급격히 감퇴되어 드디어 중지되고 만다는 것이다. 신제품의 수명주기를 일반화한 제품수명주기이론을 정리하면 [그림 1-3]과 같다.

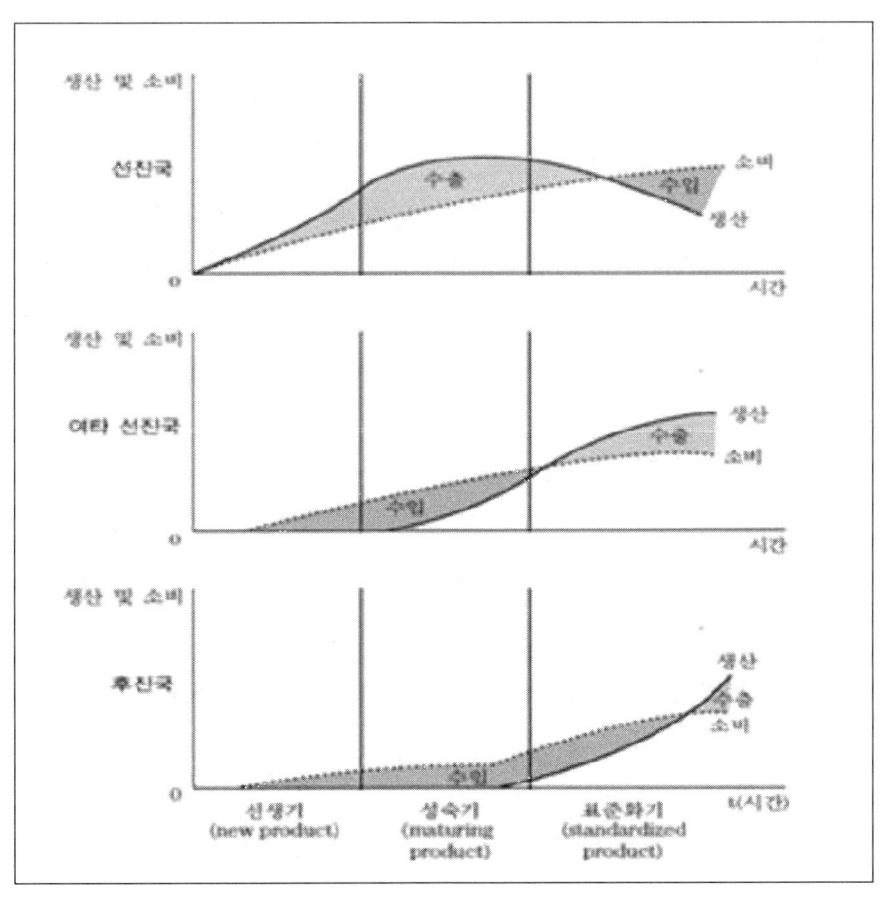

[그림 1-3] 제품수명주기 이론에 의한 무역 패턴

### ① 도입기

 기술선도국의 독점적 기술혁신으로 신제품의 개발이 이루어진 이후, 국내의 생산과 소비의 증가는 물론, 해외의 잠재수요의 증가로 독점적 수출이 증가하는 단계이다. 따라서 해외의 수출시장은 기술선도국의 독점적 영향권 내에 있게 된다.

 예를 들어, 소득수준이 높은 미국에서는 수요의 소득탄력성이 높은 제품과 노동집약적(기술집약적) 제품의 국내수요 기반이 확보될 수 있어서 첨단기술을 기초로 하는 신제품 개발이 용이하고, 세계시장을 독점적으로 확보할 수 있게 된다.

### ② 성장기

 신제품의 해외소비가 일반화되기 시작하면서 해외의 잠재적 수요가 크게 증가하여 기술선도국은 대량생산으로 수출을 증가시키지만, 독점적 신제품개발기술의 해외이전 또는 전파(기술경쟁국의 기술모방 확대)로 생산이 경쟁적으로 이루어지면서 기술선도국의 독점적 수출이 감소하기 시작하는 단계이다.

 신제품의 생산이 기술 선도국으로부터 임금이 상대적으로 낮은 기술경쟁국으로 이동함으로써 다국적기업의 출현에 의한 국제 분업의 형태가 나타나는 단계이다.

### ③ 성숙기

 신제품 개발에 대한 독점적 기술의 완전한 해외 이전으로 기술선도국의 기술 상의 절대적 우위성이 완전 소멸되고, 신제품의 생산 방법이 표준화된다. 따라서 신제품의 생산 입지는 생산비가 높은 국가(기술선도국)에서 낮은 국가(개발도상국)로 이동한다.

 즉, 저임금의 기반 위에서 비교우위를 갖는 개도국들은 신제품의 생산수출국이 되고 기술선도국은 신제품의 소비, 수입국으로 전환된다.

### ④ 쇠퇴기

제품이 쇠퇴기에 이르면, 기술선도국에서는 제품 수요가 감퇴하고 생산경쟁력도 잃게 되어 더 이상 제품을 생산하지 않게 된다. 대신 아직까지 남아 있는 수요를 충당하기 위하여 개발도상국으로부터 수입하게 되어 순수입국으로 전락하게 되고 최초의 비교우위를 완전히 상실하게 된다.

결과적으로 어느 한 제품은 이상에서 설명한 바와 같이 4단계 수명주기를 거치는 과정에서 기술선도국이 갖는 신제품에 대한 기술적 우위성이 소멸될 때, 제품수명의 1주기 순환과정이 끝난다.

그러나 개별 제품의 관점에서 볼 때 국가 간 기술격차가 해소되는 단계에서 현재의 제품에 대한 기술우위국은 기술추종국에 추월당하지만, 끊임없는 기술혁신으로 또 다른 신제품개발하여 선도하는 한, 제품수명주기의 제1단계의 이익을 계속 향유할 수 있을 뿐만 아니라, 기술우위국의 위치를 계속 확보할 수 있게 된다.

여기서 보면 기술의 개발과 표준화과정이 무역의 방향을 결정하는 중요한 역할을 하는 요소이며, 기술이 표준화됨에 따라 다른 생산비용 요인들이 중요해진다는 사실을 알 수 있다. 이 제품수명주기 이론은 헥셔·올린 무역 모형을 대체할 수 있는 무역 모형 이라기보다는 헥셔·올린 무역 모형을 확대한 것으로 이해하면 될 것이다. 이는 제품수명주기 이론이 정태적 비교우위를 설명하는 헥셔·올린 무역 모형과는 달리, 신제품과 새로운 생산공정의 도입에 따른 동태적 비교우위를 설명하는 모형이라는데 있다.

## (5) 산업 내 무역이론

### ① 산업 내 무역의 개념

오늘날 세계무역의 흐름을 살펴보면, 전통적 무역이론에서 설명하는 것과는 달리 생산요소의 상대적 부존 조건이 유사한 국가들 사이에서 오히려 무역이 크게 증가하고 있으며, 또한 생산요소의 집약도가 서로 유사한 재화들의 무역도 점차 증가하고 있다.

기존의 헥셔·올린 류의 근대적 무역이론에서는 각 산업마다 생산요소의 집약도가 일정하고 완전히 동질적인 재화만을 생산한다고 보았기 때문에 각 국가 간의 비교우위가 무역을 발생시키게 된다. 따라서 특정 국가의 무역은 외부적으로 주어진 비교우위에 따라 이종산업 간에만 발생하게 된다.

그러나 최근의 많은 실증적 연구들은 생산요소의 부존 비율이 유사한 선진국 간에 무역이 더 증가하는 추세에 있으며, 또한 요소 집약도가 유사한 제품들 간의 무역도 증가하고 있다. 특히 요소 집약도는 동일그룹으로 분류되는 산업에서 가장 유사하여 기존의 이론으로는 동일 산업 내에서 무역이 발생할 수 없으나 실제로는 이러한 현상이 급증하고 있다. 즉, 근래의 국제무역은 이종산업 간의 이종제품 무역(산업 간 무역) 형태에서 다양한 소비자 기호의 변화에 따라 제품의 차별화를 확대해 가는 동종 산업 내의 이질 제품 무역(산업 내 무역) 형태로 바뀌어 가고 있다.

이처럼 동일 산업 내에서 수출과 수입이 동시에 발생하는 현상을 '산업 내 무역(intra-industry trade)' 또는 '수평적 무역'이라 한다.

### ② 산업 내 무역의 발생 근거

리카도나 「헥셔·올린 정리」에서는 제품의 국제 간 거래에서 운송, 저장, 판매, 정보 및 거래비용이 없는 것으로 가정하고 있다. 그러나 현실적으로는 이러한 비용이 존재하며, 이러한 비용 요인을 고려하면, 기능적으로 동일한 제품도 국제 간에 상호 거래되며, 산업 내 무역이 발생할 수 있다.

이처럼 전통적 무역이론으로 설명할 수 없는 부분이 커짐에 따라 많은 경제학자들은 기존의 헥셔·올린의 가정을 일부 완화하여 규모의 경제의 존재, 제품 차별화 등과 기술 혁신에 따른 생산함수의 동태적 변화 등을 완전 경쟁 모델에 도입함으로써 산업 내 무역을 설명하였다.

이러한 형태의 무역에 포함될 수 있는 것은 국경무역, 시차 및 계절에 따른 주기적 무역, 중계무역 및 정부개입에 의한 무역 등이다. 물론, 이러한 이론들은 아직 기존의 무역이론을 대체할 만큼 일반화된 모형을 갖고 있지 않으며, 출발 자체가 산업 내 무역이라는 현상을 설명하기 위한 경험적 연구에서 출발하였기 때문에 아직도 이론체계가 미비한 실정이다.

### [국경무역]

생산비용에 있어 수송비용이 차지하는 부분이 상대적으로 큰 제품은 생산입지가 매우 중요한 문제가 된다. 이 경우 생산지는 원자재가 분포된 주위에 입지해야 하며, 판매 지역도 인접한 지역에 국한될 것이다. 예를 들면, 모래나 벽돌 등이 이에 속한다고 할 수 있다. 또 하나는 채소, 우유, 청과물, 식품 등과 같이 오랜 기간 동안의 장거리 운송이 부패나 손상위험 때문에 불가능한 경우에도 생산 입지로부터 일정한 범위 내에서 사용할 수밖에 없게 된다.

인접한 국가 간의 국경 부근에서는 원거리의 자국 제품보다는 근거리의 외국 제품을 사용하게 되어 동일 산업 내에서 국경 간 무역이 발생하게 되는 것이다.

### [제품 차별화와 규모의 경제 요인]

동일한 원료와 기술로 생산되는 두 제품이 상표 등에 의해 차별화되고, 생산에 있어서 규모의 경제(economies of scale) 요인이 존재하는 경우, 두 제품을 각국이 동시에 생산하는 것보다는 하나의 제품에 특화하여 생산하는 것이 유리하다. 자동차의 경우를 예로 들면, 제품 차별화가 존재하는 경우 소비자들은 기호나 소득수준 때문에 서로 다른 종류의 자동차를 선호하게 되고, 그 결과 양국 간에 동일 산업 내에서 자동차 교역이 이루어지게 된다. 또한, 자동차 생산에 있어 규모의 경제 요인이 존재한다면 동일 자동차를 대량으로 생산할수록 생산비가 낮아지게 된다. 반면에 모든 사람들의 기호에 맞추어 여러 종류의 자동차를 생산하게 된다면 각 자동차의 생산량은 줄어들게 되고 결국에는 생산비가 높아지게 된다. 그러므로 자동차 제조 기업은 다수의 기호에 맞는 자동차를 생산할 수밖에 없다. 그런데 이때 자신의 기호에 맞는 자동차를 찾을 수 없는 소수의 소비자들은 자신의 기호에 맞는 자동차를 발견하게 되면, 그것이 외국에서 생산된 자동차라 할지라도 그것을 선택하여 소비하게 될 것이다. 이로 인해 국가 간에 동종 산업 내에서 무역이 이루어지게 된다.

### [해외가공 및 조립생산]

오늘날에는 국가 간의 임금 및 생산비 차이를 고려하여 부품이나 반제품을 본국에서 해외자회사로 수출한 다음, 그곳에서 조립·가공하여 다시 본국으로 역수입하거나 제3국으로 수출하는 경우가 많다.

이 때 특정 부품 및 반제품, 그리고 최종 완제품이 동일 산업으로 분류된다면 부품 생산국이나 해외 가공국은 모두 산업 내 무역을 하는 것이 된다.

### [정부의 개입]

국가가 큰 경우, 국가정책상 일부 지역에서는 고용문제, 유치 산업보호 등으로 인하여 수출을 장려하고, 다른 지역에서는 외국에서 동일 제품을 수입하는 경우가 있다.

또한, 정부가 여러 가지 정책을 수행하는 과정에서 여러 정책들이 복합적으로 작용하여 전체로서의 정책 효과를 분명히 파악하지 못할 때, 기업의 입장에서는 동일 제품을 단순히 수입하였다가 수출하는 것만으로도 이익을 얻을 수 있다.

# 05 국제무역정책

## 1. 무역정책의 의의와 목표

### (1) 무역정책의 개념

한 국가의 정부는 그 국가의 경제활동에서 파생된 경제 현상의 모순을 해결하기 위한 정책수단으로서 경제정책(economic policy)을 수립하여 경제목표를 달성하고자 한다. 이러한 경제목표(economic objectives)에는 완전고용, 가격안정, 공정한 소득분배, 국제수지의 균형 등이 있다.

무역정책(trade policy)은 이러한 경제정책의 일환으로서 다른 국가와의 경제 행위에 개입하는 대외경제정책 수단의 하나이다. 무역정책을 수립하는 이유는 국민경제의 대내외적 균형을 달성함과 동시에 경제발전을 이루기 위한 무역 환경을 조성하기 위해서이다. 무역정책은 국가 간의 거래를 대상으로 하기 때문에 국내경제뿐만 아니라 대외경제에까지 그 효과와 영향이 파급되며, 국내산업의 보호, 국제수지의 개선, 자원의 효율적 배분, 고용의 증대, 경제성장 및 발전 등 국내 경제정책을 포괄적으로 포함하는 성격을 갖고 있다.

무역정책과 유사한 개념으로 통상정책(commercial policy)이라는 것이 있다. 일반적으로 무역정책은 무역에 직접적으로 영향을 미치는 제도 등을 변경하는 조치를 의미하고, 통상정책은 무역정책을 포함하여 국제통상관계와 대외 협상을 포괄하는 의미로 사용된다.

무역정책은 국내시장을 대상으로 하는 산업정책과도 밀접한 관계가 있다. 산업정책은 한 국가의 자원을 국내경제의 여러 부문과 활동에 배분하는 경제정책을 의미하며, 오늘날 기업활동의 세계화로 인해 무역에도 중대한 영향을 미치고 있다. 무역정책은 대외 경제활동을 대상으로 하지만 결과적으로 국내시장의 자원배분에도 영향을 미치기 때문에 산업정책과 같은 역할을 하기도 한다. 이러한 이유로 넓은 의미에서 무역정책을 산업정책의 일부분으로 볼 수도 있다.

### (2) 무역정책의 목표

무역정책의 궁극적 목표는 다른 경제정책과 같이 국민 후생을 극대화하는데 있다. 그러나 현실적으로는 국민 후생의 극대화보다 국내산업의 보호 및 육성, 국제수지의 개선, 자원의 효율적인 배분, 완전고용, 물가안정, 경제성장 등의 다른 목표를 추구하는 경우가 많다.

#### ① 국내산업의 보호

세계 각국은 자국의 산업을 보호하기 위하여 무역정책을 시행하고 있다. 즉, 각국은 경쟁우위가 있는 외국 제품이 자국시장으로 유입될 때 경쟁력이 약한 자국기업의 재화를 보호하기 위해서 무역정책을 시행하게 된다.

이는 자국의 산업을 외국의 산업으로부터 보호하기 위한 것이기도 하지만, 궁극적인 이유는 세계시장에서 실패한 자국기업으로 인하여 발생하는 국내경제의 안정성을 저해하는 상황을 회피하려는 데 있다.[4] 이러한 이유로 세계 각국은 관세 및 비관세장벽을 통해서 외국제품의 수입을 규제하고 국내산업을 보호하고 있다.

#### ② 국제수지의 개선

국제수지개선 또한 무역정책의 실시를 통해 달성해야 할 목표 중에 하나이

---

[4] 국내경제의 안정성 저해는 국내산업의 생산활동의 단축 또는 완전철수 등으로 인한 실업률의 증가, 국민소득의 저하 등을 생각해볼 수 있다.

다. 국제수지가 무역정책의 주요한 목표 중의 하나인 이유는 국제수지가 대외 경제활동을 보여 주는 주요 지표이기 때문이다. 한편, 국제수지의 개선을 위한 무역정책의 궁극적인 목적은 그 국가의 주요 경제지표인 외환시세를 안정적으로 유지하는데 있다. 따라서 각국은 국제수지의 개선을 위해 다양한 정책을 실시하고, 외환시세를 안정적으로 유지함으로써 국민경제의 균형적 성장을 도모하고 있다.

### ③ 자원의 효율적 배분

자원의 중요성은 그 희소성과 지역적 한계성에 있으며, 자원의 안정적인 확보가 곧 그 국가의 경제발전을 의미하기도 한다. 일반적으로 선진국은 상대적으로 자본이 풍부하고, 개발도상국은 상대적으로 노동이 풍부하다.

따라서 선진국은 자본집약적 재화에 특화하고 개발도상국은 노동집약적 재화에 특화하여 상호 교환함으로써 이익을 얻게 된다. 즉, 국제 분업을 통해서 자원의 효율적 이용과 배분이 실현되는 것이다. 자원의 효율적 배분을 위해 각국은 무역장벽의 제거 등과 같은 다양한 무역정책을 시행하고 있다.

### ④ 완전고용

무역정책의 주요 목표 중의 하나인 완전고용은 한 국가의 경제 및 사회에 큰 의의를 가지고 있다. 만약, 한 국가가 불완전 고용 상태라면 그 국가의 자원이 효율적으로 사용되지 못하고 있으며, 또한 실업으로 인해 사회적 문제가 발생할 수 있음을 의미하기도 한다. 즉, 각국은 노동시장에서 적절한 수요와 공급의 균형을 유지하기 위해 다양한 정책을 실시하게 되는데, 무역정책 측면에서는 노동시장의 수요 및 공급의 균형을 위해 수출은 확대하고, 수입은 억제함으로써 국내산업을 보호하면서 완전고용을 달성하려고 한다.

### ⑤ 물가안정

물가안정은 한 국가의 국민경제와 밀접하게 연관되어 있다. 수출이 증가하면 국내 물가는 상승하는 추세를 보이는 반면, 수출이 감소하면 국내 물가가

하락하는 경향이 있다. 또한, 국내 물가가 상승하면 수출가격의 상승으로 수출이 감소하고 결국 국제수지를 악화시킬 수도 있다. 그러므로 물가안정은 무역정책의 중요한 목표라고 할 수 있다.

오늘날 대부분 국가의 국민경제는 개방화되어 있기 때문에 물가의 상승요인은 국내적인 요인 외에도 원유 및 국재 원자재 가격, 국제금리, 환율변동 등 대외적인 요인에 기인하는 경우도 있다. 이와 같은 대외적인 요인의 영향을 극복하기 위해 각국은 국내 경제정책 외에 다양한 무역정책을 활용하고 있다.

#### ⑥ 경제성장

경제성장은 재화 및 서비스의 생산이 지속적으로 증가·확대하는 것을 의미한다. 이러한 경제성장을 지속적으로 실현하기 위해 각국은 국내경제 여건을 재정비하고 모든 정책적 수단을 동원하고 있다.

하지만, 재정, 금융, 산업정책 등과 같은 국내 경제정책만으로는 경제성장을 실현하기가 어려운 것이 현실이다. 따라서 각국은 외환정책, 환율정책, 수출확대정책 및 수입억제정책 등 다양한 무역정책을 활용하고 있다.

## 2. 무역정책의 변천과정

### (1) 중상주의

중상주의(mercantilism)는 16세기에서 18세기 사이에 유럽 국가들이 채택하였던 경제적 체제 또는 경제사상을 말한다. 중상주의의 주요 목적은 경쟁국의 희생을 대가로 자국의 국력을 강화하고, 경제적으로는 국부(E)를 축적하는데 있었다. 그런데 그 당시에는 한 국가의 국부를 금, 은과 같은 귀금속의 양으로 측정하였기 때문에 모든 국가들은 귀금속을 많이 획득하기 위하여 노력하였다. 귀금속을 많이 획득하기 위해서는 수출은 장려하고 수입은 억제하는 정책이 필요했고, 이에 따라 각 국가는 강력한 보호무역정책을 경쟁적으로 채택하였다. 즉, 수출은 장려하고 수입은 억제하기 위해 수출품에 대해서는 면세혜택과 보조금 지급 등을 하였으며, 수입품에 대해서는 높은 관세를 부과하였다.

중상주의는 무역의 총량보다는 수출이 수입을 초과하는 순 수출(net export) 즉, 무역 차액의 극대화가 중요하다고 주장하였다. 이러한 무역 차액을 이용하여 귀금속을 유입하려는 정책을 무역차액정책이라고 한다. 그러나 모든 국가들이 동시에 무역차액을 가질 수는 없고, 일정한 시점에서 금과 은의 양은 고정되어 있기 때문에 한 국가는 다른 국가를 희생시킴으로써 이익을 얻을 수 있다고 보았다.[5]

다시 말하면 중상주의는 무역수지 흑자에 따른 귀금속의 유입을 통해 부국강병을 도모하는 정치철학이며, 이를 위해 국가가 무역에 적극적으로 개입해야 한다는 논리를 내세웠다. 그리고 국가의 이익을 위해서는 개인의 자유를 제한할 필요가 있다고 주장하고 있기 때문에 행정적 규제가 지배적인 통치 철학이었다고 할 수 있다.

### (2) 자유무역주의

18세기 중엽 아담 스미스(Adam Smith, 1723~1790)를 중심으로 한 영국의 고전학파 경제학자들은 중상주의의 정부개입을 비판하면서 자유무역주의를 주장하였다.[6] 산업혁명으로 인해 영국의 제조업이 급격하게 성장한 결과 영국은 세계 공장의 역할을 담당하게 되었다. 제조업 부문에서 다른 국가들을 압도하게 된 영국은 중상주의적 보호무역정책이 오히려 무역의 확대, 나아가 영국의 경제발전을 제약하는 요인이라는 것을 인식하게 되었다. 이에 따라 영국은 국가 간 자유경쟁을 통한 이익의 극대화를 추구하는 자유무역주의를 채택하였고, 그 결과 자유무역주의는 영국의 경제발전에 중요한 배경이 되었다.

고전학파 경제학자들은 중상주의의 행정적 규제와 반대되는 개념인 보이지 않는 손(invisible hand), 자유방임, 세이의 법칙(Say's Law)과 정부의 개입을 최소한으로 하는 야경 국가를 주장하였다.

아담 스미스는 「국부론」에서 국제 분업과 특화를 하게 되면 산출량이 증가

---

[5] 중상주의는 무역을 통해서 한 국가가 이익을 얻게 되면 다른 국가는 반드시 손해를 보게 된다고 보았다. 이를 제로섬 게임(zero-sum-game)이라고 한다.
[6] 이러한 자유무역주의의 시조는 중농주의(physiocracy)를 주장한 프랑스의 케네(F. Quesnay)라고 할 수 있으며, 그는 농업을 중심으로 한 자유무역을 주장하였다.

할 수 있다고 주장하였다. 또한, 가계는 효용을 극대화하고 기업은 이윤을 극대화하게 되면 정부의 의도적인 개입이 없더라도 사회적 후생이 극대화될 수 있다고 주장하였다.

### (3) 보호무역주의

영국에 비해 산업화가 늦은 미국과 독일은 자국의 국내 산업을 선진공업국의 위협으로부터 보호해야 할 필요성을 인식하고 보호무역주의를 도입하게 되었다. 즉, 보호무역주의는 자유방임주의에 기반을 둔 영국의 자유무역주의에 대한 반발로 당시 후진국이었던 독일과 미국을 중심으로 자국의 산업을 보호해야 한다는 목적으로 전개되었다.[7]

특히, 미국의 해밀턴(A. Hamilton)과 독일의 리스트(F. List)는 비교우위가 제대로 확립되지 못한 국가의 경우 자유무역을 하는 것보다는 보호무역을 하는 것이 오히려 경제발전에 도움이 된다고 주장함으로써 독일과 미국이 산업보호정책을 사용하는 것을 정당화하였다.

보호무역을 주장한 리스트 등은 산업발전 단계가 다른 국가 간에는 정태적 비교우위에 근거하고 있는 고전적 자유무역이론이 적용될 수 없다고 주장하면서 이를 동태적으로 해석할 필요가 있음을 제기하였다.

예를 들어, 정태적 비교우위의 개념을 그대로 수용하게 되면 산업혁명이 먼저 발생한 영국은 제조업 분야에 특화하게 되고, 그 당시 영국에 비해 산업발전이 늦은 독일은 농업 등의 1차 산업 분야에 특화하게 된다. 그 결과 영국은 제조업 분야에서 지속적인 기술 및 자본축적이 가능하지만, 독일은 제조업 분야에서 발전이 낙후될 수밖에 없다는 것이다.

따라서 경제발전이 늦은 독일이 자국의 유치산업을 설립하고 보호하려면 국제경쟁력을 갖출 때까지 관세를 통한 일시적인 보호가 필요하다는 유치산업보호론(infant industry argument)를 주장하였다.

유치산업보호론이란 한 국가 내에서 장래 성장 가능성이 있는 유리한 산업

---

[7] 유치산업이란 현재는 해당 국가의 경제발전단계의 후진성 때문에 발달하지 못했으나 미래에 성장가능성이 있는 산업을 말한다.

을 보호 및 육성하는 것을 말하며, 선진국에 대한 후진국의 입장과 그 필요성을 가장 명확하고 광범위하게 이론적으로 취급한 것이었다.

유치산업보호론의 이론적 특징은 보호에 의하여 발생된 현재의 손실은 이러한 보호로 인해 유치산업이 갖고 있던 잠재적인 비교우위가 실현된다면 유치산업의 발전에 따른 장래의 이익에 의해 충분히 보상되고, 또한 보호에 따른 손실을 최대한으로 줄이기 위해 장래에 발전 가능성이 있는 유치산업을 선택하여 보호할 필요가 있다고 주장한 점이다. 즉, 관세부과에 의하여 발생된 일시적 손실은 유치산업이 육성됨에 따라 발생된 이익에 의하여 보상되기 때문에 장래의 이익을 위하여 보호에 따른 일시적인 희생을 감수해야 한다고 주장하고 있다.

유치산업보호론을 실제로 적용하기 위해서는 유치산업의 선정기준, 보호기간, 보호정책수단 등 여러 가지 문제가 규명되어야 한다. 특히, 보호대상이 될 유치산업을 선정하는 것은 유치산업보호론이 해결해야 할 가장 중요하고도 어려운 문제라고 할 수 있다.

따라서 보호의 성과를 고려하면서 일정 기간이 지나면 경쟁력을 갖출 수 있는 산업을 보호해야 한다고 주장하였다.[8] 그러나 유치산업보호론을 체계화할 때 어떤 산업을 보호해야 하는가에 대하여 명확히 밝히지 못하였으며, 이 후 밀(J. S. Mill), 배스테이블(C. F. Bastable) 등에 의하여 유치산업의 선정기준이 제시되었다.

이들은 보호를 받는 산업이 일정기간이 경과한 후 충분히 성장하면 더 이상 보호가 필요하지 않는 동태적 비교우위를 가진 산업이어야 하고, 보호기간 중에 발생한 손실은 그 산업의 발전에 의하여 얻게 되는 장래의 이익에 의하여 충분히 보상될 여지가 있어야만 보호할 만한 유치산업으로 보고 있다.[9] 이러한 주장을 밀-배스테이블 검정(Mill-Bastable test)이라고 한다.

하지만, 유치산업보호론은 그 실천적인 측면에서 다음과 같은 비판이 제기되고 있다.

---

[8] 보호대상과 보호기간을 제한하고 있기 때문에 유치산업보호론을 제한적 보호론이라고 한다.
[9] 보호에 의하여 성장가능성이 있는 산업에 대해서는 국가가 반드시 보호해야 하지만, 그렇지 못한 산업에 대해서는 보호할 필요가 없다는 것을 의미한다.

첫째, 유치산업에 대한 선정기준이 밀과 배스테이블에 의하여 제시되었으나 구체적으로 유치산업을 정확하게 가려내기에는 어려운 점이 있으며, 밀과 배스테이블의 기준이 자의적으로 적용될 가능성이 크다. 따라서 장래 발전성이 거의 없는 유치산업이 이해관계자의 압력이나 로비에 의하여 유치산업보호의 미명하에 보호를 받을 가능성이 크다.

둘째, 관세를 통한 보호는 일시적이어야 하지만, 이러한 보호기간을 어느 정도로 할 것인가가 문제가 될 수 있다. 현실적으로 한 번 보호를 받게 되면 계속 보호를 받기를 원하기 때문에 일단 취해진 보호조치가 중단되면 이에 대한 강력한 반발이 나타날 수 있다. 보호받을 산업을 정확히 선정하였을 경우, 그 산업은 어느 정도 기간이 지난 후에는 발전된다. 그러나 보호를 받으면 항상 유리하기 때문에 당시 기대했던 수준으로 발전되더라도 계속 보호를 받기 위하여 정치적으로 강력한 영향력을 행사할 수 있다. 따라서 일시적 보호가 영구적인 보호가 되는 경향이 발생할 수 있으므로 이에 따른 사회적 낭비가 나타날 수 있으며, 항상 보호에 의지해야만 하는 산업에 머무는 경우가 있게 된다.

셋째, 유치산업으로 선정된 산업을 어떤 정책수단을 사용하여 보호할 것인지가 문제가 될 수 있다. 관세를 통한 보호는 별도의 정부지출이 따르지 않고 국내 생산이 증가할 수 있으나 이에 따른 보호 비용이 국내 소비자에게 전가된다는 단점이 있다. 이에 대한 대안으로 국내 소비자의 부담이 따르지 않는 보조금을 통한 보호를 생각할 수 있으나 필요한 재원을 어떻게 조달해야 하는지에 대한 문제가 있다.

따라서 유치산업보호론에 근거를 두고 보호무역정책을 시행할 때에는 이러한 문제점들을 고려하여 신중하게 판단할 필요가 있다. 또한, 유치산업의 보호라는 명분하에 관세가 계속 부과되고 일부 산업이 불필요한 관세로부터 보호를 받는다면 그 국가는 물론이고 전 세계 차원에서 자원의 최적 배분이 저해되고 국제무역 질서가 교란될 수 있다는 것을 염두에 둘 필요가 있다.

### (4) 전략적 무역정책

산업 내 무역의 증가는 비교우위를 확보하는데 있어 보조금의 역할을 증대시켰다. 따라서 보조금의 지급이 비교우위의 어떤 영향을 주는지를 분석하고, 경쟁 상대국에 제공하는 보조금의 형태에 따라 자국 기업에 대한 보조금의 형태를 결정하는 전략적 무역정책이 발달하게 되었다.

전략적 무역정책(strategic trade policy)은 과점시장에서 경쟁관계에 있는 기업의 의사결정에 영향을 주어 바람직한 결과를 가져오도록 하는 정책을 말한다. 이 이론에 의하면 미래경제성장의 핵심이라고 할 수 있는 반도체, 통신, 컴퓨터 등과 같은 기술집약적 첨단산업의 경우 조세감면, 보조금 지급 등과 같은 능동적인 무역정책을 통해 비교우위를 창출할 수 있다.

즉, 규모의 경제가 크게 발생하는 이러한 산업에 대해 정부가 초기에 소요되는 막대한 투자비용의 일부를 지원함으로써 그로부터 발생하는 무역이 익을 얻을 수 있고, 지원을 받은 산업은 영구적인 비교우위를 갖게 된다는 것이다. 또한, 이를 통하여 국가도 장기적으로 성장할 수 있는 추진력을 획득할 수 있다고 주장하고 있다.[10]

### (5) 신 보호무역주의

1970년대 초 미국의 만성적인 무역수지 적자, 에너지 위기 등으로 인해 세계경제는 급격하게 침체되었으며, 개발도상국의 급속한 경제성장으로 인해 선진국과 개발도상국 간의 경쟁이 심화되기 시작하였다.

1970년대에 등장한 신 보호무역주의는 리스트 등이 주장한 보호무역주의(역사적 보호무역주의)와 달리 선진국들이 보조금 등의 비관세장벽을 사용하여 자국의 사양산업(declining industry)을 보호하는 정책을 말한다. 신 보호무역주의는 핵심기술을 유지하거나 실업을 감소시키는 것을 목적으로 하며 산업정책과 기술 정책의 중요성을 강조하고 있다. 최근 기술보호주의가 확대되고 지적재산권 보호가 강화되고 있는 상황에서 오늘날의 신 보호무역주의는 선진국들이 경쟁우위를 갖고 있는 다른 산업으로 그 대상이 점차 확대되고 있다.

---

[10] 그러나 전략적 무역정책은 기술집약적 첨단산업으로 그 적용범위를 확대했다는 점만 제외한다면 유치산업보호론과 유사하다고 볼 수 있다.

## 3. 무역정책 수단

### (1) 관 세

#### ① 관세의 의의

관세(customs : customs duties : tariffs)란 한 국가의 관세선을 통과하는 물품에 부과하는 조세를 말한다. 여기서 관세선(customs line)이란 정치적인 국가의 영역으로서의 국경선을 의미하는 것이 아니다. 정치적으로는 자국의 영역이지만, 관세제도상 외국과 동일하게 간주되는 자유무역지역(free trade zone)이 존재하는 반면, 정치적으로는 외국의 영역이지만 관세제도상 자국과 동일하게 간주되는 보세구역 또는 관세동맹국이 존재하고 있기 때문이다.

한편, 관세는 일반적으로 수입물품에 대해 부과하는 조세를 말하며, 이는 국세의 하나이며 소비세 중에서도 간접세에 속한다. 관세를 부과하는 목적은 재정수입의 확보 또는 국내산업의 보호에 있다. 재정수입을 목적으로 부과하는 관세를 재정관세(revenue duties)라고 하고, 국내산업의 보호를 목적으로 부과하는 관세를 보호관세(protective duties)라고 한다.

#### ② 관세의 종류

[과세의 기회에 의한 관세]

관세는 과세의 기회에 따라 수입세, 수출세 및 통과세로 구분할 수 있다. 수입세는 수입물품에 부과되는 관세를 말한다. 오늘날의 관세라고 일반적으로 수입세를 의미하기 때문에 대부분의 논의는 수입세를 중심으로 이루어지고 있다.

수출세는 수출 물품에 부과되는 관세로 이는 해외에 절대적인 독점시장이 존재하여 수출세를 부과하더라도 수출에는 영향이 없을 경우에 부과 가능한 관세이다. 자국 산업에 필요한 국내 원료의 확보 내지 유지를 위해 부과되는 보호적 수출세도 이에 해당한다.

통과세는 단순히 관세 영역을 통과하는 물품에 부과하는 관세로 이는 주로 중상주의 시대의 재정수입을 위해 이용되었다.

[과세의 방법에 의한 관세]

관세는 과세의 방법에 따라 종가세, 종량세, 혼합세 등으로 구분할 수 있다. 종가세(ad valorem duties)는 수입물품의 가격을 기준으로 부과하는 관세를 말한다. 종가세는 수입물품 가격에 균등하고 공평하게 적용되는 장점이 있는 반면, 적정가격의 산정이 어렵고 과세 가격을 산정하기 위해서 번잡한 절차와 많은 비용이 필요하다.

종량세(specific duties)는 수입물품의 개수, 용적, 중량 등의 수량을 기준으로 부과하는 관세를 말한다. 종량세는 간단명료하게 세액을 산정할 수 있는 장점이 있는 반면 물품별 계량 단위의 차이에 의한 기술상의 어려움이 있다.

혼합세(combined duty)는 종가세와 종량세를 동시에 적용하여 그 중 높게 (또는 낮게) 산출되는 세액을 선택하여 부과하는 선택세(alternative duty)와 종가세 및 종량세를 동시에 정하고 산출된 세액을 합하여 부과하는 복합세 (compound duty)가 있다.

[과세의 목적에 의한 관세]

관세는 과세의 목적에 따라 재정관세와 보호관세로 구분할 수 있다. 재정관세(revenue duties)는 재정수입을 목적으로 부과하는 관세를 말하며, 이는 일반적으로 국내 생산이 거의 없거나 또는 이미 국내 산업이 확립되어 있어 더 이상 보호할 필요가 없을 때 부과된다.[11]

보호관세(protective duties)는 국내산업의 보호를 목적으로 부과하는 관세를 말한다. 보호관세는 특정산업의 실업을 감소시키기 위해 또는 정책적인 분야의 육성을 위해 부과될 수 있다.

[과세의 성격에 의한 관세]

관세는 과세의 성격에 따라 국정관세, 협정관세로 구분할 수 있다. 국정관세

---

11) 원칙적으로 재정관세는 오직 재정수입의 확보만을 목적으로 부과되어야 하지만 관세가 일단 부과되면 수입품의 가격에 영향을 주어 수입이 감소하고 국내산업이 보호되는 효과가 발생한다. 그러나 이는 어디까지나 부수적인 것이고 과세의 주된 목적이 재정수입에 있으면 재정관세라고 할 수 있다.

는 관세주권에 따라 자국의 법령에 의하여 부과하는 관세로 국내법에 의해 정해진 국정세율을 적용한다.

협정관세는 한 국가가 다른 국가와의 통상조약 또는 관세조약에 의하여 부과하는 관세를 말한다. 통상조약이나 관세조약은 상호주의의 원칙에 따라 당사국 간의 무역량을 증진시키는 것을 목적으로 하기 때문에 일반적으로 협정세율이 국정세율보다 낮다. 협정관세로는 WTO 양허관세, FTA 협정관세, 개발도상국간 협정관세(APTA, GSTP, TNDC) 등이 있다.

[탄력관세]

조세의 종목과 세율은 법률로 정한다는 조세법률주의에 따라 관세는 국회의 의결에 의해 결정 또는 변경되는 것이 원칙이다. 그러나 국내외 경제상황의 변화에 신속하게 대응하기 위하여 관세법에서 규정한 국회의 위임에 의해 행정부가 일정한 범위 내에서 관세율을 인상 또는 인하할 수 있는데 이를 탄력관세(flexible tariff)라고 한다.

탄력관세는 미국, 영국, 일본, 프랑스 등 선진국에서도 채택되어 있으며, 우리나라도 1967년 11월 제15차 관세법 개정시에 채택되어 현재까지 시행하고 있다. 현재 우리나라 관세법에서는 세율의 조정이 가능한 탄력관세로는 덤핑방지관세, 상계관세, 긴급관세 등 11가지를 규정하고 있다.

③ 관세의 실효보호율

관세율이 높으면 높을수록 국내 산업에 대한 보호효과는 높아지게 된다. 이는 관세가 수입물품의 국내 가격을 상승시켜 부가가치가 그만큼 증가하는 것을 의미한다.

관세는 최종재뿐만 아니라 최종재를 생산하는데 투입되는 원자재 및 중간재의 수입에 대해서도 부과된다. 이는 생산비용을 증가시켜 부가가치를 감소시키기 때문에 국내 산업이 보호되는 정도는 감소한다. 따라서 관세를 부과하였을 때 국내 산업이 실제로 얼마만큼 보호되는지의 여부를 정확히 알기 위해서는 관세부과 전의 부가가치에 비해 관세부과 후의 부가가치가 얼마나 증가 하였는지를 측정해야 한다. 이를 관세의 실효보호율(effective rate of protection) 이라고 하며, 실효보호율은 국내 부가가치를 바탕으로 계산되는 실제관세율을 의미한다.12)

$$실효보호율 = \frac{관세부과\ 후\ 부가가치 - 관세부과\ 전\ 부가가치}{관세부과\ 전\ 부가가치}$$

최종재에 대해서는 아주 높은 관세를 부과하고, 최종재에 투입되는 중간재에 대해서는 상대적으로 낮은 관세를 부과한다면 실효보호율은 증가하게 된다. 이와 같은 이유로 대부분의 국가들은 원자재나 중간재에 대해서는 낮은 관세를 부과하고 최종재에 대해서는 높은 관세를 부과하고 있으며, 이를 경사형 관세구조(tariff escalation system)라고 한다.

## (2) 비관세장벽

### ① 비관세장벽의 의의

역사적으로 봤을 때 관세가 가장 중요한 무역제한 조치였으나 제2차 세계대전 이후 관세는 협상을 통해 상당한 정도로 인하되었다. 이에 따라 무역정책의 수단으로서 비관세장벽의 중요성이 상대적으로 증가하고 있다. 비관세장벽은 그 형태나 성격이 매우 복잡하고 다양하기 때문에 명확한 정의를 내리기는 어렵지만 수출을 촉진하고 수입을 억제하는 관세 외의 모든 무역제한 조치를 비관세장벽(non-tariff barriers : NTB)이라고 한다.

비관세장벽은 특정 국가의 특정 물품에 차별적 또는 선별적으로 적용되며, 정보의 부족·제도의 변경 또는 변칙적인 운영과 같은 불확실성과 위험성을 내포하고 있고, 철폐하거나 완화하기가 곤란하며, 효과를 측정하기가 곤란하다는 특징이 있다.

---

12) 국내 부가가치는 최종재의 가격에서 최종재의 생산에 투입되는 수입된 중간재의 비용을 차감한 것과 일치한다.

### ② 비관세장벽의 종류

**[수입쿼터]**

수입쿼터(import quota)는 비관세장벽의 대표적인 예로서 특정 재화의 수입에 대하여 일정량 이상의 수입을 허가하지 않는 수입수량제한제도를 말한다. 즉, 수입쿼터는 수입물품을 국가별 또는 수입업자별로 할당하여 일정기간 동안 수입량을 제한하는 제도이다.

수입쿼터 수입량을 직접적으로 규제하기 때문에 관세에 비하여 국내산업을 보호하는 효과가 더 크게 발생한다.[13] 수입쿼터도 관세와 마찬가지로 국내 가격을 상승시키므로 관세와 유사한 경제적 효과 및 소득재분배효과가 발생한다. 그러나 수입쿼터의 경우 관세부과에 따른 재정수입 부분이 수입허가권을 갖고 있는 수입업자에게 배분된다는 차이점이 있다.

수입쿼터를 시행하는 경우 발생하는 후생의 감소는 수입허가권을 어떻게 배분하는가에 따라 달라진다. 만약, 수입국의 정부가 경매를 통해 수입허가권을 국내 수입업자에게 배분하면 쿼터지대(관세부과에 따른 재정수입 부분)가 모두 정부의 수입이 된다. 그러나 수입허가권이 외국 수입업자에게 배분되면 쿼터지대가 외국 수입업자의 수입이 되기 때문에 후생은 관세부과에 비해 더 크게 감소한다.

**[수출보조금]**

수출보조금(export subsidy)은 수출을 촉진하기 위해 수출국의 정부가 산업 및 기업활동에 지급하는 각종 재정적인 지원을 말한다. 수출업자에게 직접적으로 지급하는 보조금뿐만 아니라 수출 물품에 대한 금융상의 혜택 및 조세감면 등도 수출보조금에 포함된다.

수출보조금이 지급되면 국내 수출업자는 세계가격에다 수출보조금을 더한 가격을 받게 된다. 따라서 국내 가격이 수출보조금이 지급된 후의 가격보다

---

[13] 관세는 기본적으로 가격을 통해 간접적으로 수입을 규제하지만, 수입쿼터는 직접적으로 수입을 규제하기 때문에 항상 일정한 수준의 수입량을 유지할 수 있다. 따라서 국내산업의 보호를 위해서는 수입쿼터가 관세보다 효과적인 수준이 된다.

낮은 경우에는 국내시장에 공급하는 것보다 수출하는 것이 유리하므로 국내시장에 계속 공급하기 위해서는 국내 가격이 상승해야 한다. 수출보조금의 지급으로 국내 가격이 상승한 결과 국내생산은 증가하고 국내소비는 감소하기 때문에 수출량은 증가하게 된다. 따라서 소비자잉여는 감소하고, 생산자잉여는 증가한다. 그리고 수출보조금은 조세를 통해 조달되므로 국내 소비자들의 후생은 감소하게 된다.

수출보조금의 지급에 따른 생산자 잉여 증가분이 소비자잉여의 감소분과 조세에 따른 국내소비자들의 후생감소분을 더한 것보다 작게 나타나기 때문에 수출보조금의 경우에도 사회적 순손실이 발생한다.

### [수출자율규제]

수출자율규제(voluntary export restraint)는 수출국이 특정국가에 대해 수출량을 자율적으로 규제하는 것을 말하며, 일반적으로 수입국의 압력이나 요청에 의해 이루어진다. 수출자율규제는 기본적으로 수량을 규제하는 것이기 때문에 수출자율규제의 효과는 수입쿼터와 상당히 유사하다. 그러나 수출자유규제는 쿼터 지대가 수출국으로 이전되기 때문에 수입쿼터에 비해 후생의 감소가 더 크게 발생한다. 또한, 수출자율규제는 특정 국가를 대상으로 차별적으로 적용되며,14) 수출업자들은 수출량의 제한을 받는 대신 수출물품의 품질을 향상시킴으로써 수출액을 증가시키는 전략을 추구할 동기를 갖게 된다.

### [행정적 규제]

수입절차와 관련된 행정적 규제를 엄격하게 하여 수입을 규제하는 것도 비관세장벽에 포함된다. 행정적 규제로는 특정 행정부처의 수입허가, 수입통관규정의 수시 변경, 과다한 물품검사 비용의 징수 등이 있다. 또한 자동차와 전기설비에 대한 안전규제, 식품위생에 대한 보건규제 등도 수입을 규제하는 조치로 사용되고 있다.

---

14) 수입쿼터는 일반적으로 다수의 국가에 동일하게 적용된다.

[반덤핑관세]

덤핑(dumping)이란 어떤 재화를 생산비 이하로 수출하거나 또는 국내가격보다 낮은 가격으로 수출하는 것을 말한다. 대부분의 국가는 덤핑을 불공정한 무역으로 간주하고 있으며, 부당한 해외 경쟁으로부터 국내 산업을 보호하기 위하여 반덤핑관세(덤핑방지관세)를 부과하고 있다.

그러나 반덤핑관세의 부과는 수입국의 소비자들이 낮은 가격으로 수입물품을 구매할 수 없게 만들기 때문에 소비자잉여는 감소하게 된다. 따라서 반덤핑관세의 부과에 따른 후생의 변화는 가격상승으로 인한 수입국 국내생산자의 이익과 국내소비자의 손실의 크기에 따라 달라진다.

# 06 국제무역환경

## 1. 신 무역환경의 도래

### (1) 국제무역환경의 변화

제2차 세계대전 이후 세계 무역확대에 크게 기여해 온 관세와 무역에 관한 일반협정(GATT) 중심의 자유무역체제는 지금 큰 변화에 직면해 있다. 세계 곳곳에서 정치·경제·사회의 변화의 물결이 일고 있다.

1990년대 들어 GATT의 우루과이 라운드(UR) 체결은 국제무역 체제에 획을 긋는 큰 전환점이 되었다.

우루과이 라운드는 GATT가 채택하지 않았던 농업, 서비스, 지적소유권 분야 등 새로운 문제를 다룬 다자간 협상이었다. 이 협상은 당초 난항이 예상됐으나 1994년 모로코 마라케시에서 GATT 회원국들의 조인을 받아 내기에 이르렀다. 1986년 우루과이의 푼타델 에스테에서 협상 개시가 선언된지 실로 8년 만에 결실을 거둔 것이다.

우루과이 라운드 체결은 국제통상 체제에 큰 전기를 마련하였다. 농업과 서비스 분야 등 신규 분야에서 합의와 함께 GATT 조직이 WTO로 바뀌어 그 기능이 강화됐다는 점에서도 그렇다.

세계무역기구(WTO)체제 출범 이후(1995.1.1) 세계무역질서는 근본적으로 변하고 있다. 이른바 국경 없는 경쟁의 시대(bordless world), 기업 중심의 경

제(enterprise economy)시대가 가속화되고 있다. 비교우위론은 옛말이 되었고 절대우위론이 득세하는 시대가 된 것이다.

세계적인 경쟁에서 오직 최강자만이 살아남는 추세가 갈수록 심화되고 있으며, 환경·노동·공정경쟁 등 새로운 통상이슈들이 단위 국가를 떠나 세계적인 이슈로 부상하고 있다.

### (2) WTO 체제의 출범

#### ① WTO의 의의와 기본원칙

[WTO의 의의 및 생성 배경]

세계무역기구(World Trade Organization)는 모든 교역분야에서 자유무역질서를 확대·강화하고 제도화하기 위한 목적에서 출범한 기구로서 경제 분야의 UN이라고 할 수 있다. WTO의 출범은 과거 1960년대의 자유무역체제가 1980년대에 접어들면서 관리무역체제로 변화된 국제무역질서를 다시 자유무역체제로 전환시켜 세계경제의 활성화 계기를 마련하였다는데 의의가 있다.

WTO는 자유무역질서를 보다 확고히 정착시키고 이에 위배되는 행위를 효과적으로 감시할 수 있도록 현행 계약적 성격이 짙은 GATT체제를 확대·개편한 다자간 무역기구이다. WTO는 GATT와는 달리 법적 구속력이 강한 권한을 행사할 수 있고 별도의 국제기구 형태로 설치되게 되었다. GATT 설립 이후 세계경제 구조의 커다란 변화를 수용하고 협정 그 자체상의 문제점을 해결하기 위해 1986년 우루과이 라운드(UR)의 협상이 시작되었다.

UR협상은 협상개시 후 7년 3개월만인 1993년 12월 15일에 타결되어 세계경제를 규율할 새로운 다자간 무역규범으로 대두되었으며, 이어 1994년 4월 15일 모로코의 마라케쉬협정을 통해 1995년 1월 1일에 세계무역기구(WTO)가 설립되었다.

[GATT의 기본원칙]

- 무역자유화 : 관세 인하와 무역제한 철폐를 통한 무역자유화는 GATT의

기본원칙이다. 이는 GATT 가맹국 간에 적용되고 있는 고율의 관세와 엄격한 수입제한 조치가 국제무역 확대를 저해하고, 나아가 국제경제 성장을 저해하므로 이를 방지하고 무역 확대를 통해 국제경제 성장을 추구하기 위함이다.

- **최혜국대우** : GATT 기본원칙 중 또 하나는 최혜국대우이다. 최혜국대우란 GATT 가맹국 중 어느 나라가 제3국에 대해 양허한 관세 상의 특혜를 가맹 상대국에 대해서 차별 없이 동일하게 양허하는 대우를 말한다.

## [WTO의 기본원칙]

- **최혜국대우 원칙** : 최혜국대우 원칙은 특정국가에 대하여 다른 국가보다 불리한 교역조건을 부여해서는 안 된다는 원칙으로, 세계무역기구체제의 모든 분야에서 요구되는 핵심원칙이라 할 수 있다.

- **내국민대우 원칙** : 내국민대우 원칙은 외국인과 내국인을 똑같이 대우해야 한다는 원칙으로, TRIPS에서는 이 원칙의 무조건 적용이 요구되나 GATT에서는 내국민대우 원칙 적용에 대한 구체적인 약속을 국별 양허표에 기재하도록 하고 있다.

- **시장접근보장의 원칙** : 시장접근보장의 원칙은 관세나 조세를 제외한 재화용역의 공급에 대한 일체의 제한을 철폐해야 한다는 원칙으로 내국민대우 원칙과 함께 시장개방의 양대요소를 이루고 있다. GATT 등에서는 국별 양허표에 분야별로 구체적인 시장접근 범위를 정하도록 하고 있다.

- **투명성의 원칙** : 각국의 행정·사법기관의 의사결정이나 법령적용, 제도 운용이 합리적이며 예측 가능하여야 하고, 결정에 관한 이유가 고지되어야 하며, 그러한 결정의 기초가 되는 모든 법령 및 자료가 공개되어야 한다는 원칙으로 개방의 실질적인 요소라 할 수 있다.

## [GATT와 WTO의 차이]

GATT는 체계성이 미비하고, 구속력이 미약하며, 불완전 협정으로 구성된 기구로 인식되고 있었다. 따라서 새로운 무역환경에 대응하기 위한 국제무역 전담 기구를 창설해야 한다는 주장에 따라 WTO가 등장하게 되었다.

〈표 1-9〉· WTO체제와 GATT체제의 비교

| 분 류 | WTO | GATT |
|---|---|---|
| 시장 개방 | • 관세인하 외에 특정한 분야에 대한 무역관세 도입-관세율의 하양조정 달성<br>• 비관세장벽(quata, 수입금지 수입다변화 정책 등) 철폐를 강력히 추진 | • 관세인하에 주력<br>• 비관세장벽의 철폐<br>(선언적 규범 정립에 그침) |
| 관할 범위 | • 공산품 외에 농산물에 대한 규범도입 | • 주로 공산품에 적용됨 |
| 신분야 협정 | • 서비스, 지적재산권, 무역관련 투자조치와 연관한 협정 및 규범 | • 없음 |
| 규범 강화 | • 보조금(subsidy)정의와 명료화 및 규범강화<br>• 반덤핑(anti-dumping)조치의 발동기준 및 부과절차 명료화<br>• 세이프가드(safeguard), 원산지규정, 선적전 검사협정 등 도입 | • 보조금 정의 등이 불명료함<br>• 반덤핑 등과 관련하여 규범의 자의적 운영이 가능 |
| 분쟁 해결 | • 분쟁해결기구(DSB)가 설치됨<br>-분쟁해결 및 조정능력 제고됨 | • 분쟁해결절차의 미흡 및 구속력 약화<br>-분쟁 해결과 관련된 명확한 조항의 미비 및 관련절차의 비효율성 |
| 의사결정 방식 | • 기본적으로 합의제임.<br>-합의가 도출되지 않을 경우 다수결 방식을 채택함.<br>-의사결정 시한도 설정됨.<br>-신속한 의사결정의 제고. | • 합의제<br>-어느 일국의 반대에 의해 합의에 이루지 못하는 결과가 다수 발생함. |

② **WTO의 특징**

UR협상타결로 설립된 WTO는 기존의 GATT와는 달리 농산물, 서비스, 지적재산권, 무역관련 투자 등의 새로운 교역 분야를 관장하고 있을 뿐만 아니라 상품 교역에 있어서도 GATT체제의 한계점을 극복할 수 있는 새로운 다자간 규정을 제정하였다. 즉, WTO는 UR협정을 수행하기 위한 무역기구이므로 UR협정의 주요 결과인 공산품의 관세 인하와 시장 개방의 확대, 섬유류 및 농산물 교역에 대한 다자간 협정체결, GATT기능 강화, 규범의 명료화 그리고 무역 거래의 공정성 제고, 서비스 교역에 대한 다자간 협정체결, 지적재산권 보호를 무역 체제로 편입시키는 등의 내용을 다루고 있다.

[협정 분야의 다양성]

WTO는 기존 GATT 체제하에서는 논의가 배제되었던 서비스 교역, 지적재산권, 무역관련 투자 등의 새로운 분야에 대한 내용을 포함하고 있다. 또한, WTO는 상품교역 분야에서도 GATT 규정의 효력이 미치지 못한 농업 및 섬유 분야를 WTO체제를 편입시킴에 따라 교역과 관련된 모든 분야를 관장하게 되었다.

[신속한 의사결정]

WTO의 의사결정 방식은 기본적으로 기존 GATT체제와 같은 만장일치제에 의한 합의제를 원칙으로 하고 있다. 그러나 GATT는 신속한 의사결정을 위해 회원국 간에 합의가 이루어지지 못할 경우 다수결에 의한 표결방식을 채택하고 있을 뿐만 아니라, 의사결정 시한도 설정하고 있다.

[분쟁해결 및 조정능력 제고]

WTO체제의 주요한 특징 중의 하나는 모든 회원국들이 WTO의 제반 협정을 엄격히 준수할 것을 요구하고 있다는 것이다. 따라서 WTO는 특정회원국이 협약을 불이행할 경우 관련 당사국들이 피해 보상을 요구할 수 있으며, 만약 보상에 대한 합의가 이루어지지 못할 경우 WTO의 분쟁해결 절차를 통해

강력한 제재조치를 취할 수 있다. 이를 위해 WTO는 분쟁해결기구(Dispute Settlement Body : DSB)를 설치하였고, 동 기구를 통해 회원국 간의 무역관련 분쟁을 조정하고, 협정 위반에 대한 제재조치를 강구하고 있다.

[무역정책의 주기적 검토]

WTO는 관세 및 비관세장벽 등 모든 무역장벽을 대폭적으로 축소·철폐하고자 할 뿐만 아니라 산하에 무역정책 검토 기구를 설치하여 모든 회원국의 무역과 관련된 정책, 제도, 관행을 주기적으로 검토·평가하고 있다.

### ③ WTO의 새로운 라운드

UR 종결 이후 전개되는 선진국들의 공정한 무역 표시를 마련하기 위한 공세를 통칭하여 뉴 라운드(New Round)라 칭한다.

[그린라운드(Green Round : GR)]

그린라운드의 목적은, 지금까지 환경보호를 위해 만들어진 각종 무역규제를 WTO내로 끌어들여 다자간 협상을 통해 하나의 통일된 국제규범을 만드는데 있다. 즉, 다양하게 제정되어 있는 WTO각 회원국의 무역관련 환경조치들을 통일시키고, 국제환경협약(Multilateral Environmental Agreements)에 나타나 있는 무역관련 조치들을 WTO 내에서 실질적으로 포용하는데 목적이 있다고 할 수 있다.

그린라운드의 가장 핵심적인 논점은 제품 자체의 환경적 특성은 물론 제품을 생산하는 공정 및 생산방식에 대해서도 환경기준을 설정하여 그 기준에 미달하는 제품의 수입을 제한하는 무역 조치를 취하는 것이라고 할 수 있다.

[블루라운드(Blue Round : BR)]

블루라운드의 추진 목적은 한 국가가 노동권에 대한 기준을 낮게 책정하게 되면 저렴한 노동비용에 따라 가격경쟁력이 향상되어 수출이 증가하는 등 무역에 직접적인 영향을 미치게 된다는 논리에 바탕을 두고 있다. 즉, 기본적으로 낮은 노동 기준은 불공정한 경쟁우위를 가져오게 되기 때문에 무역규제를 통해서라도 시정해야 된다는 것이다.

　현재 블루라운드의 의제로 거론되고 있는 내용으로는 첫째, 급속한 경제개발을 이룩하였으나 초보적인 사회보장제도만 유지함으로써 비교우위를 누리는 국가에 대한 대응조치. 둘째, 아동노동 및 강제노동의 금지 등 ILO협약을 국내적으로 적용하는 문제. 셋째, 노동관련법을 제정하기는 하였으나 실제로 적용하지 않는 국가에 대한 대응방안. 넷째, 저임금 문제 등이다.

### [경쟁정책라운드(Competition Round : CR)]

　경쟁정책라운드는 공정한 경쟁을 제한하고 있는 각국의 독특한 시장구조, 기업 관행까지도 국제적으로 규범화하자는 것이다. 현재는 WTO체제에서는 특정 시장에서의 불공정한 경쟁정책에 대한 고려가 전혀 이루어지고 있지 않는데 대한 보완적 의미의 협상이라고 할 수 있다.

　따라서 그러한 거래 관행을 없애고 외국기업에 대하여 실질적인 내국민대우나 또는 실질적인 공정경쟁을 추구하는 경쟁 조건의 평준화를 기하자는 게 경쟁정책라운드의 목적인 것이다.

### [기술라운드(Technical Round : TR)]

　기술라운드는 기술수준이 높은 선진국들이 제기한 것으로 우루과이라운드에서 제시된 연구개발 보조금 문제, 무역관련 지적재산권을 침해하여 생산된 제품에 대한 무역제재, 정부의 기술 개방 지원문제와 연구·개발(R&D) 활동의 완전개방 등 기술과 관련하여 국제규범을 제정하려는 다자간 협상을 의미한다. 기술라운드의 핵심은 기술개발에 있어서 모든 국가와 같은 비율로 정부보조금을 지원할 경우에만 국가 간 공정무역이 가능하므로 정부의 기술개발 관련 보조금 지원을 규제해야 한다는 것이다.

　이는 선진국에 축적되어 있는 과학기술을 후발 국가들이 별로 힘을 들이지 않고 무임승차식으로 이용하고 있다는 인식하에 지적재산권 보호를 주요 의제로 하여 이를 국제기술규범으로 제정하려는 협상이다.

### [인터넷라운드(Internet Round)]

인터넷라운드는 21세기 정보통신기술의 발달로 인하여 컴퓨터 필수 시대에 컴퓨터의 보급으로 인터넷을 이용한 전자거래가 새로운 경제 패러다임을 형성하고 있다. 특히, 종전의 무역거래가 이제 인터넷을 통하여 이루어지는 전자상거래(Electronic Commerce : EC)로 활성화되어 발전하고 있다.

따라서 WTO내에서는 인터넷에 관련 제반 제도 및 법규의 제정, 응용기술, 보안기술 등에 대하여 각국들과 지속적으로 심도 있는 논의를 하고 있다.

### ④ WTO의 분쟁해결 규정

WTO의 분쟁해결 절차는 다른 회원국의 조치로 인해 특정 회원국의 이익이 직·간접적으로 침해되어 WTO회원국 간에 무역 분쟁이 발생할 경우, 이를 신속하게 해결하기 위한 제도이다. 이러한 분쟁해결 절차는 각종 WTO협정의 효과적 기능수행 뿐만 아니라 회원국들의 권리와 의무 간의 적절한 균형을 유지하는데 그 의의가 있다.

1993년 12월 15일에 타결된 UR 최종협정문 제2부 속서에는 '분쟁해결을 규율하는 절차와 규칙에 관한 양해각서'라는 명칭으로 WTO체제 하에서의 분쟁해결에 관한 규정을 두고 있는데 이 양해각서의 특징은 다음과 같다.

- GATT 체제 하에서는 각종 분쟁해결절차가 여러 가지로 나뉘어져 시행됨으로써 그 동안 많은 문제점이 노출되어 왔으나 WTO에서는 이를 시정하기 위하여 모든 분쟁해결 관련조항을 묶어 하나로 통일시키고 이러한 통합된 분쟁해결 절차를 전담할 기구로 상설적인 '분쟁해결기구'를 설치하였다.
- 양해각서에는 "회원국이 다른 회원국의 WTO 규정 위반이나 또는 다른 사유에 의하여 자국의 이익이 침해 또는 무효화된 경우에는 이 분쟁해결기구를 통해서만 청구할 수 있다."라고 규정함으로써 WTO 회원국 간의 모든 무역분쟁을 WTO의 분쟁해결기구로 집중시켰다는 특징을 갖는다.

- WTO의 분쟁해결 절차는 이전에 비하여 사법적 성격이 뚜렷해졌다는 특징을 갖는다.
- GATT 체제 하에서의 분쟁해결 절차상의 가장 큰 한계로 지적되어 온 '판정결과에 대한 준수'를 효과적으로 보장하기 위하여 WTO에서는 권고나 판정을 이행하여야 할 시한을 설정하고 있고, 판정을 이행하는 과정에서 패소당사국이 취한 조치의 적합성에 대한 상대국의 이의제기 및 새로운 분쟁해결개시권을 인정하고 있으며 보복조치 및 보상에 관한 규정도 두고 있다.

## 2. 무역 질서의 구조변화와 통상마찰

### (1) 지역경제 블록화

국제경제의 불확실성이라는 경제적 환경 속에서 각국은 인접국 또는 이해를 같이 하는 국가들과 결속하여 공동이익을 추구하는 가운데 자국의 이익을 확보할 수 있다는 기대와 함께 지역주의가 심화되고 있다.

글로벌 경제시대의 국지적인 흐름으로 지역주의의 심화와 확대를 눈여겨봐야 한다. EU, APEC, NAFTA 등, 현재 1백 개 이상의 지역경제협력체가 생겨났고 이들 간의 연계 논의도 활발하다.

결국, 세계무역질서의 앞날은 WTO체제와 지역경제 협력체와의 상호작용에 의해 크게 좌우될 전망이다.

#### ① 세계경제 블록화의 진전 형태

경제통합체의 경우 대부분 초기에는 역내 국가 간 경제협력강화 및 관세를 철폐하는 단순한 형태로 시작하나 장차 결합의 정도를 강화해 나가고 있으며, 통합의 정도와 진행과정에 따라 다음과 같이 5단계로 구분하고 있다.

[1 단계] 자유무역지대(free trade area)

각 가맹국간에는 재화의 자유무역을 주장하지만, 역외의 비 가맹국에 대해서는 가맹국들이 독자적으로 관세 및 무역제한조치를 택하는 형태의 경제통합을 말한다.

자유무역지대에서는 외국 수입품에 낮은 관세를 부과하여 다른 역내 가맹국에 자유무역을 통해 재수출할 가능성이 있는데, 이 경우 가맹국들의 관세정책 시행에 차질을 초래하므로 가맹국들 간의 정책적 협조가 필요하다.

### [2 단계] 관세동맹(customs union)

자유무역지역보다 강화된 경제통합으로서, 역내 가맹국들 사이에서는 재화의 자유무역을 보장하고, 역외 가맹국으로부터의 수입에 대해서는 가맹국들이 동일한 관세를 부과하는 형태의 통합을 의미한다.

### [3 단계] 공동시장(common market)

역내 가맹국들 간에 재화의 자유교역뿐만 아니라 모든 생산요소의 자유 이동이 보장되는 경제통합의 형태를 말한다. 아울러 관세동맹과 마찬가지로 역외 비 가맹국들에 대해서는 가맹국들이 공동관세정책을 취하고 있다.

### [4 단계] 경제동맹(economic union)

공동시장이 더욱 발전된 형태로 역내 가맹국들 사이에 재화 및 생산요소의 자유 이동과 대외 공통 관세정책을 실시하는 이외에도 경제정책을 어느 정도 상호 조정되는 지역경제 통합을 뜻한다. 유럽공동체가 지향했던 단계라고 할 수 있다.

### [5 단계] 완전경제총합(complete economic union)

가맹국 간에 초국가적 기구를 설립하여 그 기구로 하여금 가맹국들의 금융·재정 그리고 기타 사회정책을 조정·통합·관리하는 형태의 통합을 말한다. 이는 가장 강력한 경제협력 형태로서 실질적으로 정치적 통합이 이루어져야만 가능하다고 볼 수 있다.

② 경제통합의 효과

[역내국에 미치는 긍정적 효과]
〈무역창출효과〉
- 기업의 체질 강화
- 규모의 경제 효과
- 역내 투자의 촉진

〈역외국에 미치는 부정적 효과〉
- 무역 전환 효과로 인한 수출 감소
- 통합 지역 내 기업들과 치열한 경쟁에 직면
- 배타적인 지역 통합은 세계교역 자유화를 저해

③ 지역경제 블록화

1990년대 국제통상 시스템 중, 두드러진 움직임은 세계적인 규모로 지역 연계가 진전되고 있다는 사실이다. 유럽통합, 북미 자유무역협정 등 세계 도처에서 자유무역협정과 같은 움직임이 활발하다.

이 같은 지역 연계가 활발해진 배경 중의 하나는 경제적 요인이다. 각국 경제의 해외 의존도가 높아지는 가운데 상호의존 관계가 긴밀해짐에 따라 최종 제품이 수출입될 뿐만 아니라 경제 활동이 국경을 초월해 이루어지고 있다. 특히, 지리적으로 가까운 이웃 국가들 간에는 경제적인 연결이 더욱 강해지고 있다. 현재의 지역 연계 움직임은 1930년대 블록 경제화와는 몇 가지 점에서 상이하다.

첫째, 지역 연계에 앞서 이미 역내의 경제적 상호의존성이 높아졌다는 점.

둘째, 지역 연계를 하면서도 WTO 등 다자 체제를 유지하려는 노력도 계속되고 있다는 점.

셋째, 세계 도처에서 나타나고 있는 지역연계 움직임 중에는 지역적으로 겹치는 것도 많다.

## [유럽연합(EU)]

지역적인 경제 자유화에서는 유럽이 가장 앞서가고 있다. 유럽 국가들의 경제 통합 움직임은 1958년 1월 프랑스, 독일, 이탈리아 및 베네룩스 3국(벨기에, 네덜란드, 룩셈부르크) 등 6개국이 유럽경제공동체(EEC)를 결성한 때로 거슬러 올라간다. 1986년에는 유럽공동체(EC)로서 관세동맹을 맺고 공통의 농업정책을 실시했다. 1992년 2월에는 마스트리흐트 조약에 조인했다. 이에 근거해 1993년에는 시장 통합을 이루었다. 그리고 통화 통합의 촉진, 공통의 외교·방위 정책을 지향하는 유럽연합이 출범하였다.

EU는 APEC과는 달리 단순한 포럼이 아니라 잘 짜여진 조직을 갖고 있다. 관세동맹을 통해 회원국이 해외 수입 상품에 동일한 관세를 부과하는 것도 눈여겨 볼 대목이다.

NAFTA처럼 역내에서는 관세를 철폐해도 역외 국가에 대해서는 다른 관세를 부과하는 시스템과는 다르다는 것이다. EU는 경제뿐만 아니라 안전보장 등에서도 통일된 정책을 목표로 하고 있다. 무역, 통화, 외교 등의 분야에서 정치통합, 경제통합을 실현하는 등, 보다 완전한 통합을 지향하겠다는 것이다.

## [경제협력개발기구(OECD)]

경제협력개발기구(OECD)는 제2차 세계대전 후, 유럽경제의 복구 및 경제현안 해결을 위해 1948년 설립된 유럽경제협력기구(OEEC)를 모체로 1961년 9월 미국, 캐나다가 회원국이 되면서 OECD로 확대, 개편되었다.

회원국은 현재 37개국으로 지역별 분포는 유럽 26개국, 아메리카 5개국, 오세아니아 2개국, 중동지역 2개국 아시아 각 2개국이다. 우리나라는 1996년 12월 29번째로 가입했다. 설립목적은 자유시장경제, 다원적 민족주의, 인권존중을 이념으로 하여 회원국의 경제성장 도모 및 세계경제 발전에의 공헌, 개발도상국 원조를 통한 세계경제발전 기여, 세계자유무역 확대 공헌 등으로 자유·시장경제 체제를 신봉하는 국가들의 모임이다. 이 기구에서 합의된 사항은 회원국 간의 상호협력을 통해 이행토록 하는 것이 원칙이며 세계무역기구(WTO) 분쟁해결 절차 등과 같은 불이행에 대한 제재수단은 없다.

[북미자유무역협정]

북미자유무역협정(NAFTA)은 1994년 1월 1일 발효되었으며, 그 협정의 조인 이전부터 역사적, 정치경제적 상호의존성을 배경으로 출범하였다.

NAFTA의 기대효과로서, NAFTA 출범은 미국의 국익과 연관되어 있으며, 미국 통상정책의 방향을 결정한다. 이는 미주지역 전체에 있어서의 자유무역지대의 창설 및 자유주의적 개혁의 장기적 결과에 의해 좌우된다. 미국-멕시코 간의 관계를 중심으로 보자면, 자유무역지대화 및 멕시코 경제구조의 자유주의적 개혁으로 장기적 측면은 멕시코에서 시장을 확대시킬 것이고, 이 결과 미국은 멕시코 등 중남미지역에 대하여 수출증진 및 투자기회 확대효과를 기대할 수 있다.

[아시아태평양경제회의(APEC)]

아시아태평양경제회의(APEC)는 EU나 NAFTA처럼 역내 무역 장벽을 철폐해 자유무역지역을 만들거나 관세동맹을 맺자는 것이 아니다.

어디까지나 역내 정상들이 모여 협의하는 장에 지나지 않으나 그렇다고 단순 협의의 장으로 생각할 수 없는 측면도 있다.

단순한 포럼에서 시작된 APEC의 성격이 조금씩 바뀌며 중요성도 높아지고 있다. 원래 APEC 회원인 아시아·태평양 지역 국가는 전 세계 교역량의 55% 이상을 차지하는 거대 지역으로 APEC의 장에서 이루어진 결정은 세계 경제 전체에 큰 영향을 미친다.

[동남아시아국가연합(ASEAN)]

동남아시아국가연합(ASEAN)은 1967년 방콕 선언에 의해서 인도네시아, 말레이시아, 필리핀, 싱가포르, 태국의 5개국이 가맹국으로 결성되었다. 그 수 1984년 브루나이 1995년에 베트남이 가입하여 7개국이 되었으며, 1997년 7월 라오스와 미얀마를 받아들여 9개국 체제를 출범시켰다. 캄보디아는 가입이 유보되었다. 9개국, 5억 인구 아세안의 출범은 EU, NAFTA에 이어 주요 경제블록으로 부상했음을 의미한다.

## (2) 통상마찰과 새로운 통상연안

### ① 통상마찰의 기본개념

[통상마찰의 의의]

통상마찰이란 특정국이 어떤 이유로 무역에 대하여 영향을 주는 조치를 취했거나 또는 취하려고 했을 경우에 그 조치에 의해 불이익을 받거나 받을 우려가 있는 상대국과의 사이에서 발생한 분쟁이라고 할 수 있다.

즉, 한 국가의 특정품목에 대한 상대국 시장진출의 급격한 증가와 이에 따른 거래의 불균형이 발생 또는 확대되거나 상대국 시장에서 질서의 혼란과 불공정, 실업의 증대 등으로 위기감을 초래할 때, 상대국은 당해 국가로부터의 수입을 억제 또는 그 나라에 대해 수입확대 및 시장개방 등 대응 요구가 나타나는 통상 억제 메커니즘의 작용이라고 볼 수 있다.

이러한 마찰의 현상은 초기에는 개별 상품 중심으로 야기되었으나 점점 제도, 관습에 이르기까지 광범위하게 파급되고 있다. 이에 대응하여 나라마다 규제조치를 취하고, 상품거래에만 한정하지 않고 서비스·금융·직접투자 등 경제 전체를 포함할 뿐 아니라, 국가의 정책적 대립에서부터 국민 강점적 대립으로까지 전개되고 있다. 이러한 현상을 국제정치경제라고 부르기도 한다.

[통상마찰의 요인]

통상마찰을 둘러싼 논의와 배경 그리고 그 마찰을 야기시킨 요인은 시대와 지역 및 환경에 따라 여러 측면으로 분석될 수 있으나 여기서는 다음과 같은 주로 통상마찰을 야기시키는 일반적인 요인을 살펴보기로 한다.

- 무역수지의 불균형심화
- 산업구조조정의 지연
- 교역상품구조의 변화
- 이해관계자의 마찰

이와 같이 오늘날 국제무역은 상호이익을 바탕으로 복잡하게 형성되고 또한 국가 간의 경제외적 요인 등으로 인해 거래당사자나 정부가 직접 분쟁의 정면에 나타나지 않고, 특수 이익집단, 즉 노동조합이나 관련산업연합회 등을 앞세워 산업보호라는 미명하에 수입규제를 요구하게 된다.

# 07 국제경영

## 1. 기업의 국제화

### (1) 기업의 국제화 과정

#### ① 기업의 국제화

기업의 국제화라 함은 기업 활동이 해외지향, 현지지향, 세계지향으로 그 방향을 점진적으로 증진시키고 반복적이고 계속적으로 전개해 나아가는 과정을 말한다. 즉, 기업의 국제화란 기업의 활동이 국내에서 해외시장으로 이전되어 나가는 과정과 이에 따른 기업의 변화 및 경영관리의 국제화를 의미한다.

여기서 기업 활동이란 기업의 모든 부가가치 창출 활동을 가리키며 원료 수송, 생산, 배급, 판매, 애프터서비스 등의 본원적 활동과 연구개발, 원료 구매, 인적자원관리, 기타 자원 활동 등의 보조 활동으로 나눌 수 있다.

이러한 기업 활동은 국내에서 뿐만 아니라 해외에서 수행될 수 있고, 이때 기업은 국제화되어 간다고 한다. 이는 기업들이 시장, 제품, 진출 형태의 측면에서 국제적인 개입 수준을 점차적으로 증대시켜 나가는 과정, 즉 해외시장 다변화, 국제 상품의 다양화, 진출 방법의 다각화 등을 포괄한다.

#### ② 기업의 국제화 과정

기업국제화는 기업활동의 확장에 수반된 조직, 문화 및 자원의 변화과정을 내포한다. 먼저 기업 국제화의 진전에 따라 기업조직이 어떻게 변화하는가를 살펴보면 다음과 같다.

해외시장 진출의 초기단계에서 기업은 수출과나 수출부를 두게 되며, 수출 비중이 확대되어 수출의 중요성이 증대되면 수출부에서 수출사업부로 규모가 커지게 된다. 국제경영 활동이 더욱 확대되어 범세계적인 경영 시각이 필요하게 될 경우, 기업은 제품별 또는 지역별로 생산, 마케팅, 이익 등의 책임을 지는 국제사업부 구조를 갖추게 된다. 여기서 더 발전하여 기업이 범세계적인 활동과 안목을 갖게 되면 국내 사업은 여러 지역에 걸친 사업단위 중의 하나에 불과하게 되며, 이에 따라 조직 구조도 세계시장을 염두에 두고 범세계적 조직구조로 편성되게 된다.

다음으로 기업국제화의 진전은 기업문화에 영향을 미치게 된다. 즉, 본국 및 해외시장에 대한 최고경영자의 태도에 따라 여러 의사결정들이 달라질 수 있는데, 챠크라바티와 펄뮤터(Chakravarthy & Permutter, 1985)는 국제화에 대한 기업의 태도를 다음과 같이 4가지로 분류하였다.

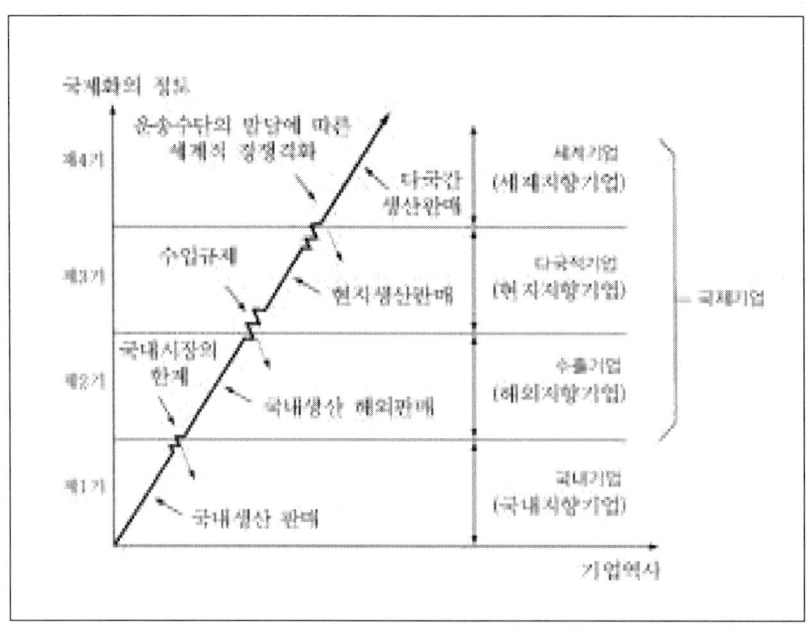

【그림 1-4】 기업의 국제화 과정

- **본국시장중심**(Ethnocentric) : 모든 전략적 의사결정들이 모기업의 가치 및 이해관계에 의해 수행된다.
- **해외시장중심**(Polycentric) : 전략적 의사결정들이 그 기업이 경쟁하는 여러 국가들의 문화에 맞게 조정된다.
- **지역시장중심**(Regiocentric) : 본사의 이해관계와 제한된 지역내의 자회사들의 이해관계를 혼합하려는 경향이 있다.
- **세계시장중심**(Geocentric) : 범세계적 시스템 접근방식을 통해 다양한 자회사들의 이해관계를 통합하려 한다.

이와 같은 4가지 범주를 EPRG모델이라 하며, 각각의 모델 하에서 기업의 전반적인 문화가 어떻게 달라지는가를 살펴보면 <표 1-10>과 같다.

<표 1-10> · 각 EPRG 모델 하에서의 기업의 태도

| 기업의 태도 | 본국시장중심적 | 해외시장중심적 | 지역시장중심적 | 세계시장중심적 |
|---|---|---|---|---|
| 목표 | 수익성(생존) |  | 수익성 및 합법성 |  |
| 통제<br>• 목표설정방향<br>• 의사소통<br>• 자원배분 | 상→하<br>계층적<br>투자기회를 본사에서 결정 | 하→상<br>거의 없음<br>자회사 결정 | • 지역과 자회사 간 상호 타협<br>• 지역 내에서 수직적 및 수평적 본부로부터의 지침아래지역은 자율 배분 | • 기업의 모든 수준에서 협상 지역 내에서 수직적 및 수평적<br>• 범세계적 계획, 배분 |
| 전략 | 범세계적 통합 전략 | 국 별 반응 전략 | 지역적 통합 및 국 별 반응 전략 | 범세계적 통합 및 국 별 반응 전략 |
| 구조 | 계층적인 제품 사업부 | 자치적인 국가 단위를 가진 계층적인 지역 사업부 | 매트릭스를 통해 결합된 제품 및 지역조직 | 네트워크 조직 |
| 문화 | 본국 | 현지국 | 지역 | 범세계적 |

기업의 국제화가 진전됨에 따라 기업은 국제경영 활동에 대한 물적 자원이나 인적자원 모두를 증대할 필요성을 느끼게 될 것이다. 즉, 국제경영 활동이 증대함에 따라 좀 더 많은 물적 자원의 투입이 요망되며 국제 경영인의 양성이 기업국제화의 필수적인 요인으로 작용하게 된다.

이와 같이 기업의 해외 활동이 증대되고 진출 방식이 다각화되는 한편 기업의 구조, 문화, 자원 등이 변화된다는 것은 필연적으로 생산관리, 마케팅관리, 재무관리, 인사관리, 회계 및 정보관리 등 경영관리 제 분야의 국제적 확장, 다시 말하면 경영의 국제화를 가져온다.

### (2) 해외시장 진출전략

#### ① 해외시장 진출전략

해외시장 진출 전략은 기업이 해외시장에 진입하고 해외시장에서 사업 활동을 발전시키는 것에 관한 전략이다. 기업은 해외시장진입 방법에 따라 물적자원, 인적자원, 기술 및 자본을 해외로 이전시키는 정도가 달라진다.

[수출 방식]

본국에서 제품을 생산하여 외국시장에 판매하는 것으로 해외시장 진입방식 중 위험이 가장 적은 방식이다.

[계약 방식]

기업 소유의 기술이나 지식을 외국의 기업에 일정 로열티를 받고 이전시키고 현지에서 제품을 생산하여 현지에서 판매할 수 있도록 허용하는 방식이다. 수출과는 달리 물품이 국제적으로 이동되지 않으며 기술이전 계약에 의하여 기술 또는 지식만 이전된다.

- 라이센싱(licensing)
- 프랜차이징(franchising)
- 기술제휴(technical agreement)

- 관리계약(management contract)
- 턴키계약(turn-key contract)
- 계약생산(contract manufacturing)

[투자 방식]

생산기업 자체를 외국으로 이전시켜 현지에서 제품을 생산하여 현지에서 판매하고 일부는 다른 외국에 수출한다. 이 경우에 생산시설이 이전되어야 하므로 자본이 이전된다.

- 합작투자(joint venture)
- 전액투자(wholly owned subsidiaries) = 단독투자

[인수합병(M&A)]

해외 기업의 주식이나 자산을 취득하여 경영권을 획득하거나 두 개 이상의 기업들이 합법적으로 하나의 기업으로 합병한다.

② 수출을 통한 해외시장 진입

기업이 수출을 통해 해외시장에 진출하기 위해서는 간접수출과 직접수출로 구분하여 설명하면 다음과 같다.

[간접수출]

간접수출이란 종합무역상사, 수출대행업자, 수출조합 또는 국내에 거주하고 있는 외국상인 등을 통하여 수출함으로써 수출국 내에서 요구되는 수출관련 기능을 제조업체가 스스로 수행하지 않고 제품을 해외에 판매하는 방법이다.

[직접수출]

직접수출은 제조업체가 본사의 수출전담부서나 계열무역회사를 통해 수출과 연관된 제반 업무와 기능의 대부분을 타인에게 위임하지 않고 자기 자신의 명의와 책임 하에 직접 수행하는 수출방법이다.

### ③ 계약방식에 의한 해외시장 진입

[라이선싱(Licensing)]

라이선싱은 특정기업이 보유하고 있는 특허상표 및 상호·노하우 등을 외국에 있는 기업으로 하여금 일정한 조건하에서 활용할 수 있도록 허가하는 대신에 로열티(royalty) 또는 기타 형태로 그 대가를 지급하기로 당사자 간에 계약을 체결하는 것을 말한다.

[프랜차이징(Franchising)]

프랜차이징은 광의의 라이선싱의 한 형태로서 상표나 상호의 사용권을 갖고 있는 특정기업이 다른 개인이나 기업에게 이 사용권을 허락하는 동시에 원료 및 관리시스템까지 일괄 제공하여 양자가 직접·간접으로 다 같이 경영에 참가하는 방식이다.

프랜차이저(Franchiser, 공동기업)는 프랜차이지(Franchisee, 수취기업)에게 자사의 상호, 상표를 제공하고 회사가 가지고 있는 정책과 절차 및 노하우 등을 지원하며, 프랜차이지는 이에 대한 대가로 수수료, 로열티 등을 지불하게 된다.

[관리계약(Management Contract)]

관리 계약은 계약을 통해 현지국 기업의 일상적인 영업활동을 관리할 권한을 부여 받고 이러한 경영 노하우와 서비스를 제공하는데 대한 일정 대가를 수취하는 방식이다. 이는 기업의 소유와 경영을 분리하여 전문경영인에게 기업경영을 위임하는 오늘날의 세계적 경영 현실을 국제경영에 적용시킨 것으로 볼 수 있다.

[턴키계약(Turn-key Contract)]

턴키계약은 플랜트 수출이나 해외건설에 많이 이용되고 있으며, 설비시설이 완성된 후에도 시험가동, 기술자 훈련, 경영관리 등의 서비스를 제공하는 계약을 말한다. 턴키 프로젝트는 대체로 규모가 크고 기술적으로 복잡하여 상당한 자본과 시간을 요하는 사업이기 때문에 턴키 프로젝트는 다국적 컨소시엄(consortium)에 의하는 경우가 많다.

### ④ 해외투자를 통한 해외시장 진출

[해외직접투자]

해외직접투자(Foreign Direct Investment : FDI)는 한 나라의 기업이 다른 나라에서 새로운 사업체를 신설하거나 기존사업체의 인수를 통하여 이를 통제할 수 있는 투자 자본율을 획득하여 장기적인 관점에서 직접 경영에 참여하는 것을 목적으로 하는 투자를 의미한다.

해외직접투자는 자본뿐만 아니라 제품, 기술, 특허, 노하우, 경영관리 기법 등 각종 유·무형의 경영자원이 이전되는 특징이 있으며, 해외시장 진입 단계 중, 마지막 단계의 방식이다. 해외 직접투자는 자본 투자를 필요로 하므로 위험이 크고 진입과 퇴출의 절차가 복잡하다. 그럼에도 해외 직접투자를 하는 것은 원자재 확보, 낮은 생산비의 이점, 현지시장 침투에 있어서 효과적이기 때문이다.

[합작투자와 단독투자]

■ **합작투자**

특정 기업이 해외 직접투자를 통해 현지기업의 경영에 참여할 때 수치상으로는 그 기업의 주식을 100% 소유하면 단독투자, 100%미만이면 합작투자가 된다. 국제합작투자(International Joint Venture)란 서로 다른 국적을 가진 2개 이상의 기업체가 특정한 목적을 달성하기 위하여 각 기업의 경영자원과 능력을 결합하여 공동사업체를 세우고 그러한 기업체의 운영에 대해서 공동책임을 갖는 직접투자의 한 형태이다. 소유지분의 비율에 따라 다수지분, 동등지분 및 소수지분인 경우로 세분할 수 있고, 합작파트너를 현지 업체, 현지정부기관, 제3국 기업 중 누구로 하느냐에 따라서 구분될 수도 있다.

■ 단독투자

⟨인수·합병(M&A : Merger and Acquisition)⟩

직접투자 방식으로 해외시장에 진출하는 데는 소유지분의 결정과 함께 현지의 기존 기업을 인수할 것인가, 아니면 새로이 기업을 설립할 것인가가 중요한 의사결정과제로 대두된다. 전통적으로 해외투자를 하게 되는 경우 새로운 기업을 세우는 것으로만 인식되어 왔으나, 최근에는 기존기업의 인수·합병에 대한 관심이 날로 갈수록 증대되고 있다.

인수(acquisition) 또는 매수란 한 기업이 다른 기업의 주식이나 자산 등을 매입하여 경영권을 장악하는 것을 말하며, 합병(merger)이란 독립된 기업들이 인적·물적·자본적 결합을 통하여 동일한 관리체제하에서 기업 활동을 영위하는 기업결합의 한 형태를 가리킨다. 그러나 현실적으로는 양자를 엄밀히 구분하기가 어렵기 때문에 이를 통칭하여 인수·합병(M&A)이라고 한다.

## 2. 다국적기업

### (1) 다국적기업의 정의 및 특성

#### ① 다국적기업의 정의

다국적기업 이라는 용어는 1959년 '국적을 초월한 경영이념으로 세계적 규모의 경영활동을 전개하는 기업'이라는 의미의 세계기업이란 용어를 사용한 것을 시작으로, 1960년 릴리엔달(D. E. Lilienthal)이 다국적기업 이라는 용어를 처음 사용하였다.

다국적기업이란 「범세계적 시야를 갖고 1개국 이상에서 제품을 생산·판매하고 최소한 한 개 이상의 해외 자회사에 대한 운영을 통제하는 기업으로서 기업 전체로서의 이익 극대화와 성장에 그 목표를 두고 사업 활동을 전개하는 사기업이나 국영기업 또는 혼합 형태의 기업」을 의미한다.

다국적기업 또는 국제기업과 동의어로 사용되는 용어로는 다음과 같이 국제회사(international firm), 범세계기업(global corporation), 다국적제조기업(multinational production enterprise), 초국적기업(transnational corporation),

우주기업(cosmocorp) 등이 있다.

[단일국적 기업과 다국적 기업과의 차이]
- 단일국적 기업은 생산 및 판매활동을 한 국가에서만 수행하고 있는데 반해, 다국적 기업은 생산 및 판매활동을 여러 국가에서 수행한다.
- 단일국적 기업은 한 가지 통화만을 가지고 경영활동을 수행하는 데 반해, 다국적 기업은 복수 통화를 가지고 경영활동을 수행한다.
- 다국적 기업은 단일국적 기업의 경우보다 연구개발 활동의 수준 및 범위가 훨씬 넓다.

결국 다국적 기업은 단일국적기업보다 대규모이고, 연구개발비 지출이 훨씬 많을 뿐만 아니라 기술집약적이고 차별화된 제품을 판매, 관리, 마케팅 능력이 훨씬 앞선 기업이라고 할 수 있다.

② 다국적기업의 특성
- 기업 소유권의 다국적성
- 세계 지향적 경영활동
- 인적 구성의 다국적성
- 기업조직 구조의 분권화
- 국제협력 체제의 모색
- 이윤의 재투자

### (2) 다국적기업의 생성 동기

단일국적 기업이 다국적 기업으로 성장 발전하게 된 동기는 직접투자 동기의 연장으로 생각되지만 단일국적 기업과는 다른, 다음과 같은 동기를 들 수 있다.

다국적기업의 해외진출은 그 모국보다 경제성장이 빠른 나라에 많이 진출하고 있으며, 이러한 다국적 기업의 성장을 가능하게 한 주체적 조건으로서 기술·경영·시장개척·자금조달 등 여러 가지 능력의 발전을 들 수 있다.

다국적 기업의 해외진출 동기는 다음과 같다.

- 다국적 기업은 해외시장의 확보 및 시장의 확대를 위하여 외국으로 진출한다.
- 현지국들이 자국 산업을 보호하기 위하여 보호무역정책을 실시하는 경우가 많으므로 이러한 무역장벽을 피하기 위하여 현지국에서의 생산활동이 필요하게 된다.
- 다국적 기업은 자원 및 노동의 저코스트(low cost)를 이용하여 당해 제품의 비교우위를 차지하기 위하여 해외로 진출한다.
- 다국적 기업은 각국 간의 경제발전 수준의 격차를 이용한 이윤을 극대화 시키기 위하여 외국으로 진출한다.
- 다국적 기업은 외국에서 일정한 기간 동안 세제의 혜택을 받을 수 있기 때문에 이 혜택을 얻기 위하여 외국으로 진출한다.

### (3) 다국적기업의 기준

다국적기업의 기준에 대한 일률적인 규정은 기업체마다의 이질성 때문에 불가능하다. 아하로니(Yair Aharoni)가 제시한 구조적 기준(structural criterion), 성과척도(performance yardstick)에 의한 기준, 행동적 특성(behavioral characteristics)에 의한 기준의 구분은 다음과 같다.

#### ① 구조적 기준
- 해외 운영 대상 국가의 수
- 소유권
- 최고경영자의 국적
- 조직구조

[성과척도에 의한 기준]

절대적 측정이란 어떤 기업체가 얼마만큼의 절대 자본이나 절대 자원을 해외 사업을 위해 투입 하느냐에 따라 다국적 기업의 기준이 된다.

[형태적 특성에 의한 기준]

다국적기업이란 국제적 관점에서 사고하는 최고경영층을 지닌 기업으로 본사가 특정국에 있더라도 그 조직·운영과 내용·운영 범위 등이 범세계적이며, 또한 본사 최고경영자의 관심도 어떤 국제적 기업인으로 사고하고 행동한다면 그 기업체는 다국적 기업이라 할 수 있다.

[기타 기준]

이 외에도 다국적기업의 개념적 구조를 설명할 수 있는 기준으로는 경영전략적 기준, 발전 단계별 기준, 구비 요건별 기준이 있다.

- 경영전략적 기준
- 발전 단계별 기준

기업 발전 단계는 국내시장 지향적(domestic market oriented) 경영관리 단계, 국내시장 지향적 단계에서 일단 해외라이선싱과 노하우의 해외이전 단계, 조립·제조를 위해 해외단독 및 합작투자를 수행하거나 기존 업체의 매수단계, 해외투자 비중과 해외 수익이 해외 지향적인 동시에 초국적 접근방식에 이르는 단계로 나눈다.

## (4) 다국적기업의 경제적 효과

① 투자국에 미치는 효과
- 긍정적 효과
  - 해외 자회사로부터의 이윤 송금과 로열티 수입 등으로 국제수지

가 개선된다.
- 해외 소득에 대한 과세로 정부 수입이 증대된다.
- 국제경영 활동에 필요한 전문적 관리인에 대한 새로운 고용기회의 창출을 통해 경제의 안정을 가져다 준다.
- 자원의 효율적 이용으로 높은 수익성을 실현하고 국민소득을 증대시킨다.

■ **부정적 효과**
- 자본의 유출로 인하여 생산직의 실직이 늘어나 고용 수준이 저하된다.
- 조세피난처의 활용, 이전가격의 조작 등을 통한 절세 또는 탈세행위로 조세수입이 감소될 수 있다.
- 선진기술의 유출로 투자국의 기술적 우위가 잠식되어 국제 경쟁력을 악화시킬 우려가 있다.

② **투자 수용국에 미치는 영향**
- 국제 자원 이전의 측면에서 다국적기업은 투자 수용국에 자본, 기술, 경영 노하우 등을 공급함으로서 투자 수용국의 경제성장과 안정에 기여한다.
- 국제수지 효과면에서 다국적기업의 직접투자에 따른 자본유입으로 단기적으로 투자수용국의 국제수지가 개선될 수 있으나, 장기적으로는 원리금 상환, 이익과 배당금의 송금, 기술이전에 대한 대가 지급, 다국적기업에 의한 자본재·중간재·원자재의 수입증가 등으로 국제수지가 오히려 악화될 경우도 있다.
- 다국적기업의 진출로 인한 경영에 대응하여 투자수용국의 기업들은 경영합리화에 전력을 경주하는 등 투자수용국의 경제적 효율이 제고될 수 있으나, 다국적기업의 경제적 우위가 현저하여 투자수용국의 기업이 경쟁에서 살아남지 못하게 되어 경쟁의 약화에

따른 비용을 초래할 수도 있다.
- 다국적기업에 의한 해외직접투자는 투자 수용국이 개발국인 경우에는 국민소득, 고용, 국제수지 등에 걸친 총체적인 효과가 보다 긍정적인 방향으로 나타나고 있으나, 개발도상국인 경우에는 긍정적 효과가 부정적 효과에 의해 상쇄되거나 오히려 부정적 측면이 강한 것으로 생각되고 있다.

### (5) 다국적기업 경영자의 경영전략

#### ① 글로벌 경영자들의 기업환경 인식

다국적기업이 세계적으로 성공하고 세계 무역의 크나큰 비중을 차지하고 있는 기본적인 이유는 글로벌 기업의 경영자들이 기업에 영향을 미치는 기업환경의 변화를 인식하고 이에 적절히 대응하였기 때문이다.

모란(Moran)과 리젠버거(Riesenberger)가 실시한 다국적기업의 최고경영자 조사에서 밝혀낸 변화된 기업환경은 다음과 같다.

- 세계적 자원 조달 : 과거에는 국내 부존자원에 의존하였으나 지금은 운송과 정보의 발달로 원료와 부품을 포함한 자원의 해외공급의 의존도가 높아졌다. 다국적 기업은 자원의 국제조달로 국내 자원이 부존을 극복한다.

- 새로운 시장의 출현과 성장 : 지금은 선진국 시장뿐 아니라 아시아, 라틴아메리카 등에서 새로운 시장이 출현하고 있으며 급속도로 성장하고 있다.

- 규모의 경제 효과의 범위 확대 : 과거에는 규모의 경제효과를 생산량에만 의존하여 왔으나 지금은 제조, 구매, 연구개발, 마케팅, 판매력 및 유통을 포함하나 모든 기업활동 부문에서 규모의 경제효과가 기대된다.

- 제품·서비스에 대한 동질적 요구 : 과거에는 각국에 제공되는 제품과 서비스가 이질적이었으나 정보통신 및 교통의 발달과 세계가 하나의 지구촌화됨으로써 세계는 제품과 서비스의 동질성이 높아지고 있다.

- 세계 운송비용의 인하 : 20세기 후반의 운송혁명으로 해상, 육상, 항공 모든 부문에서의 운송비가 낮아졌다. 이는 완제품의 수출을 증가시키는 요인이 되었으나 원료의 수출도 원 할 하게 되었다.

- 관세 및 비관세 장벽의 인하 : 과거에는 보호무역주의의 영향으로 관세 및 비관세 장벽이 높았으나 UR 이후 자유무역주의의 영향으로 관세 및 비관세 장벽이 역사상 가장 낮은 수준으로 인하되어 다국적 기업들로 하여금 수출과 동시에 자회사 설립을 촉진하게 하고 있다.

- 원거리 통신의 비용 인하와 통신량의 증대 : 원거리 통신 발달로 요금이 크게 하락하였고 이에 따라 원거리 통신량이 증대하여 다국적기업의 통신비용이 감소하였다.

- 기술의 표준화 : 과거에는 기술의 표준이 국가별로 혹은 지역별로 다양 하였으나 지금은 ISO 9000, EU표준규격 등의 세계적 확산으로 기술이 세계적으로 표준화되고 있다.

- 외국 경쟁자들의 위협 : 국내기업들은 세계시장에 진출하지 않아도 수입, 인수합병(M&A), 제휴 방식으로 끊임없이 외국경쟁자로부터 위협을 받는다.

- 환율변동의 위험 : 과거 브레튼우즈 체제 하에서는 환율이 안정되었으나 1970년대 이후 세계는 변동환율 체제 하에 있으므로 외환위험이 커졌다.

- 소비자들의 글로벌화 : 과거에는 소비자들이 국산제품과 서비스를 선호하였으나, 지금은 글로벌 제품과 서비스를 선호한다.

- 세계 기술의 급속한 변화 : 과거에는 본국에서 R&D가 이루어졌으나 지금은 기술의 발달속도가 빠르므로 R&D활동이 해외 현지에서 직접 이루어지고 있다.

이상의 12가지 기업환경의 변화에 대하여 다국적 기업은 유연성 있게 적응할 수 있으나 국내 기업은 그렇지 못하므로 생존성이 낮아질 수밖에 없다.

### ② 글로벌 경영자들의 효과적 대응책

모란(Moran)과 리젠버거(Riesenberger)는 이상의 12가지 기업환경의 변화에 효과적으로 대응할 수 있는 글로벌 경영자의 대응 능력을 제시했다.

- 글로벌 사고방식을 가진다.
- 다양한 배경을 가진 사람들과 동등하게 일한다.
- 장기지향적인 관점을 가진다.
- 기업의 변화를 촉진한다.
- 학습시스템을 창출한다.
- 직원들에 대한 최고 지향의 동기를 부여한다.
- 갈등을 능숙한 협상으로 해결한다.
- 해외 주재원의 근무 주기를 효율적으로 관리한다.
- 다양한 문화팀을 육성하고 이에 참여한다.
- 자신의 문화와 가치관을 이해한다.
- 상대방의 조직과 문화를 이해한다.

# 08 무역금융과 외국환

INTRODUCTION to TRADE

## 1. 무역금융의 기초

### (1) 무역금융의 의의와 특징

#### ① 무역금융의 의의

무역금융이란 다양한 국제무역 거래에 따른 소요자금의 조달 및 대금결제와 관련하여 무역 당사자, 금융기관 또는 국가가 제공하는 수출 또는 수입과 관련된 금융을 말한다.

국제무역에 있어서 수출업자의 최대 관심사는 가급적 저렴한 비용으로 수출물품을 확보하여 조기에 수출대금을 회수하는 것이며, 이와 반대로 수입업자는 가능하면 수입대금의 결제를 늦추는 것이다.

이와 같이 상반되는 수출업자와 수입업자의 요구에 따라 대금결제의 시기를 조절하는 수단을 제공하는 것이 무역금융이다.

무역금융은 무역대금 결제의 시기 및 수단 등 무역대금 결제 형태와 밀접한 관련이 있으며, 통상 수출업자와 수입업자는 무역계약의 체결과 동시에 다양한 형태로 무역금융의 활용 가능성을 모색하게 된다.

이러한 무역금융은 순수한 상업적 견지에서 이루어지는 무역금융과 정책적인 차원에서 이루어지는 특혜적인 무역금융이 있다. 상업적 무역금융은 융자기관이 허용하는 한 원칙적으로 융자자격의 제한이 없는 반면, 정책적 무역금융은 일정한 자격과 요건을 갖춘 경우에만 제한적으로 허용되고 있다.

### ② 무역금융의 특징

무역금융은 일반금융과는 달리 다음과 같은 특성을 지니고 있다.

#### [자동결제 기능]

무역금융의 자동결제 기능이란 수출을 통해 회수된 판매대금으로 원자재 구매·제조·판매기간 중에 사용한 금융을 즉시 상환할 수 있다는 것을 말한다. 무역금융은 운송 중의 화물 자체가 담보의 구실을 하므로 상환 불능의 위험이 적다.

#### [다양한 자금 공급원]

무역금융은 은행, 팩터링회사, 리스회사, 종금사(綜金社) 등의 국내금융기관은 물론 국외금융기관, 보험회사, 수출지원기관 등 다양한 기관으로부터 보다 유리한 조건에 금융을 얻어 쓸 수 있다.

#### [높은 신용위험]

무역금융의 경우에는 거래당사자가 서로 멀리 떨어져 있고, 자금조달의 시간적 차이 때문에 수입자의 대금지급 불능과 수출자의 수출이행 불능 등의 신용위험이 국내금융과는 비교할 수 없을 정도로 높다. 따라서 철저한 신용조사와 수출보험 등을 통해 이러한 신용위험을 완화할 필요가 있다.

#### [환위험]

무역금융에 수반되는 또 다른 위험은 바로 환위험이다. 무역금융은 통상 그 기초가 되는 무역거래의 가격 조건과 일치하는 국제 통화로 표시되므로 자연히 환율변동에 따른 환차익이나 환차손이 발생하게 된다. 특히, 결제 통화와 무역금융 통화가 자국 통화와 각각 다른 경우에 무역업자는 세심한 주의를 기울여 환위험에 대처할 필요가 있다.

## 2. 무역금융제도

### (1) 무역금융의 의의

무역금융의 성격은 수출물품의 제조 또는 조달과 관련 금융지원을 원활히 하여 수출증대에 기여함을 목적으로 취급되는 선적 전 금융이면서 무역금융을 융자 취급한 외국환은행은 융자금의 일정 비율을 중앙은행으로부터 총액한도 대출 제도에 의하여 다시 융자받을 수 있는 정책금융이다.

### (2) 무역금융의 융자대상

무역금융의 융자대상으로는 수출신용장, 선수출계약서(D/P · D/A), 외화표시 물품공급 계약서(산업설비 수출 계약서 등), 내국신용장 등 융자대상 증빙의 보유자와 단순송금 방식 수출(대금 영수 후 30일 이내에 수출된 분), 대금 교환도(COD 및 CAD 조건 수출 방식에 의한 수출), 국내 보세판매장을 통한 내국수출, 팩터링(factoring) 방식에 의한 수출 거래에 의한 과거 실적을 보유한 자이다.

### (3) 무역금융의 특징

무역금융은 일반 금융과 달리 정책금융이므로 수혜자가 이를 악용하는 사례를 사전에 봉쇄하고 효율적인 수출지원을 도모할 수 있도록 다음과 같은 특징을 가지고 있다.

#### ① 양적인 우대

일반 금융의 경우 여신공급계획에 따라 그 지원폭에 제한을 가하여 통화량을 조절하나 무역금융은 정책금융으로서 융자의 적격성만 인정되면 무제한 지원되고 있다.

따라서 수출업체의 경우 무역금융수혜 2) 자격만 구비하면 쉽게 무역금융을 받을 수 있다. 이는 자금 이용 측면에서 외국환은행의 무역금융 융자취급액에 대해서는 50% 해당액을 중앙은행인 한국은행이 연리 7%의 재할인율로 자동 지원하기 때문이다.

### ② 우대금리 적용

무역금융은 수출업체에 대하여 금융 부담을 적게 하여 국제경쟁력을 향상시키는데 있다. 무역금융의 금리는 일반 자금대출 금리보다 낮은 연 6.5~9.75% 수준으로 지원되고 있다.

### ③ 선적 전 금융

무역금융은 수출 물품을 제조·가공하기 위하여 소요되는 수출용 원자재의 조달에 소요되는 자금이다. 수출용 원자재 조달자금으로 융자받은 자금은 반드시 당해 연도에만 사용되어야 하며, 그 융자금은 당해 원자재를 사용하여 생산된 수출 물품을 선적하고 수출대금을 회수하는 과정에서 수출환어음 매입(nego) 대전으로 상환되어야 한다.

따라서 무역금융 융자금을 보유할 수 있는 기간은 수출용 원자재를 조달하는 시점부터 대응 수출 물품이 선적되는 시기까지 이므로 이를 '선적 전 금융'이라 한다.

### ④ 대응 수출의 의무화

무역금융을 융자받은 업체는 동 융자금을 수출용 원자재 확보자금 또는 수출품 생산자금으로만 사용하여야 하며, 이를 위해 융자금에 상응하는 대응 수출을 이행하도록 의무를 부여하고 있다. 따라서 수출 이행을 못한 경우 소정의 제재조치를 받음과 동시에 금융수혜자격이 정지된다.

### ⑤ 자금의 소요 시기별 지원

무역금융은 수출물품확보 단계로 각 단계마다 소요시기에 따라 필요한 자금을 분할 지원하고 있다.

### (4) 무역금융의 종류

무역금융의 종류는 지원 대상 자금에 따라 다음과 같이 생산자금, 원자재금융 및 포괄금융으로 나누어진다.

#### ① 생산자금

수출품 생산업체가 수출용 완제품 또는 원자재의 직접 제조, 가공에 필요한 자금으로 신용장 등의 금액(FOB 기준)에서 원자재 수입액(CIF 기준) 및 국제 원자재 구매액을 차감한 가득액을 지원하게 된다. 신용장기준금융은 소요원자재의 확보가 확실한 경우 융자되며, 실적기준금융은 원자재 확보와 관계없이 거래 외국환은행이 과거 수출실적에 의하여 융자된다.

#### ② 원자재 금융

- 원자재 수입자금 : 수출용 원자재를 해외에서 수입하는 데 필요한 자금, 즉 수출신용장이나 실적 기준 원자재 금융 한도에 의하여 수출용 원자재를 수입하기 위하여 수입신용장을 발행 후 선적 서류가 내도하였을 때 동 수입 대금이나 수입 어음을 결제하기 위하여 지원되는 자금을 말한다.

- 원자재 구매 자금 : 수출 이행에 필요한 국산 원자재를 국내에서 구매하는데 소요되는 자금, 즉 수출신용장이나 실적기준 원자재 금융 한도에 의하여 수출용 원자재 구매를 위한 내국신용장 개설 후 대금 회수를 위해 발행한 어음의 결제를 위하여 지원되는 자금을 말한다.

#### ③ 포괄금융

기업규모가 작은 중소기업(전년도 수출실적이 1,000만불 미만)에 대하여 수출물품의 제조에 필요한 자금 용도의 구분 없이 포괄적으로 융자 취급하는 금융 취급 방식이다. 포괄금융은 수출신용장 등 금액의 일정비율 또는 과거 수출실적의 일정비율에 대하여 현금으로 융자된다.

### (5) 무역금융의 융자방법

무역금융의 융자방법에는 신용장 기준 금융과 실적 기준 금융이 있으며 수출업체는 원자재금융과 생산자금의 경우 임의로 선택하여 이용할 수 있다.

#### ① 신용장 기준 금융

과거 수출실적에 관계없이 매 신용장건별로 적정 금액을 산출하여 소유자금 범위 내에서 융자하고 당해 수출대금으로 융자금을 회수하는 방법이다.

신용장 기준 무역금융을 수혜할 수 있는 업체는 금융수혜지점에 수출신용장 등 융자 대상 증빙서류를 보유하여야 한다.

#### ② 실적 기준 금융

과거 일정기간 동안의 수출실적을 기준으로 산정된 융자한도 범위 내에서 대출 및 지급보증을 수혜 받을 수 있는 방법이다. 실적기준 금융의 수혜자격, 이용방법, 융자취급 제한 등은 별도로 정하고 있다.

### (6) 무역금융의 선택

무역금융을 융자받고자 하는 모든 수출업체는 전술한 융자 방법 중에서 한 가지를 선택할 수 있다.

실적기준에 의한 융자는 융자 신청업체의 과거 수출실적을 근거로 산정된 무역금융 한도를 초과하지 않는 범위 내에서 취급되므로 과거 수출실적이 전혀 없는 업체는 실적 기준을 이용할 수 없다. 실적 기준으로 무역금융을 융자 받고자 하는 업체는 최소한 과거 3개월간의 자가 제품 수출 실적을 보유하고 있어야 하는데, 이것은 실적 기준금융 한도 산정에 사용되는 수출 실적이 최소 3개월이기 때문이다. 신용장 기준과 실적 기준 중에서 한 가지를 선택한 업체는 다시 용도별 금융과 포괄금융 중에서 하나를 선택하여야 한다.

한편 포괄금융은 앞에서 1천만 달러 미만인 업체로서 자사제품 수출실적이 구성비가 50% 이상인 업체만 이용할 수 있으므로 이에 해당되지 않는 업체는 용도별 금융에 따라 융자받아야 한다. 수출실적 요건이 포괄금융 융자 대상에 해당되는 업체라 하더라도 포괄금융을 이용하지 않고 용도별 금융 방식에 따라 융자받을 수 있다.

## 3. 외국환

### (1) 외국환의 기본개념

#### ① 외국환의 의의 및 특징

[외국환의 의의]

외국환(foreign exchange)은 환(exchange)의 일종이다. 환(煥)이란 격지자 간에 경제 거래에 따른 화폐적 채권·채무 관계를 현금으로 수송되지 않고 제3자를 통하여(금융기관) 지급위탁의 방법에 의하여 결제되는 수단으로 격지자가 국내 인간의 거래를 국내환 또는 내국환이라 하고, 내국인과 외국인 간의 환거래를 외국환이라 한다.

외국환은 국가와 국가 간에 재화·용역·자본의 거래로 인하여 발생되는 대차 관계를 결제하는데 사용되는 일체의 대외거래 수단을 의미하는 것으로 송금환, 전신환, 추심환, 환어음 등이 주로 사용된다.

이러한 외환이 내국환과 다른 점은 다음과 같다.
- 거래 당사자가 서로 다른 나라에 속해 있고, 서로 다른 화폐단위를 사용한다.
- 결제에 상당한 시간이 소요되어 금리문제가 발생된다.
- 환시세의 변동으로 인한 환위험(exchange risk)이 따른다.
- 각국의 외환 통제로 자금의 이동이 자유롭지 못하다.

[외국환의 특징]

외국과의 대차 관계를 결제하는 외국환거래는 국내에서 행해지는 내국환거래와 그 기본적 원리는 동일하다. 그러나 외국환거래는 국내의 지역 간에 이

루어지는 것이 아니라 국가간에 이루어진다는 점에서 다음과 같은 특징을 가지고 있다.

- 외국환거래는 국제수지에 영향을 미친다.

내국환거래는 동일국내에서 거래되기 때문에 그 나라의 국제수지에는 전혀 영향을 미치지 못하게 된다. 그러나 외국환거래는 외국과의 채권·채무를 결제하기 때문에 일국의 국제수지에 큰 영향을 초래하게 된다.

- 환거래의 발생 원인이 상이하다.

환거래의 발생 원인이 되는 채권·채무 관계는 내국환의 경우 거래 자체가 한나라 안에서 일어나므로 채권자와 채무자가 모두 국내에 있으며, 그 거래 자체도 당해 국가의 법률의 적용을 받게 된다.

- 외국환에는 환시세의 문제가 발생한다.

내국환의 경우에는 환거래의 대상이 되는 통화가 한 가지 뿐이나, 외국환의 경우에는 환거래가 국가 간에 이루어지는 관계로 환거래의 대상이 되는 통화가 여러 가지로 많게 된다.

- 외국환은 그 결제 구조가 복잡하다.

환거래가 발생하면 내국환의 경우에는 일국내의 환거래인 관계로 중앙은행과 같은 중심 기관에 의해 그 결제가 청산된다.

### ① 외국환의 종류

[순환과 역환]

채무자가 그 채무를 은행을 통하여 채권자에게 상환하는 방식을 순환(remittance by draft) 또는 송금환이라 하고, 채권자가 그 채권을 은행을 통하여 채무자로부터 회수하는 방식을 역환(negotiation by draft) 또는 추심환이라 한다.

[매도환과 매입환]

이것은 환 매매의 중개 기관인 외국환 은행 측에서 환을 매각하느냐 또는 매입 하느냐에 따른 구분으로 매각하는 경우가 매도환(selling exchange), 매입하는 경우가 매입환(buying exchange)이다.

[보통환과 전신환]

외국환의 국제적 이동은 환어음(Demand Draft : D/D), 우편 송금(Mail Transfer : M/T) 및 전신 송금(Telegraphic Transfer : T/T) 등의 방법으로 이루어지는데, 환어음과 우편 송금에 의한 것을 전신환과 구별하여 보통환이라 한다.

[현물환과 선물환]

외환거래가 매매계약과 동시에 결정되는 것을 현물환(편)이라 하고, 일정 기간 후에 이루어지는 것을 선물환 또는 예약환이라 한다.

## (2) 외국환시장

### ① 외국환시장의 의의

외국환시장이란 외국환을 거래할 목적으로 외국 통화를 대상으로 다수의 매도자와 구매자가 접촉하는 장소를 외환시장이라 한다. 여기서 장소의 개념은 런던의 외환거래처럼 일정한 장소를 개설하는 경우와 특정 장소에 거래소를 설치하지 않고 다만 외환취급은행들이 중심이 되어서 실질적으로 외환의 수급과 환시세의 결정이 지배되는 단순히 추상적인 범위를 의미하는 경우가 있다. 전자를 부스(exchange bourse) 형태라 하고, 후자를 오픈 마켓(open market) 형태라 한다.

거래의 범위에 따라 외환시장을 국내시장과 국제시장으로 나눌 수도 있다. 국내시장은 자국 내의 외환거래가 이루어지는 시장이며, 국제시장은 각국 외국환은행 간의 외환거래에 따른 대차 관계를 결제하고 기업이나 국가가 필요

로 하는 자금수요를 국내외 금융기관을 통해 조달할 수 있는 장소를 말한다. 국제시장으로서 유명한 곳으로는 런던과 뉴욕 등이 있다.

### ② 구성요소

외국환시장의 구성요소는 은행을 중심으로 하는 외환취급업자(dealer)와 고객(customer) 및 중개인(broker)의 삼자가 있다. 외환취급 업자로는 은행 이외에 외환판매업자, 할인업자(discount house) 및 어음인수업자(acceptance house) 등이 있고, 외환시장에 참여하는 고객으로는 결제를 목적으로 하는 실수요자(end user)와 외환 투기를 목적으로 하는 투기업자(speculator)가 있다.

특히 외환시장에서는 중개인의 활약이 요청되는데 외환 중개인 중에는 자기계산으로 중개하는 환브로커(exchange broker)와 수수료만을 얻기 위해 외환매매를 중개하는 Running Broker 등이 있다.

### ③ 외환시장의 기능

[청산(Clearing) 및 결제]

외환시장의 가장 기본적인 기능으로서 각국 통화의 거래로 인한 수요와 공급을 일치시켜서 외환시장의 안정된 균형을 유지시키기 위한 기능을 말한다. 예를 들어, 외환시장 내에서 특정 통화에 대한 수요와 공급의 불일치가 발생되게 되면 외환시장 내에서의 수급 불균형으로 인하여 먼저 환율이 변동하게 되고 이러한 환율변동은 곧 특정 통화에 대한 수급불균형을 해결하는 방향으로 작용하게 된다는 것이다.

[헷징(Hedging)]

헷징이란 기업이 보유하고 있는 외화자산의 자산가치 변화에 대응하기 위한 기업의 행위로 국제거래에 따르는 환율의 불확실성에서 오는 외환위험을 제거하기 위하여 현물시장에서 상품을 보유하거나 보유하려고 하는 자가 선물시장에서 상황과 반대되는 포지션을 취하는 거래를 통하여 위험을 강조시키고자 하는 행위를 말한다.

### [투기(Speculation)장소로 이용]

각국 통화의 교환가치인 환율이라는 것은 고정되어 있는 것이 아니라 수요와 공급의 조건 등에 따라 변화하게 되며, 이에 대한 정확한 예측은 어렵다고 할 수 있다. 따라서 이러한 환율변동의 예측에 따라 외환거래를 행하려는 개인이나 기업이 투기의 장소로서 외환시장을 이용할 수 있다.

기업의 입장에서는 거래대금의 지급 시기나 수취 시기를 조정함으로써 환율변화에 따른 위험을 전가시킬 수 있다. 즉, 외상거래나 장래의 외화 거래시 발생될 수 있는 환율변화를 예측하여 지급 통화나 수취 통화를 변경함으로써 환위험을 조정할 수 있다.

### [환 재정 및 이자율재정의 기능(Exchange and Interest Arbitrage)]

일반적으로 재정거래(arbitrage)란 동일 재화나 자산의 각 시장별 가격 차이를 이용한 거래를 지칭한다. 동일 재화라 하더라도 거래의 장소나 시간의 차이로 인하여 각 시장 간에는 거래 가격의 차이가 존재하게 된다.

환재정(exchange arbitrage)이란 외환시장의 가격 차이를 이용한 화폐의 교환을 통하여 시장 간의 환율 차이를 통한 이익을 추구하는 것을 지칭한다. 이러한 환재정에는 양국 간의 환율 차이를 이용하는 직접 재정과 세 나라 통화 사이에 성립하는 환 차이를 이용하는 간접 재정 등이 있다.

이자율 재정(interest arbitrage)이란 양국 사이의 환율이 결정된 현 시점에서 양국 간의 이자가 지급되는 각종 자산의 이자율 차이와 일정기간(만기) 경과 후의 환율변동을 고려하여 만기 시 결정되는 환율에 따라 환차익을 노리는 행위를 지칭한다. 즉, 각국 시장에서의 이자율과 환율의 차이를 이용하여 이익을 얻고자 거행되는 거래를 지칭한다.

### [외국환거래의 위험(Risk)]

국제 상거래 활동은 국내 상거래 활동과는 달리 외국통화로 표시되는 상거

래가 대부분인 까닭에 국제기업의 영업성과는 환율의 변동에 크게 영향을 받게 된다. 따라서 국제 상거래 활동에 종사하는 모든 기업들은 헷징 기법을 이용하여 외환 위험으로부터 그들의 영업활동을 보호하고 있다.

### (3) 환율의 기본개념

#### ① 환율의 의의

우리가 생활에 필요한 모든 물건을 외국과의 경제적 거래에 따라 대금을 주고받기 위해서는 외국 화폐와 우리나라 화폐와의 교환이 이루어져야 한다.

환율(foreign exchange rate)이란 한 나라의 통화가치를 다른 나라의 통화가치로 표시한 것으로서 양국 통화간의 교환비율을 말한다. 즉, 이종통화 간의 교환비율을 환언하면 한 나라의 통화가치, 즉 그 통화가 외국에서 갖는 구매력(purchasing power)을 말한다. 결국, 환율이란 외국통화로 표시된 상품의 가격이므로 해당 통화 간의 수요와 공급에 의하여 결정되게 된다.

#### ② 환율의 표시방법

환시세인 환율, 즉 이종통화 간의 교환 비율은 교환될 대상이 다 같이 통화이므로 어느 국가의 통화를 기준으로 하느냐에 따라 자국통화 표시방법과 외국통화 표시방법으로 구분할 수 있으며, 기타 특수한 경우에는 할증(premium : P) 또는 할인(discount : D)표시 방법이 이용되기도 한다.

#### [자국통화표시 환율(rate in home currency)]

외국통화의 한 단위에 대한 가격을 자국통화의 수로서 나타내는 환율을 방화 표시 환율 이라고 한다. 예를 들어, 우리나라에서와 같이 「1달러=1000원」으로 표시하는 방법으로, 이 경우에 환율이 외국통화의 한 단위를 얻기 위하여 지급해야 하는 자국통화의 수를 나타내고 있기 때문에 이를 지급계정환율(rate in payable account, giving quotation)이라고도 한다.

[외국통화표시 환율(rate in foreign currency)]

자국통화의 한 단위에 대한 가격을 외국통화의 수로서 나타내는 환율이 외화표시환율이다. 예를 들면, 「1원=1/1,000달러」이라고 표시하는 경우를 외화표시 환율이라고 한다.

이 환율은 또 자국통화의 한 단위를 대가로 수취할 수 있는 외국통화의 수를 나타낸다고 하는 의미에서 수취계정환율(rate in receivable account, receiving quotation)이라고도 한다.

[할증 또는 할인 표시방법]

환율의 표시방법은 기본적으로 방화표시환율과 외화표시환율로 구분되지만, 기타 특수한 환율의 표시방법으로서 할증(premium : P)과 할인(discount : D)의 표시 방법이 있다. 이들 방법은 2가지로 구분될 수 있는데, 그 하나는 미국과 캐나다 또는 영국과 남아연방의 경우처럼 동일한 화폐단위를 사용하고 있는 국가 간에 주로 사용하는 방법이다.

우리나라는 방화표시환율 방법을 사용하고 있으므로 「US$=1,000원」을 「US$=1,100원」으로 변동되었다면 환율이 인상되었다고 말하며, 이 때 원화의 대외가치는 하락(평가절하 : depreciation)된 것이다.

즉, 환율은 일국 통화의 대외 가치를 나타내고 있으므로 일국 통화의 대외 가치가 증가하는 것을 「appreciation」이라고 하며, 반대로 대외 가치가 하락되는 것을 「depreciation」이라고 한다. 특히, 고정환율제도 하에서 환평가의 변경에 의한 일국 통화의 대외 가치가 증가하면 평가절상(revaluation)이라 하고, 대외 가치가 하락하면 평가절하(devaluation)라고 한다.

③ 환율의 종류

환율은 거래의 종류에 따라 여러 가지 형태로 나누어 볼 수 있다.

[매도환율과 매입환율]

사고자 하는 사람과 팔고자 하는 사람의 환율은 서로 다르며 사고자 하는 환율을 매입환율(big rate), 팔고자 하는 환율은 매도환율(offer rate)이라고 한다. 그리고 매도 환율과 매입 환율의 차이를 스프레드(spread)라고 하며 이 스프레드가 외환거래수익의 원천이 된다.

### [현물환율과 선물환율]

외환의 매매계약의 결제를 언제 실행하느냐에 따라 현물환율(spot exchange rate)과 선물환율(forward exchange rate)로 구분된다. 현물환율은 외환 매매계약일로부터 제2영업일 이내에 외환의 결제가 이루어지는 외환거래에 적용되는 환율이며, 계약일로부터 제2영업일을 초과하여 외환의 결제가 이루어지는 외환거래에 적용되는 환율은 선물환율이라 한다.

### [은행 간 환율]

국제 외환시장에서 외환 거래란 은행 간 거래를 의미하며 이러한 은행 간 거래에서 자유롭게 형성될 수 있는 외환시세를 은행 간 환율(exchange rate)이라 하며, 통상 은행 간 거래에 있어서는 전신환이 허용되기 때문에 은행 간 환율은 실제로는 전신환 율을 의미한다.

## 4. 국제수지와 국제수지표

### (1) 국제수지의 기본개념

#### ① 국제수지의 의의

국제수지(balance of international payment)란 일정한 기간(매년 1월 1일에서 12월 31일까지)에 있어 재화 및 서비스의 수출과 수입 등 경상거래의 내용과 금융자산의 수출, 수입 등 자본거래의 내용을 자국 거주자의 입장에서 복식부기의 원리원칙에 따라 수입과 지출의 일정한 양식에 의거 체계적으로 파악해 놓은 것이다.

즉, 보통 1년 동안 한 국가의 국제 거래에서 생기는 화폐 지급과 화폐 수취를 체계적으로 분류하여 총괄 표시하는 하나의 명세서이다.

## ② 국제수지표의 의의와 목적

국제수지표(statement of the balance of international payment)란 한 국가의 국제수지 관계를 한 표에 집계한 것, 즉 국제 간에 발생하는 각종 수입과 지출의 종합한 대조표를 말한다.

국제수지표란 일정기간 ① 한 국가의 국민경제가 대외거래에서 발생한 재화, 서비스 및 소득거래, ② 화폐용 금, 특별인출권(SDR : Special Drawing Rights) 및 대외채권 채무의 소유권 변동, ③ 이전 거래 및 복식부기 원리상 수지균형을 취하기 위한 대응 거래를 기록한 통계표라 하고 있다.

국제수지표의 가장 중요한 목적은 그 나라의 대외결제 상태를 명백히 하고 외환의 원천과 용도를 밝히는데 있다. 특히, 외환관리가 실시되고 있는 경우에는 외환배분계획의 자료로서 국제수지표는 필요한 것이다.

## ③ 국제수지표의 내용

국제수지표상 계정별 주요 내용을 보면 다음과 같다.

- 재화 및 용역계정에서는 상품 수출과 수입, 운임 및 보험, 여행, 투자수익, 정부 거래, 기타 용역 등으로 되어 있다. 재화 및 용역계정에서 대변(credit)은 수입항목으로서 재화 및 용역의 수출이 기록되고, 차변(debit)에는 지급항목으로서 재화 및 용역의 수입이 기록된다.
- 이전 거래계정에는 반대급부를 수반하지 않는 증여, 원조 등이 주요 내용으로, 이전 거래는 거래 주체에 따라 민간과 중앙정부로 구분되고 있다. 그리고 대변에는 거주자가 취득한 이전 수입을 기록하고 차변에는 거주자가 공여한 이전 지급액을 기록한다.
- 자본 및 화폐종금계정에는 금융상의 청구권과 화폐용 금의 흐름을 기록하게 된다.

이상의 3가지 기본적 거래 항목 외에 조정 항목으로서 오차 및 누락 계정이 있다.

## (2) 국제수지의 조정

### ① 국제수지 균형과 불균형의 의미

개념상으로 볼 때는 국제수지표의 표준 분류항목 전체의 순계는 언제나 영(zero)의 상태에 있게 된다. 왜냐하면, 국제수지표의 작성 원리는 복식부기의 원리를 그대로 따르고 있기 때문에 하나의 경제적 거래에 대하여 차변과 대변에 동시에 계상되고 있으며, 또한 경상수지와 자본수지의 합계가 금융 계정의 합계와 불일치할 경우를 조정하기 위한 오차 및 누락 항목도 설정되어 있기 때문이다.

따라서 사실상 몇 개의 분류집단으로 구분할 경우에는 수입 합계와 지급 합계는 일치하지 않는 것이 보통이다. 이때 그 차이를 수지(balance)라고 하며 순수입은 흑자(surplus), 순지급은 적자(deficit)라고 하고 이것을 우리는 국제수지의 불균형 상태라고 한다. 물론, 흑자도 적자도 아닌, 즉 양변의 합계가 일치할 경우를 국제수지의 균형 상태라고 한다.

결국, 국제수지는 사후적(ex post)으로는 언제나 균형 상태에 놓이게 되지만 그것은 불균형 상태를 인위적으로 조정되므로 국제수지표의 자체적인 성질로 보면 전체적으로는 한 국가의 대외경제 활동을 정확하게 파악할 수 없다.

### ② 국제수지의 조정 정책

국제수지가 흑자가 되든지 적자가 되든지 일단 불균형 상태가 되면 바람직하지 않으므로 각국은 국제수지 균형을 위해 여러 가지 정책을 시행하며, 이와 같이 국제수지가 불균형이 되었을 때 균형을 이루도록 하는 것을 국제수지의 조정이라 한다. 국제수지의 조정과정에는 자동적 조정과 조정 정책의 2가지가 있다.

[국제수지의 자동적 조정]

변동환율제도 하에서는 국제수지의 불균형이 생기면 환율의 신축적인 변동에 의하여 자동적으로 국제수지의 균형이 이루어지게 된다. 그러나 고정환율제도하에서는 환율이 고정되어 있거나 그 변동의 폭이 제한되어 있으므로, 환율 이외에 물가수준이나 국민소득의 변동에 의하여 조정되는데 이 과정을 설명하는 이론으로 다음의 2가지가 있다.

### ■ 가격조정이론

무역수지 적자국에서는 수입대금의 결제에 의한 통화환수 → 통화량 감소 → 수요감소 → 재화의 가격인하의 과정을 거치게 되는데, 이 상태를 외국의 입장에서 보면 무역수지 적자국의 재화가 상대적으로 저렴하게 된 것이므로, 외국 수요가 증가되고 있는 무역흑자국의 수출을 증가시키는 결과를 초래한다. 한편, 무역적자국의 입장에서 보면 외국의 재화가 상대적으로 비싸게 되므로 수입상품에 대한 수요가 감소되어 수입 감소의 효과를 가져와 결국 균형에 도달된다는 이론이다.

### ■ 소득조정이론

무역수지 흑자국에서는 통화량 증대 → 수요증대 → 국민소득증대 → 수입 증대의 과정을 거쳐 평균 균형에 도달한다는 이론이다.

[국제수지의 조정 정책]

### ■ 재정·금융정책

재정·금융정책은 환율은 그대로 두고 유효수요의 관리를 통해 국제수지를 조정하려는 정책이다.

- 재정정책 : 조세나 재정지출의 증감을 통해 국제수지를 조정하는 정책으로 만약 국제수지가 적자인 경우 조세 증가, 재정지출 감소로 민간부문의 총수요를 감소시키고 이는 수입을 감소시켜 국제수지가 균형을 이루게 된다.

- 금융정책 : 이자나 지급 준비율의 조정을 통해 국제수지를 조정하는

것으로서, 만약 국제수지가 흑자인 경우 금리를 인하시키면 구매력이 증대되고 이는 수입을 증대시켜 국제수지가 균형을 이루게 된다.

■ **외환정책**

외환정책은 환시세의 조정을 통해서 국제수지를 조정하는 수단이다. 환시세 변동을 통해 국제수지가 조정되는 것이다. 그러나 오늘날 대부분의 국가가 채택하고 있는 변동환율제는 환율이 완전한 외환시장의 수급에 의해서 결정되는 형태가 아니고 통화당국이 개입할 수 있는 일종의 관리변동환율제이다. 따라서 통화당국의 개입에 의한 환율조정이 중요 정책수단이 될 수 있다.

■ **무역정책**

수입관세, 수입할당제, 수출보조금, 외환통제 등의 무역정책을 통한 수입규제는 인위적으로 대외 지불을 억제하고 외환 수치를 촉진함으로써 국제수지를 개선시키는 점에서는 전술한 재정, 금융정책이나 환율조정정책과 동일하다.

그런데 관세 등을 통하여 정부가 개별 산업에 관여하여 개별 상품의 가격형성과 자원배분에 영향을 주는 이러한 정책수단은 대부분 국제수지개선이라는 단기적 목적뿐 아니라 국내산업 보호나 비교우위 산업의 대외경쟁력 배양 등 보다 장기적이고 산업 구조적인 차원에서 이루어지며, 또한 이러한 제도들은 한번 실시되면 철회하거나 후퇴시키기가 사실상 곤란하여 단기적인 국제수지조정 정책으로서는 그만큼 경직된 정책이라 할 수 있다.

4.0 Introduction to Trade

[제2부]

무역실무

*a point note*

# 01
INTRODUCTION to TRADE
## 수출입 절차

## 1. 수출의 정의

수출절차라 함은 일반적으로 수출계약이 체결되고 이에 따라 수출신용장의 내도 된 이후에 수출 추천, 수출 승인, 수출품 검사, 수출 통관 및 선적, 그리고 수출대금의 회수에 이르기까지의 수출에 따른 일련의 절차를 말한다.

수출을 규제하는 법규로서는 수출입거래를 대상으로 한 '대외무역법', 수출품의 품질을 대상으로 한 '수출검사법', 수출물품의 통관을 규제하는 '관세법', 수출대금의 결제를 규제하는 '외국환관리법' 등이 있다. 또한, 이러한 모든 법규는 수출이 국제수지의 균형과 국민경제의 발전에 기여하도록 한 입법 목적에 따라 상호 보완적으로 운용되어 수출품의 대외거래를 관리하고 있다.

### (1) 수출계약의 체결

수출을 하고자 하는 자는 취급하고자 하는 물품에 대하여 국내 무역관련법규에 의해 수출이 허용되는 물품인지 여부를 확인한 다음, 거래시장을 탐색하여 이를 결정하고 시장조사 단계를 거쳐 그 시장에서 가장 적절한 거래선을 물색한 후, 그와의 거래를 제의하여 거래선 동의를 얻게 되면 거래관계 개설을 위한 수출계약을 체결하게 된다.

수출계약은 거래상대방이 확정되면 신용조회를 거쳐 거래상대방에 거래 제의를 하고 이에 대한 상대방의 승낙이 있으면 계약이 성립된다. 일반적으로 무역거래는 수출자가 수입자에게 수출에 따른 무역거래 조건을 제시한 청약(offer)에 대하여 수입자가 이를 승낙(acceptance)하는 과정, 또는 수입자의 주문(order)을 수출자가 승낙(acknowledge)하는 과정에 의하여 계약이 체결된다.

### (2) 수출승인

#### ① 수출 가능 여부 확인

물품의 수출이 가능하기 위해서는 대외무역법이나 개별법상 당해 물품에 대한 수출승인이나 허가를 받아야 하고, 당해 수출거래 형태에 대하여 인정을 받아야 하며, 당해 수출대금결제 방법에 대하여 허가를 받아야 한다.

그러나 1997년 1월 1일 이후 수출입의 자유화 원칙에 따라 계약 이행의 사전 허가 절차인 승인제도가 폐지됨에 따라 대금결제 사항은 외국환에 일임하고 대외무역법상의 수출입 공고 등에 근거한 물품에 대한 관리만을 하는 것을 원칙으로 함에 따라 수출승인의 개념이 과거의 추천 등과 같은 성격으로 변경되었다.

따라서 과거에는 수출이 가능한 경우에 한하여 수출승인을 하였으므로 수출 이행 이전에 계약 수정이나 미비사항의 보완 등이 가능하였으나 수출승인이 폐지된 이후에는 적법하지 않은 수출 이행에 따른 책임은 전적으로 수출자에게 귀속되므로 사전에 수출 가능 여부를 확인하는 것이 매우 중요하다.

#### ② 대외무역법상 수출승인

대외무역법상 물품의 수출입 제한은 수출입 공고, 별도 공고, 전략물자 수출입 공고 등에 의하여 이루어지고 있는데, 크게 수출입 금지 품목과 제한 품목으로 나누어지며, 후자의 경우 관련부처나 단체에서 수출승인을 받거나 신고를 함으로써 수출이 가능하다.

### ③ 개별법상 수출허가

물품의 수출입에 대해 대외무역법상 수출입 공고 등 이외에 다른 법령에 특별한 규정이 있는 경우, 당해 개별법에 따른 별도의 제한을 받는다. 이러한 개별법은 약 60개가 있으며, 개별법에 의한 각종 수출입 제한내용을 산업통상자원부장관은 통합하여 공고하는데, 이를 "통합공고"라고 한다.

따라서 통합공고 상의 수출제한 품목을 수출하고자 하는 경우 주무부장관이나 주무부장관이 지정하는 기관의 사전 수출허가를 받아야 한다.

### ④ 수출거래 형태의 인정

대외무역법상 거래 형태는 L/C방식, 추심결제방식(D/A,D/P) 등, 물품의 이동과 대금의 결제가 반대방향으로 이루어지는 정형화된 수출거래 형태와 수출제한을 회피하거나 국내 산업보호에 지장을 초래할 우려가 있는 경우, 그리고 외국에서 외국으로 물품의 이동이 있고, 그 대금지급이나 영수가 국내에서 이루어지는 거래로서 대금결제 상황의 확인이 곤란한 경우 및 대금결제가 수반되지 아니하고 물품의 이동만 이루어지는 특정거래 형태로 나누어진다.

정형화된 수출 거래 형태와 특정 거래 형태 중 산업통상자원부장관의 인정 범위에 속하지 않는 것은 현행 대외무역법상 특별한 규제를 하지 않고 있다. 즉, 특정 거래 형태 중 산업통상자원부장관의 인정 대상을 제외하고는 자유로운 거래가 가능하다. 그러나 인정 대상이 아니라고 하여 외국환관리법까지 배제되지는 않으므로 대금결제에 대해서는 별도로 외국환관리법의 적용을 받게 된다.

## (3) 수출품 확보

### ① 수출물품의 확보 방법

수출 물품을 확보하기 위해서는 수출업체가 직접 제조 생산 하거나 완제품을 구매하는 방법이 있으며, 또한 동일한 물품의 제조·생산을 위해 소요되는 원재료의 확보는 국내에서 구매하거나 외국으로부터의 수입에 의한다.

## ② 완제품 및 원재료의 국내 구매

### [내국신용장에 의한 구매]

내국신용장이란 수출업자가 수취한 수출신용장 등을 근거로 수출 이행에 필요한 원자재 또는 완제품을 국내에서 원활히 조달하기 위하여 국내 공급업자(제조·생산자)를 수혜자로 하여 개설된 국내신용장을 말한다.

또한, 내국신용장의 수익자는 공급 물품을 제조·가공하는데 필요한 원자재를 구매하기 위하여 원 내국신용장(1차 내국신용장)을 근거로 하여 2차 내국신용장을 개설할 수 있으며, 1차 내국신용장이 완제품 구매를 위한 내국신용장인 경우에는 원자재를 구매하기 위한 2차 내국신용장을 근거로 3차 내국신용장을 개설할 수 있다.

### [구매승인서에 의한 구매]

구매승인서는 무역금융 한도 부족, 비 금융 대상 수출신용장 등으로 인하여 내국신용장 개설이 어려운 상황에서 국내에서 외화획득용 원료 등의 구매를 원활하게 하고자 외국환은행장이 내국신용장 취급 규정에 준하여 발급하는 증서이다. 구매 승인서의 발급은 내국신용장 발급근거와는 상이하고 매 건 별 발급 근거를 전제로 발급되며, 실적기준으로는 발급되지 않는다.

이와 함께 구매승인서가 내국신용장과 구별되는 가장 큰 차이점은 은행이 계약 당사자 간의 거래 사실을 확인하는데 그치고, 대금 지급에 대한 지급보증을 하지 않는다는 점이다.

## ③ 외화획득용 원료의 수입

외화획득용 원료에 대한 지원에 대해 우리나라는 수출물품 생산에 공여되는 원료 등에 대해서는 최대한 부담을 줄여줌으로써 우리 수출상품의 국제 경쟁력을 제고시키기 위한 정책수단으로서 외화획득용 원료 등의 조달에 대하여는 내수용과 비교하여 상역, 금융, 세제상의 지원정책을 견지해 오고 있다.

**[수출입 공고 등 적용배제]**

물품의 수출입은 수출입공고, 통합공고 등의 내용에 따라 수출입이 제한되고 있으나 외화 획득용 원료 등에 대해서는 동 원료를 사용하여 제조·가공되는 물품이 수출된다는 점에서 특별한 경우를 제외하고는 수출입 공고 등에서 수입금지 또는 제한규정에도 불구하고 수입이 가능하다.

### ④ 무역금융의 지원

수출물품의 제조·가공에 소요되는 자금 부담을 완화 시켜주기 위하여 수출용 원자재의 수입 및 국내 구매시 필요한 자금에 대하여는 무역금융의 수혜를 받을 수 있다.

### ⑤ 관세 환급

우리나라 관세법은 수입물품에 대하여 관세(관세, 특별소비세, 부가가치세) 등을 징수한 후, 수입 면허하는 것을 원칙으로 하고 있으므로 외화획득용 원료의 경우도 일단 관세 등을 납부하고 통관하게 되나, 동 원료를 사용하여 제조·가공된 물품의 수출이 완료된 후에는 관세 등을 환급하여 주고 있다.

물론, 이와 같은 외화획득용 원료 등에 대한 각종 지원제도는 대응 수출 등 외화획득 행위를 전제로 하여 부여하고 있는 것이므로 대응 수출 등 외화획득 행위가 이루어졌는지 여부에 대하여 사후 관리한다.

## (4) 운송 및 보험계약의 체결

### ① 해상운송

해외에 거래선이 확보되고 관련 매매계약, 신용장 등이 개설되면 수출업자는 계약에 의거 상품을 확보, 기일 내에 선적을 하여야 한다.

선적을 하기 위해 선박회사와 접촉하기에 앞서 기본적으로 이해하고 있어야 할 사전 지식은 다음과 같다.

■ **매매 조건과 선적 의무**

통상 화물을 운송할 선박을 수배하는 자는 해당 선박회사에 운임을 지급하는 화주이다. 상품의 매매 조건이 CIF(또는 CFR) 조건일 때는 Seller 가, FOB 조건일 때는 Buyer가 운송 선박을 수배해야 한다. 예외적으로 Seller와 Buyer의 거래관계 및 상황에 따라 상대의 요청을 위해 선박 수배를 주선해 주는 경우도 있다.

■ **선적 선박**

선박을 수배하는 경우는 상품의 수량·종류에 따라 운송 선박이 다르다. 즉, 일반 완제품, 기계류 등과 같이 포장된 개별품목은 일반 잡화선(general cargo carrier) 또는 컨테이너 전용선(full container ship)에 선적된다. 그리고 쌀, 옥수수, 밀 등의 곡물이나 광석, 석탄 등의 이른바 살화물(bulk cargo)은 곡물, 광석류 운반 전용선에 선적한다.

■ **서비스 항로**

우리나라를 중심으로 현재 형성되어 있는 항로(또는 노선)는 한일항로, 동남아항로, 북미항로, 호주항로, 중동항로, 구주항로 등이 있으며, 이들 항로에는 일정한 주기를 유지하며 계속적으로 취항하는 정기선(liner)과 화물에 따라 그때그때 원하는 곳까지 화물을 운송하는 부정기선(tramper)이 있다.

■ **운임 부과 기준**

운임은 통상 해당물의 중량과 용적을 비교하여 많이 산출되는 톤수를 운임의 기준으로 삼는다(이를 revenue이라고 함). 주요 정기 항로에 취항하고 있는 선박회사, 특히 운임동맹가맹 선박회사들은 운임율(tariff)을 갖고 있어, 운임의 적용 기준과 화물 별 운임율은 관련 선박회사에 문의하면 정확히 알 수 있다. 운임은 통상 기본요금과 제 할증료(CAF, BAF) 및 취급수수료(THC), 제 공과금으로 구성되므로 하주가 지불하는 총 운임은 제 부과 요금을 합산하여 산출해야 한다.

■ **선박회사와의 접촉**

정기선이 취항하지 않는 지역으로 화물을 보내고자 할 때에는 일반 잡화의 경우, 충분한 사전 기간을 두고 선박회사와 접촉을 시작해야 한다. 정기선의 경우는 지역에 따라 다르나 선적일자(L/C 상의 shipment date) 기준 약 2주 전에만 접촉하여도 무방하지만, 부정기선 편으로 선적·운송하여야 할 경우에는 가급적 1~2개월 전부터 선박을 물색하기 시작하여야 한다. 물론, 어느 경우나 하주입장에서는 충분한 시간을 갖고 임하면 그만큼 유리한 입장에서 선박을 물색할 수 있으므로 상황이 허락하는 한 선박회사의 접촉은 조기에 시작하는 것이 좋다.

■ **운송 계약의 형태**

일반 잡화를 운송하는 정기선의 경우는 별도로 운송계약서를 작성하는 것이 아니고 선박회사에서 정형화된 양식인 선화증권(Bill of Lading : B/L)을 발급함으로써 운송 계약에 갈음하고 있다. 동 증권에는 화물의 행선지, 선적지, 명세(용적, 중량, 마크 등), 운임지불관계(선불 또는 도착지 후불), 선적 일자, 발급일자 등이 기재되며, 뒷면에는 운송과 관련한 당사자 간의 권리의무관계를 기술한 약관이 기재되어 있다. 약관의 내용은 이해당사자간 책임과 의무를 명기하여 분쟁이 발생할 경우에 기준이 되므로 하주는 동 내용을 정확히 숙지할 필요가 있다.

부정기선화물 즉, 곡물·광석·석탄 등의 화물을 운송할 때에는 용선 계약서(charter party)가 작성되며, 이에 의거 선화증권이 별도로 발급된다. 용선계약서는 정기선의 경우와 달리 일방적으로 인쇄된 양식을 사용하는 것이 아니고 당사자 간에 충분한 합의를 거쳐 계약서가 작성된다. 특히, 유의할 것은 화물수량의 표시, 선적 일시, 하역 일시, 체선관계 등 상당히 전문적인 지식이나 경험을 필요로 한다. 따라서 초심자는 직접 계약에 임하는 것보다는 관련 해운회사의 조언을 받거나 용선 중개인(chartering broker) 또는 변호사의 협조를 받는 것이 좋다.

## (5) 선적 절차

### ① 선적 협의

관련정보를 통해 자신이 원하는 시기 및 장소에서 화물을 운송해 줄 선박회사를 물색했으면 이제는 직접 해당 선박회사 또는 Forwarder와 접촉하여 구체적인 선적 협의를 한다. 협의는 서면으로도 가능하겠으나 유선으로 하는 것이 보통이며 신속하고 정확하다. 협의 시는 자신의 요망사항 즉, 다음과 같은 사항을 알린다.

- 언제
- 어디서
- 무슨 화물을
- 얼마나(중량 또는 용적 아니면 개략적인 수량을 설명한다.)
- 어느 곳까지
- 누구에게

위와 같이 운송하고자 한다는 것을 알리면 선박 회사 측에서는 구체적으로 선적가능시기, 운임 등 화주의 요구사항에 대한 질의에 응하고 상호 요건이 충족되면 구두로 선적 예약(space booking)을 한다.

### ② 선적 요청서 제출

구두계약이 이루어진 다음, 정식으로 선적 요청서(Shipping Request : S/R)를 제출해야 한다. 첨부되어야 할 서류는 상업송장 사본, 포장 명세서 사본 L/C 사본, 수출 승인서 사본 등인데, 실제 업무에서는 S/R 양식에 선적에 필요한 모든 정보를 상세히 기입하므로 이런 서류를 생략하기도 한다.

S/R은 공식적인 양식이 있는 것이 아니고 운송인 마다 서로 다른 양식을 사용하는데 S/R은 대부분 Fax를 통해 운송인에게 제출한다.

### ③ 화물포장 및 출고 준비

포장되어 있는 화물의 상태가 운송에 적합할 정도로 견고 한지를 확인해야 한다. 선박은 일반 철도나 트럭에 의한 운송과는 달리 선박 자체가 해상에서 심하게 요동할 우려가 있으므로 백화점에서 전시할 정도의 포장, 견물생심을 유발키 위한 미관 위주의 포장만으로는 해상에서의 파도 등의 위력을 감당할 수 없고, 화물의 손상 원인이 포장 불량에 있을 시는 선박회사로부터 보상도 받지 못한다. 포장 및 출고 준비는 선적 협의시 요청된 시간 내에 선박회사가 지정한 창고까지 운송·보관시킬 수 있도록 여유를 두고 착수한다.

## (6) 컨테이너 화물

화물을 컨테이너에 적입(stuffing)하여 컨테이너 전용선에 선적 운송될 경우는 하주 자신이 선박회사에 빈 컨테이너를 요청하여 컨테이너에 화물을 직접 넣어야 한다. 컨테이너는 길이에 따라 20ft, 40ft, 35ft, 45ft 등의 규격이 있다.

선박회사에서는 일단 컨테이너를 기준으로 운임을 산정하기 때문에 소량의 화물을 수출하고자 하는 하주로서는 비싼 운임을 부담하면서까지 굳이 컨테이너 한 개를 독자적으로 사용할 필요는 없다. 선적 협의시 자신의 화물량을 알려 주면 선박회사로부터 컨테이너 한 개를 독자적으로 사용해도 좋은지, 또는 타 화주의 동일 목적지로 가는 소량 화물과 혼적(consolidation)하는 것이 경제적인지를 안내 받을 수 있다.

전자의 경우, 하주는 필요한 수량의 빈 컨테이너를 생산 공장 또는 창고로 보내 줄 것을 선박회사에 요청하고, 이 경우 생산 스케줄 및 창고 사정을 충분히 감안하여 화물의 정확한 적입 시간을 제시, 선박회사로부터 확실한 다짐을 받아두고 재차 확인을 해야 한다.

후자의 경우, 선박회사 또는 Forwarder가 지정한 혼적 창고까지 화물을 운송해 주면 선박회사 책임 하에 그 곳에서 타 화물과 함께 컨테이너에 적입 된다.

### (7) 출고 및 육상운송

화물의 출고 준비가 끝나면(컨테이너에 하주 자신이 직접 적입 하였을 때는 세관검사를 필하고 봉인된 상태) 선박회사가 지정한 창고까지 운송을 한다. 컨테이너 화물의 경우, 하주의 요청에 의해 선박회사가 육상 구간 운송도 담당한다.

육상운송은 화물이 항구에 있는 보세구역까지 연결되므로 어느 운송업자나 취급할 수 있는 것이 아니고 보세화물 운송 면허를 취득한 자 만이 할 수 있다.

### (8) 화물입고 및 인도

컨테이너 화물인 경우, 선박회사 측에 화물 인도 장소는 컨테이너 선박이 접안하는 부두 인근에 있는 컨테이너 전용 야드(yard)의 정문(gate)이다. 물론, 선박회사가 하주 창고에서 직접 화물을 인수해 가는 경우도 있다.

정문을 통과할 시점(gate in)에서 선박회사 측과 하주 사이에 상호 인수도 이루어지게 되므로 컨테이너의 외관과 봉인(seal)에 이상이 없으면 화주에게 인수증, 부두 수취증(Dock Recipt : D/R)을 발급한다.

### (9) 선화증권 발행

화물을 선박회사 측에 인도하고 나면 선박 회사는 화물을 인수하였다는 하주가 요청한대로 운송하여 지정된 자에게 인도할 것을 약속하는 내용의 선화증권(Bill of Lading : B/L)을 하주에게 발행한다.

선화증권은 통상 3통(original, duplicate, triplicate)을 하주에게 발행하며, 그 효력은 동일하다. 선화증권은 법적으로 화물 그 자체를 대표하는 증권 으로서의 유가증권이며 물품 대금을 수취하는데 필요한 선적서류 중 가장 중요한 서류이다.

### (10) 선화증권 수취

선박회사가 화물을 인수한 즉시 발급하는 수취증(컨테이너 화물일 때는 D/R), 재래선 화물일 경우는 본선 수취증(Mate Receipt : M/R)과 상환하여 B/L을 발급하는 것이 원칙이나 실무에서는 D/R이나 M/R은 선박회사 내부에서 왕래 되고 있으며, 특별한 요청이 없는 한, 하주에게 직접 교부하는 일은 거의 없다.

즉, 선박회사에서는 화물을 인수·선적 사실을 내부 업무 시스템을 통해 직접 확인할 수 있으므로 하주에게 D/R이나 M/R 제시를 요구하지 않고 하주의 요청에 따라 즉시 B/L을 발급한다.

### (11) 선적서류 완비

B/L을 교부 받으면 매매 조건, 신용장 조건 등에 부합하는지 여부를 확인하고, 이상이 있으면 즉시 정정을 요청해야 한다. B/L에 이상이 없으면 상업송장(commercial invoice), 보험증권(insurance policy) 등 필요한 선적서류 일체를 첨부하여 환어음(bill of exchange)을 발행하여 외국환은행에 매입을 요청한다.

### (12) 수출 통관

수출물품의 생산이 완료되거나 수출물품의 구매 등을 통하여 수출 물품을 확보한 수출업자는 당해 수출 물품을 지정된 선박(항공기)에 선(기)적 하기 전에 관세법에 의한 수출 통관 절차를 밟아야 한다. (수출검사 대상 품목인 경우 수출 검사 완료 후 통관)

수출 통관 절차란 수출 면허의 의미로서 내국물품을 외국으로 반출하는 것을 허용하는 세관장의 처분을 말한다.

## 2. 수입의 정의

수입(import)이란 외국의 물품이 우리나라 세관을 통하여 들어오는 것을 말하며, 일반 수입과 원자재 수입으로 구분 할 수 있다. 원자재 수입은 우선적으로 허가되며 금융·행정 등의 면에서 여러 가지 특혜가 주어진다.

수입절차라 함은 수입상이 수출상과 수입계약을 체결하고 수입계약서인 물품매도확약서에 의하여 수입승인을 받고 외국환은행에 수입신용장을 발행한 후, 수입화물과 선적서류가 신용장 발행은행에 내도되며 수입화물을 통관하는 일련의 절차를 말한다.

이러한 수입절차는 수출절차의 경우와 마찬가지로 대외무역법, 외국환거래법, 관세법 등 각종 법규에 의하여 규제를 받는다.

물품의 수출입을 업으로 하고자 하는 자는 산업통상자원부장관으로부터 수출입업의 허가를 받아야 하며, 그 허가를 받지 않은 자가 수입하고자 하는 경우에는 수출입업자에게 수입대행을 의뢰하여야 한다.

한편, 수입승인 여부는 수출입공고에 규정되어 있으며, 수입제한 승인품목은 주무관서의 수입추천을 얻거나 제한조치에 합당한 것에 한하여 수입을 승인해 준다.

부정거래의 우려가 있다고 인정되거나 수입가격의 유지를 필요로 하는 주요 품목에 대해서는 산업통상자원부장관이 수입 기준가격, 최고가격 및 최저가격을 사정하여 별도로 공고한다.

외국환관리규정에서는 수입대금의 결제방법과 외국환거래 담보금의 적립율에 대하여 규정하고 있으며, 관세법에서는 수입통관절차가 규정되어 있다.

### (1) 수입계약의 체결

수입상은 해외시장 조사 및 Inquiry 등을 통하여 거래선을 선정하고 해외조사기관에 신용조사를 의뢰해 가장 적합하다고 판단되는 Seller와 수입계약을 체결한다. 수입계약은 통상 물품매도확약서의 발급으로 대체되고 있는데, 물품매도확약서는 국내의 오퍼상(무역대리업자)로부터 받든지, 외국의 수출상으로부터 직접 받을 수 있다.

Offer Sheet의 가격과 선적, 결제 조건 등의 제 조건이 상담했던 내용과 맞으면 오퍼의 하단에 수입상이 "Accept"라고 표시하고 서명하여 한 부를 수출상에게 보냄으로써 계약은 성립된다.

물품매도확약서는 물품에 대한 거래조건이 명시되어 있기 때문에 수입승인 및 신용장 개설 신청시에 요구되는 서류이다.

## (2) 수입승인

수출의 경우와 마찬가지로 수입의 경우에도 수출입공고에서 고시하는 특정 물품에 대해서는 개개의 수입 거래별로 산업통상자원부장관이 위탁하는 관련 단체의 장의 승인을 받아야 한다.

과거에는 모든 수입행위에 대해 매 계약 건별로 물품의 이동과 대금결제를 결부시켜 수입승인을 받도록 하여 물품에 대한 규제는 물론 외환의 지급까지도 관리하였으나 1997년부터는 대금결제는 외국환거래법에 위임하고 오직 물품에 대한 관리만을 원칙으로 함에 따라 수입승인의 개념이 물품의 이동만을 관리하는 추천과 같은 성격으로 바뀌었다.

즉, 수입승인은 국내로 이동이 제한되는 물품을 이동될 수 있도록 허가해 주는 절차인 것이다. 그러므로 수입하려는 물품이 수출입공고, 수출입별도공고 등에서 수입이 허용되는 품목인지를 검토하여 관련기관, 협회의 수입승인을 받아야 한다.

한편, 수입하고자 하는 물품이 통합공고상 수입이 제한되는 품목인 경우에는 보건복지부, 환경부 등 주무부처의 수입요건 확인 또는 허가를 받아야 한다.

수입승인을 받으려면 수입계약서 또는 물품매도확약서(offer sheet), 수출입공고 등에서 규정한 요건을 충족하는 서류를 수입신청서와 함께 관련기관(협회)에 제출하여 수입물품의 명세, 선적항, 당사자, 유효기관 등에 대한 승인을 받아야 한다.

수입승인의 유효기간은 1년이다. 이에 수입자는 이 기간 내에 수입물품을 통관하여야 하나 필요한 경우 연장할 수 있다. 한편, 수입승인을 받은 후 상대방과의 계약내용이 변경되거나 기타 사유로 인하여 원래 수입승인을 받은 조건대로 수입을 이행할 수 없는 사정이 생긴 때에는 수입승인 사항의 변경을 신청하여야 한다.

## (3) 수입신용장 개설

수입승인을 받으면 수입 계약서에서 대금결제를 신용장에 의한다고 약정되어 있는 경우에는 유효기한 내에 수입업자는 거래은행에 신용장의 발행을 의뢰하여야 한다. 수입자는 수입물품에 대한 수입승인을 받은 다음, 그 유효기간 내에 신용장개설을 신청하게 된다.

신용장을 개설해 주는 외국환은행으로 보면 신용장개설은 일종의 여신(與信) 행위이므로 수입상 및 수출상의 신용 상태와 해당 수입상품의 시장성 등을 고려하여 발행하며 일반적으로 충분한 담보를 확보하고서 신용장을 개설한다.

신용장 개설은행은 신용장개설에 관한 심사 및 기타의 절차를 완료하고 개설 의뢰인이 제출한 의뢰서의 내용을 점검하고 타당하다고 인정되면 신용장을 개설하여 준다. 신용장의 개설방법은 선적기일, 시황, 자금사정 등을 고려하여 다음과 같은 두 가지 방법이 있다.

### ① 우편에 의한 개설(Mail Credit)

신용장 개설 신청서의 내용에 따라 소정의 신용장 양식 1 세트를 작성하여, 원본 및 사본 1매는 통지 은행에 발송하고, 결제 은행에는 사본 1매를 수입대전 결제요청서(reimbursement request)와 함께 발송한다.

### ② 전신에 의한 개설(Cable Credit)

금융비용 절약, 납기 단축 등을 위하여 신용장 개설 사실을 신속히 통지할 필요가 있을 경우 전신으로 신용장을 개설하게 된다.

## (4) 선적서류 내도와 대금결제

### ① 선적서류 내도

신용장의 수익자인 수출업자는 상품을 선적한 후 신용장에서 요구하고 있는 서적서류와 함께 환어음을 발행하여 매입은행에 매각하여 수출대금을 회수하면 매입은행은 매입한 환어음 및 선적서류를 개설은행 앞으로 송달하게 된다.

매입은행으로부터 선적서류를 접수한 개설은행은 자기가 개설한 신용장 조건대로 선적서류가 내도되었는지를 심사하여 수입대금 결제 여부를 확인한 후, 개설 의뢰인에게 선적서류를 인도하고 수입대금 결제를 받는다.

### [선적서류 접수 및 검토]

발행은행은 선적서류가 환어음과 함께 내도하게 되면 추심의뢰장(covering letter)[1], 선적서류(Shipment document), 환어음(bills of exchange) 등의 기재사항과 부속서류에 대하여 확인하여야 한다.

---

[1] covering letter란 환어음 및 선적서류를 발송할 때 그 위에 첨부된다는 의미에서 그렇게 불리고 있으며, 이에는 첨부서류의 종류, 통권, 지급·인수 및 매입은행명, 대금결제방법, L/C금액, 은행수수료, 신용장 조건의 불일치 내용 및 해당 서류 처리에 관한 지시 등이 기재되어 있다.

매입은행에서 매입한 환어음 및 선적서류는 통상 원본(original set)과 부본(duplicate set) 2 Set로 나누어져 발행은행에 송달된다. 이 경우 원본과 부본은 효력 면에서 동일하므로 발행은행은 먼저 도착된 서류를 가지고 심사하여도 무방하다. 이는 선적서류 중 먼저 도착한 것이 인도되면 다른 하나는 효력을 상실하기 때문이다.

매입은행으로부터 서류를 접수한 발행은행은 먼저 매입은행의 매입대금 추심의뢰장(covering letter)을 면밀히 검토하게 된다.

특히, 매입은행이 하자가 있는 선적서류를 매입한 경우는 신용장 조건과의 불일치 내용과 처리 전말이 기재되어 있으므로 이를 검토한 후 수입상의 동의로서 인수가 가능한지 여부를 결정하여 전신 등으로 지급지시 또는 지급거절의 통지를 하여야 한다.

Covering Letter를 점검한 발행은행은 접수한 환어음과 선적서류를 점검하여야 한다. 즉, 신용장의 조건과 선적서류가 일치하는지, 또한 환어음의 필수적·임의적 기재사항이 명확하게 기재되었는지 확인하여야 한다. 이는 발행은행이 신용장의 발행이라는 형식으로 지시한 사항들이 완전히 이행되었는지를 확인하는 행위이기 때문이다.

### [환어음 결제와 선적서류의 인도]

발행은행은 매입은행에서 송달된 환어음 및 선적서류의 점검 후, 신용장 조건과의 일치가 확인되면 개설의뢰인에게 선적서류의 내도를 통지한다. 발행은행은 개설의뢰인에게 선적서류를 인도하기 위해 환어음의 제시 및 지급 인수의 청구를 하게 되며, 개설의뢰인은 이에 따라 수입대금을 결제해야 한다.

### [선적서류의 수리거절]

선적서류의 심사결과 어떤 선적서류에 하자가 있음이 발견될 경우, 이는 신용장 상에서 요구하고 있는 조건과의 불일치를 의미하므로 발행은행은 임의로 해당 선적서류를 인도할 수 없게 된다.

발행은행은 일단 개설의뢰인에게 이러한 하자에도 불구하고 선적서류를 인도 받을지의 여부를 문의하고, 부정적인 대답이 있을 경우에는 신속히 선적서류 송부은행으로 이 사실을 통보하게 된다. 이와 같은 조치를 통해서 당해 선적서류는 신용장 조건에 일치되도록 보정되거나 어음의 상환조치가 취해진다.

제5차 개정 신용장통일규칙 제 14조 c항에서는 선적서류를 접수한 발행은행이 이를 점검한 결과 지면상 신용장 조건과 일치하지 않는다고 판단되는 경우 개설의뢰인과 선적서류의 수리여부를 교섭할 수 있다고 규정하고 있다. 또한, 신용장통일규칙 제14조 d항에 의거 발행은행이 서류를 거절하기로 결정한다면 그 사실을 지체없이(늦어도 서류접수 일로부터 7일 이내) 전신으로 만일 그것이 불가능하다면 기타 신속한 방법으로 그 서류를 송부해 온 은행 또는 그 서류를 수익자로부터 직접 접수했을 경우는 수익자에게 통보해야한다. 그리고 그러한 통보에는 그 서류를, 제시인의 처분권 하에 보관하고 있는지 또는 제시인에게 반송되고 있는지를 명시해야 한다. 따라서 신용장통일규칙에 의거 발행은행의 수리 거절시에는 다음과 같은 조치가 취해져야 한다.

- 선적서류상에 지면상 신용장조건과 불일치한 점이 명백히 존재해야 한다.
- 선적서류 접수 후 7일 이내에 점검하여 거절여부를 결정해야 한다.
- 거절통지는 전신 또는 기타 신속한 방법에 의해 취해져야 한다.

## [수입화물선취보증서]

수입화물선취보증서(Letter of Guarantee : L/G)란 수입화물은 이미 도착하였으나 선적서류가 도착하지 않았을 경우, 선적서류 도착 이전에 수입상과 발행은행이 연대보증한 보증서를 선박회사에 선화증권의 원본 대신 제출하고 수입화물을 인도 받는 보증서이다.

수입화물선취보증서를 발급받아 수입화물을 인도받은 수입업체는 동 L/G발급일로부터 20일 내에 수입대금을 외국환은행에 예치하여야 한다. 다만, 연지급수입인 경우에는 연지급 수입기간에 20일을 가산한 기간 이내에 수입대금을 외화로 적립하여야 한다. 이러한 수입화물선취보증서는 형식적으로 수입업자가 선박회사 앞으로 발행하는 것으로서 인도받을 화물의 명세를 기재하고 화물선취에 관한 약정을 하며, 발행은행은 보증인으로 서명하는데 불과하나, L/G의 특징은 다른 약정증서와 같이 보증인의 의무가 그 증서의 성격을 좌우하는 정도가 아니라 오히려 보증인의 존재가 본질적인 효력발생 요건이 됨에 따라 실질적으로는 발행은행이 발행하는 증서로 간주되고 있다. 수입화물선취보증서를 발급·신청하고자 할 때는 일반적으로 다음과 같은 선적서류의 대도를 발행은행에 제출해야 하며, 발행은행은 각 서류의 기재내용과 신용장과의 일치여부를 확인한 후 보증서를 발급하게 된다.

**[선적서류의 대도(貸渡)]**

기한부신용장(usance L/C)에 의한 수입일 경우는 수입상이 환어음을 인수함으로써 선적서류를 인도받아 수입화물을 처분하여 그 판매대금으로 만기일에 어음을 결제할 수 있으나, 일람불신용장방식(at sight L/C)인 경우는 수입상이 어음대금을 결제하지 않으면 선적서류를 인도받을 수 없다.

선적서류의 대도(Trust Receipt : T/R)란 수입상은 어음대금을 결제하기 전이라도 수입화물을 처분할 수 있도록 하는 동시에 발행은행은 그 화물에 대한 담보권을 상실하지 않도록 하는 제도이다. 즉, 일람출급어음 조건인 경우 개설의뢰인이 발행은행에 대해 수입화물을 대도하여 줄 것을 신청하고, 발행은행은 자기 소유 하에 있는 수입화물을 수입상에게 대도하여 그 화물을 적기에 처분하도록 함으로써 그 판매대금으로 수입대금을 결제할 수 있도록 하는 제도이다.

또한, 발행은행 측으로 보면 수입대금결제가 지연될 경우 화물 자체를 소유하고 있다하더라도 큰 실익이 없기 때문에 수입상이 화물을 빨리 인도하고자 할 때 은행은 그 화물에 대한 담보권을 상실하지 않고 수입상에게 화물을 인도할 수 있도록 편의를 제공하는 것이다.

T/R에 의해 발행은행이 수입상에게 대도할 경우, 수입화물의 점유는 발행은행으로부터 수입상으로 이전되지만, 이러한 사실을 알지 못하는 선의의 제3자는 보호된다. 즉, 발행은행이 T/R을 내세워 선의의 제3자에게 대항할 수 없기 때문에 은행은 T/R을 취급함에 있어 신중을 기해야 한다. 따라서 이러한 대도 행위가 이루어지려면 위탁자인 은행은 수탁인 수입업자를 전적으로 신뢰하는 경우에 가능하게 된다.

화물을 인수받은 수입업자는 그 화물을 신속하게 처분하여 대금을 은행에 변제해야 하므로 그 화물을 타인에게 판매할 수 있는 자이어야 하며, 그것을 다시 다른 사람에게 담보로 제공해서는 안된다.

### ② 대금결제

물품의 수입행위에는 그 대금의 지급이 수반되는데 수입 승인시에는 외국환거래법령에 따라 수입대금 지급방법에 대해 별도의 검토를 받아야 한다.

수입대금 결제방법도 수출대금 결제방법과 마찬가지로 1992년 9월 1일 Positive System에서 Negative System으로 바뀌었다. 따라서 결제방법이 한국은행총재 또는 산업통상자원부장관의 허가사항 등 Negative List에 해당되지 않은 경우에는 별도의 신고나 허가 없이 자유롭게 거래할 수 있다.

### (5) 수입통관

외국에서 우리나라에 도착된 물품은 원칙적으로 보세구역에 반입하여 장치한 후, 세관에 수입신고 한다. 수입신고란 외국으로부터 반입되는 물품을 수입하겠다는 의사표시를 세관장에게 하는 것이며, 세관에서는 수입신고한 물품과 현품이 일치하는지의 여부와 수입과 관련하여 제반 법규정을 충족하였는지 여부를 확인한 후, 수입신고를 수리하고, 납세자는 수입물품을 인수한 후 15일 이내에 관세 등을 납부하면 된다.

#### ① 타소장치 신청 및 보세운송
**[타소장치 신청]**

거대중량이나 기타의 사유로 보세구역에 장치하기 곤란하거나 부적당한 물품, 재해 기타 부득이한 사유로 임시 저장할 물품, 검역물품, 압수물품, 우편물품 등은 선박명(항공기명)과 입항 연월일, 선화증권 번호, 품명, 수량, 가격, 포장의 종류, 기호, 번호, 개수 등을 기재한 타소장치 허가신청서를 세관장에게 제출하여 허가를 받아야 한다.

**[보세운송]**

보세운송은 통관지 세관의 변경 등을 위해 보세구역간, 개항간, 세관관서 간에 외국물품인 상태에서 허용되고 있으며, 운송 수단의 종류 및 명칭, 선화증권의 번호, 운송기간, 품명, 규격, 수량, 가격 등을 기재한 보세운송 신고서를 제출하여 세관장의 승인(신고수리)을 받아야 한다.

수출입금지품, 검역미필물품, 위험물품, 비금속설, 귀석, 반귀석 또는 귀금속, 시계, 한약재, 의약품, 향료 등과 같이 부피가 적고, 고가인 물품으로서 감시 단속이 곤란하거나 화주 미확정물품, 무환물품 등은 보세운송이 제한된다.

### (6) 수입신고

수입신고는 외국으로부터 보세구역에 반입되어 장치된 물품을 수입하겠다는 의사표시를 세관장에게 하는 것으로 수입신고를 함으로써 적용법령 및 과세 물건 그리고 납세의무자가 확정된다. 즉, 적용법령은 신고 당시의 법령이 적용되고 과세 물건 역시 수입신고시 물품의 성질과 수량에 따라 확정된다. 따라서 보세구역 장치 중 손상이나 변질된 경우에는 손상이나 변질된 상태대로 관세가 부과된다.

납세의무자는 일반적으로 송장 상의 수하인이 납세의무자가 되며, 대행의 경우에는 실화주, 수입신고수리에 보세구역 장치한 채 양도한 경우에는 양수인이 화주로서 납세의무자가 된다.

### ① 심 사

&lt;심사사항&gt;
- 수입신고시 제출서류 구비여부
- 세 번의 정확여부(세액, 세율은 면허 후 심사)
- 분석의뢰의 필요성 여부
- 사전세액 심사대상 물품인지 여부
- 기타 수입물품 통관을 위하여 필요한 사항

&lt;보완요구&gt;

심사와 관련하여 심사사항의 확인이 곤란한 경우에는 보완요구서가 발부되며, 통관이 보류되고 지정된 기간 내에 보완에 응하지 않을 경우에는 신고가 각하된다.

### ② 수입물품검사

수입물품에 대한 검사는 수입물품의 규격과 수량을 확인하고, 그 물품의 HS번호를 확인하여 세율을 결정하고, 밀수품이 수입되는 것을 막는데 그 목적이 있다.

검사 장소는 지정 장치장이나 세관검사장에서 하는 것이 원칙이나 세관장의 허가를 받아 지정보세구역 이외의 장소 즉, 타소 장치장이나 선상에서도 할 수 있다.

## (7) 관세 등 제세납부

원칙적으로 신고납부제이며 납세 신고일로부터 15일 이내에 납부하여야 한다. 다만, 수입신고 수리 허용여부의 결정이 7일 이상 소요되는 경우에는 허용여부 결정일로부터 15일 이내에 납부하여야 한다.

수입물품에는 관세, 특별소비세, 주세, 교육세, 농어촌특별세, 부가가치세 등의 제세가 부과된다.

### (8) 부두직통관 및 보세운송

수입화물의 경우, 대부분 도착된 부두에서 직접 통관되거나 보세 운송되지 못하고, 부두 밖에 소재한 CY 또는 보세 장치장으로 다시 이동된 후 통관되거나 보세 운송됨으로써 수입화물이 부두에 하역된 후, 수입신고 또는 보세운송신고를 할 수 있기까지 10~15일 이상이 소요되고 있다.

이에 따라 1992년 7월 1일 부산항, 1993년 10월 1일 인천항에서 부두 내에서 컨테이너 화물을 직접 통관하거나 보세운송 절차를 완료하도록 하여, 부두에서 직접 통관 반출하거나 화주가 희망하는 목적지로 보세 운송할 수 있는 컨테이너 화물 부두직통관제를 실시하고 있다.

부두직통관을 채택한 경우, 수입컨테이너 화물(FCL 화물)은 부두에 하역되기 전에 수입신고 또는 보세운송신고를 할 수 있도록 하여 하역 즉시 부두 내에서 세관검사, 세금납부 등 관련절차를 완료할 수 있게 하는 제도이다. 즉, 수입컨테이너 화물이 하역된 후 48시간 이내에 통관 반출되거나 제조공장으로 보세 운송할 수 있으며, 수출컨테이너 화물은 수출면허를 받은 후 바로 선박에 적재할 수 있어 수출물품이 적기에 선적될 수 있도록 하였다.[2]

### (9) 사후관리

공고 등 수입승인 대상 품목이 외화 획득용으로 수입된 경우, 대응수출 여부의 사후관리를 받는다.

#### ① 대응수출

수출입 공고 등, 승인 대상 품목을 외화 획득용으로 수입한 경우, 그것을 원료로 생산한 제품을 반드시 수출해야 하는 의무가 있다.

#### ② 수수료 등의 정산

대금결제에 개입된 은행들과 수수료 등을 정산한다.

---

2) 박규영・양의동 무역학개론 전개서

■ 수입절차

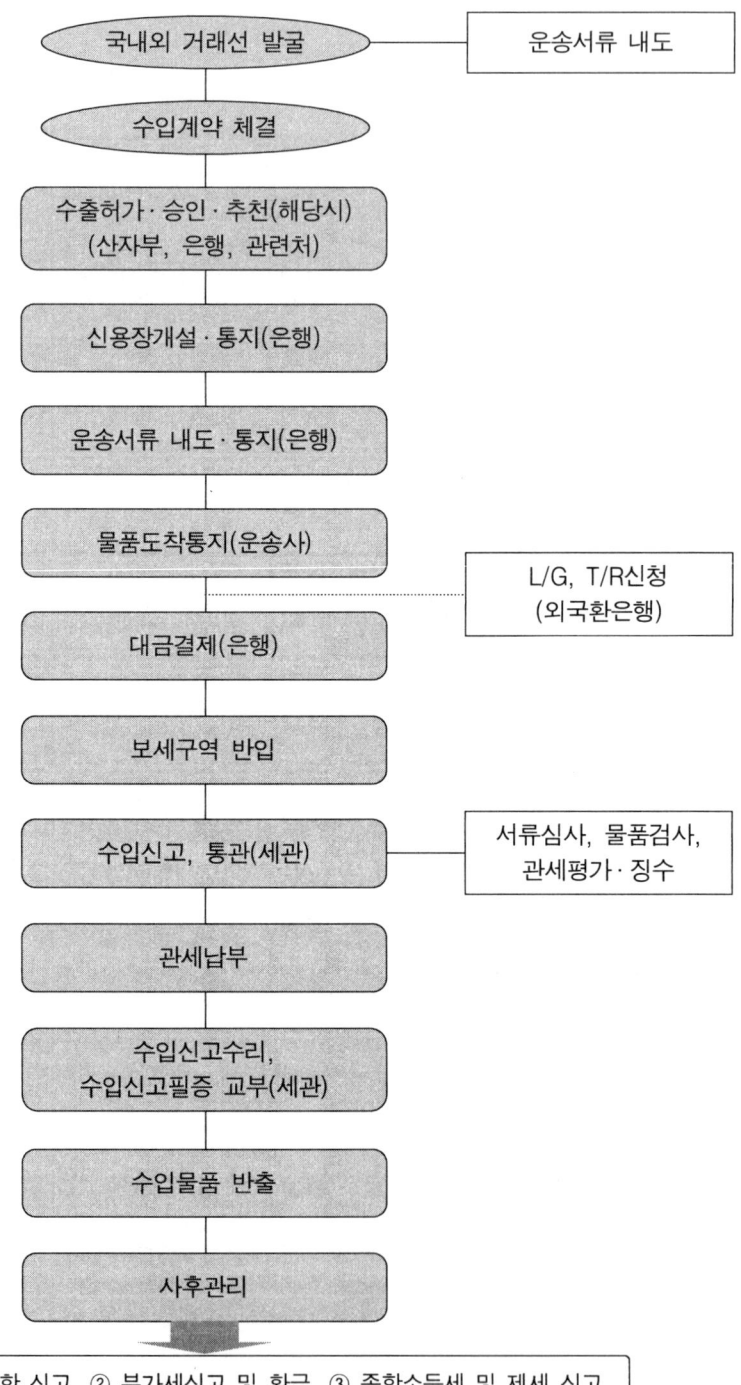

## [수출·수입의 기본절차 해설]

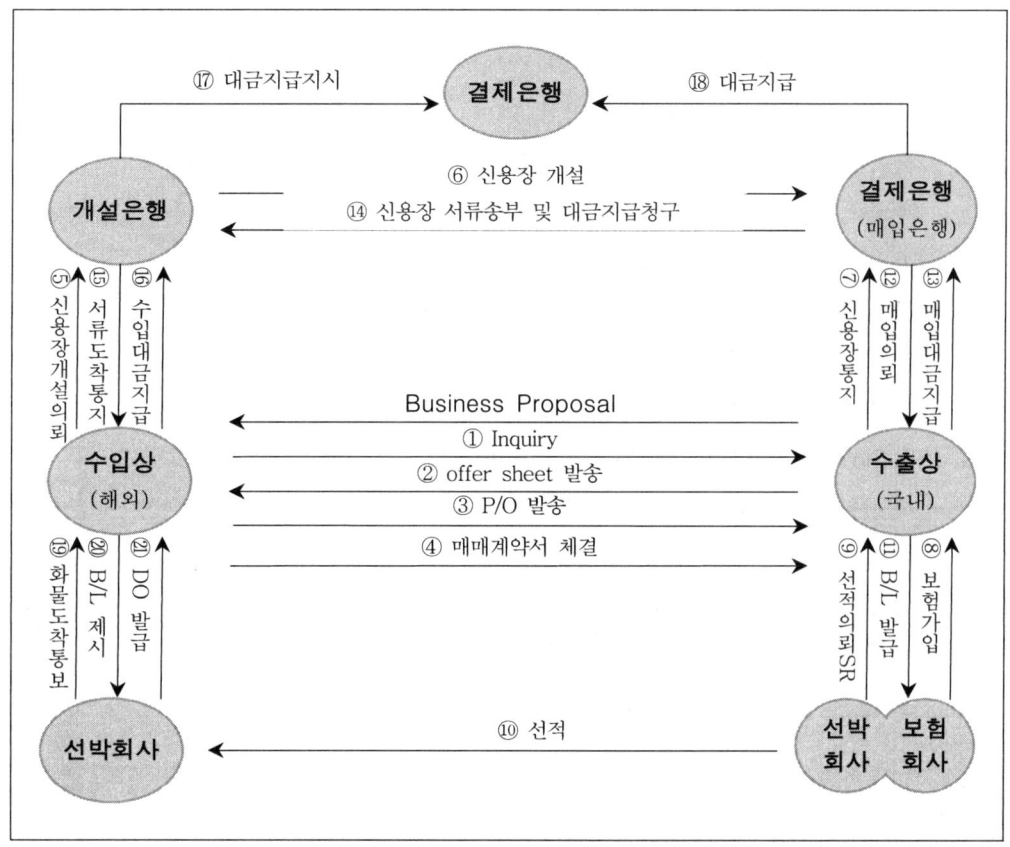

[그림 1-2] 수출입 절차의 흐름(신용장방식)

앞에서 설명한 내용을 총괄하여 신용장 결제방식에 의한 가장 기본적인 수출입절차를 설명하면 다음과 같다.

① 수출상이 해외시장조사 등을 통해서 바이어에게 회사소개서 발송 혹은 수입상이 먼저 수출상에게 제품 조회(inquiry)
② 수입상의 요청에 의하여 수출상이 청약(offter)
③ 수입상이 수출상에게 구매오더(P/O : purchase order)
④ 수입상과 수출상 간의 매매계약서 체결
⑤ 수입상이 개설은행에 신용장 개설요청

⑥ 개설은행이 신용장 개설
⑦ 통지은행이 수출상에게 신용장 통지 신용장 내도 후 수출상은 생산 시작
⑧ 수출상이 보험회사에 보험가입
⑨ 수출상이 생산완료 후 선박회사에 선적예약[S/R(Shipping Request) 발송]
⑩ 수출상의 물품통관(세관)후 선적
⑪ 선적완료 후 선박회사로부터 B/L 수취
⑫ 수출상이 자신의 거래은행(매입은행)에 신용장 네고(Nego)
⑬ 매입은행이 수출상에게 매입대금 지급
⑭ 매입은행이 개설은행으로 신용장 네고서류 발송
⑮ 개설은행이 수입상에게 서류도착 통지
⑯ 수입상이 개설은행에게 수입신용장 대금 입금
⑰ 개설은행이 결제은행에게 대금지급 지시
⑱ 결제은행이 매입은행으로 대금송금
⑲ 선박회사가 수입상에게 화물도착을 통보
⑳ 수입상이 선박회사에게 B/L을 제시
㉑ 선박회사는 수입상에게 D/O 발급

# 02 해외시장조사와 거래처 발굴

## 1. 해외시장조사의 개념

해외시장조사(overseas market research)란 무역거래자가 해외 무역상대방과 무역거래를 체결하기 위하여 의사결정에 필요한 해외시장의 정보를 체계적으로 수집·정리·분석하는 과정을 말한다. 즉, 해외시장조사는 해외의 구매 잠재력을 가진 고객을 찾아내고 기호에 맞는 상품을 개발하여 효과적인 마케팅 및 유통수단을 연구하고 분석하는 활동이라고 할 수 있다.

무역업자는 해외시장조사를 통하여 어느 지역의 시장에서 어떠한 거래처를 대상으로 어느 시기에 자신이 취급하고 있는 물품을 가장 합리적인 가격으로 판매 또는 구매할 수 있는가를 과학적으로 조사·연구·분석하여야 한다.

국가와 지역이 다르고 상관습 및 언어 등의 차이로 인하여 조사에 어려움이 따른다. 해외시장조사의 내용은 우선 목적 시장의 일반적인 환경조사를 한 다음 고객 조사, 상품 조사, 판매경로조사 등을 통하여 믿을 만한 거래처를 발굴하는 단계를 거친다. 해외시장조사를 통하여 어느 국가의 어느 고객에게 어떠한 물품을 판매할 것인가, 또는 필요한 물품을 어느 국가의 어느 공급선으로부터 구매할 것인가를 분석해야 한다.

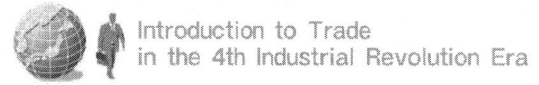

## 2. 해외시장조사의 내용과 방법

### (1) 해외시장조사의 내용

해외시장조사는 거래대상국가의 일반환경조사, 고객조사, 상품조사, 판매경로조사 및 판매조사 등을 구체적으로 실시한 후 전망 있는 거래처를 발굴하는 단계를 거치게 된다.

#### ① 거래대상국의 일반환경조사
- 정치적 환경 : 정치체계, 정치적 안정도 및 정치적인 위험 여부
- 경제적 환경 : 전반적인 경제사정, 경제안정도, 국민소득, 국제수지, 경제성장률, 주요 자원, 노동 및 고용사정, 임금, 물가, 조세체계, 금융기관 및 산업구조
- 사회적 환경 : 인구, 인구증가율, 면적, 기후, 인종, 종교, 문화, 통신, 교통, 언어, 교육수준 및 법률제도
- 무역환경 : 품목별·지역별 수출입규모, 수출입장벽, 외환관리, 대금결제조건, 관세율, 환율, 특허, 항만 및 공항사정, 운송수단, 상관습

#### ② 고객조사

해당 물품을 직접적으로 수출할 수 있는 거래처와 실제 최종 수요자 모두를 포함하는 개념이다. 고객조사와 관련하여 다음과 같은 사항들을 조사한다.

- 고객층 : 소비자 또는 사용자의 지역적 분포, 소득분포, 계급별 분포 및 구매능력
- 고객의 기호 및 이미지 : 기호, 취향 및 품질·상표·생산자 등의 이미지

#### ③ 상품조사

상품조사는 취급품에 대한 전반적인 조사가 이루어져야 하며 다음과 같은 사항들을 조사한다.

- **상품수요** : 수요품목, 품질, 규격, 현재의 수요량, 장래의 수요량, 계절적 수요 및 현지에서의 국산품의 수요량
- **상품공급** : 주요 공급처, 공급처의 상호, 계절적 상품의 특별공급 가능성 및 현지에서의 국산품의 현황
- **상품환경** : 경쟁상품, 대체상품 및 유사상품의 현황
- **가격** : 수입품과 현지 국산품의 가격
- **지식재산권 등** : 해당상품에 대한 특허권, 상표권, 공업소유권 등의 저축 여부

### ④ 판매경로조사

고객이 수입한 물품이 어떠한 경로를 통하여 판매되고 소비자 및 사용자에게 전달되는지를 조사하는 것으로 다음과 같은 사항들을 조사한다.

- **유통과정** : 수입상, 판매점, 특약점, 백화점, 체인스토어, 도매상, 소매상 등의 가구와 유통경로
- **서비스** : 판매 전에 행해지는 사전서비스 및 사후서비스

### ⑤ 판매조사

판매조사는 상품계획과 효과적인 판매정책을 어떻게 수립할 것인지를 조사하는 것으로 다음과 같은 사항들을 조사한다.

- **상품계획** : 수출물품의 품목, 품질, 디자인, 상표, 특허, 포장 및 운송 등에 대한 선택
- **판매정책** : 판매계획과 예측, 견본, 카탈로그, 안내서 제공 등 판매촉진, 광고 전시 전략

〈표 2-1〉· 해외시장조사의 내용

| 조사항목 | 조사내용 |
|---|---|
| 거래대상<br>국가 | • 정치적 환경 : 정치체계, 정치적 안정, 정치적 위험 등<br>• 경제적 환경 : 국민소득, 임금, 물가, 노동력, 국민소득, 국제수지, 경제성장률, 산업구조 등<br>• 사회적 환경 : 인구, 기후, 종교, 문화, 교육수준<br>• 무역 환경 : 품목별 · 지역별 수출입규모, 외환관리, 대금결제 조건, 관세율, 환율, 상관습 등 |
| 고 객 | • 고객층 : 소비자의 지역적 분포, 소득분포, 구매능력 등<br>• 고객기호 및 이미지 : 기호, 취향 및 품질 · 상표 · 생산자 등의 이미지 |
| 상 품 | • 상품수요 : 수요품목, 품질, 규격, 수요량, 미래수요, 경쟁품, 대체품 및 유사품의 현황<br>• 상품공급 : 주요 공급처, 공급처의 상호, 계절적 특별공급 가능성, 현지의 국산품 공급량<br>• 상품환경 : 경쟁품, 대체품 및 유사품의 현황<br>• 가격 : 수입품과 현지국산품의 가격 등<br>• 지식재산권 등 : 특허권, 상표권, 공업소유권 등의 저촉 여부 |
| 판매경로<br>및 판매 | • 유통 및 서비스 : 수입상, 판매점, 특약점, 백화점, 체인스토어, 도매상, 소매상 등의 유통경로, 사전 및 사후서비스 등<br>• 상품계획 : 품목, 품질, 디자인, 상표, 특허, 포장, 운송방법<br>• 판매정책 : 판매촉진(견본, 카달로그, 안내서 제공 등), 광고, 전시 등 |

## (2) 해외시장조사 방법

### ① 무역통계자료를 이용한 조사

해외시장조사를 하는데 가장 편리하고 경제적인 방법은 문헌 또는 인터넷을 통하여 각종 경제 및 무역통계자료를 이용한 조사방법이다. 목적시장에 대한 세부적인 무역통계자료는 해당 국가의 통계청 등의 자료를 이용할 수 있다.

[대표적인 무역통계자료를 수집할 수 있는 사이트]

① 유엔의 국제통계연보(http://comtrade.un.org), ② 국제통화기금(IMF)의 무역재무통계온라인(http://www.imfstatistics.org/imf), 세계무역기구(WTO)의 국제무역통계(http://wto.org), 한국무역협회의 무역통계(http://kita.net), 한국관세

청의 무역통계(http://www.customs.go.kr) 등이다.

### ② 무역유관기관을 통한 조사

대한무역투자진흥공사(Korea Trade and Investment Promotion Agency : KOTRA), 한국무역협회(Korea International Trade Association : KITA) 및 대한상공회의소(Korea Chamber of Commerce and Industry : KCCI) 등을 통하여 조사할 수 있다. 대한무역투자진흥공사는 한국의 무역진흥을 위하여 전액 정부 출자로 설립된 특수법인으로 무역동향에 대한 해외시장조사, 무역관련 각종 자료의 간행, 한국무역의 홍보, 무역상품 전시업무 등을 담당하고 있다. 현재 해외 각국에 무역관이 설치되어 있어 신속한 무역정보수집기능을 수행하고 있으며, 국내 무역기업으로부터 조사를 의뢰받아 해외대한무역투자진흥공사의 네트워크를 통하여 정보서비스를 제공하고 있다.

### ③ 자체 현지조사

수출업체 단독으로 현지 출장조사를 할 수 있고 수출입조합이나 경제단체의 해외시장 조사단에 참가하여 조사를 할 수도 있다. 현지 우리나라의 공관, 대한무역투자진흥공사의 현지 무역관 또는 현지의 상업회의소를 방문하여 일반적인 시장현황을 청취하고 최대한의 협조를 구할 수 있다. 구체적인 자료수집을 위하여 현지에 진출한 동업자와 면담하여 정보를 획득하고 백화점 및 유통체인 등을 방문하여 해당 품목에 관련된 시향, 유통구조, 소비자패턴, 가격 등의 정보를 얻을 수 있다.

## 3. 거래선 발굴

시장조사를 통하여 목적시장이 결정되면 믿을만한 거래선을 발굴해야 한다. 거래선 발굴이란 목적시장에서의 잠재적인 판매 또는 구매 가능성을 보유하고 있는 고객이나 유망한 거래선을 선정하는 것을 말한다. 거래처를 발굴하는 방법에는 다음과 같은 것들이 있다.

## (1) 거래알선사이트 이용

전자거래 알선사이트(Electronic Tradeing Opportunities : ETOs)에서는 인콰이어리(inquiry), 상품카달로그 및 기업 디렉토리 정보 등을 등록할 수 있으며 오퍼 형태별, 품목별 및 업체명 등 다양한 형태로 검색할 수 있다. 한국무역협회(www.ec21.net), 중소기업청(www.smba.go.ke), 대한상공회의소, 대한무역투자진흥공사(www.kobo.net) 등이 운영하고 있는 사이트들을 활용할 수 있다.

〈표 2-2〉· 주요 거래알선 사이트 및 서비스 내용

| 알선사이트 | 서비스 내용 |
| --- | --- |
| World Trade Point Federation (http://www.wtpfed.org) | 155개국의 1만개 무역관련 기관과 연결되는 세계 최대의 거래알선사이트 |
| World's Top 100 Free Trade Lead Site (http://www.5five.tv/tradeleads.htm) | 전 세계 거래알선사이트가 1위에서 100위까지 순서별로 링크되고 무료이용가능 |
| Kompass Directory (http://www.kompass.com) | 세계 최대의 기업정보 디렉토리로 품목별로 수출, 수입, 유통, 제조업체 검색가능하며 약 160만개 업체들이 수록됨. |
| World Trade Center Association Online (http://iserve.wtca.org) | 전 세계 100여개국 300개의 무역센터가 모인 세계무역센터 온라인 시스템으로 전자카달로그, 오퍼정보 등을 제공 |
| Yellow Pages Directory on the Web (http://www.infobel.com) | 전 세계 170여국의 비즈니스 디렉토리, e-mail주소, fax 리스트 등의 링크서비스 |
| 한국무역협회 (http://www.kita.net, www.kita.org) | 무역협회 회원사에 대한 정보제공, 품목별, 회사명, HS번호 등으로 검색가능 |
| EC21(http://ec21.com) | 전자거래알선 전문사이트로 오퍼정보 검색 및 등록, 전자카달로그 정보 제공 |
| Asian Sources Online (http://www.globalsources.com) | 전자카달로그가 포함된 상품별, 공급자별, 국가별 생산업체 검색서비스 제공 |
| Alibaba(중국) (http://alibaba.com) | 중국에서 운영하는 ETO사이트로 수출입 오퍼정보, 카달로그 정보 등을 제공 |
| tradeKorea.com (http://www.tradeKorea.com) | 한국무역협회에서 운영하는 것으로 이마켓플레이스(e-market place)를 제공 |
| BUYKOREA (http://www.buykorea.org) | KOTRA에서 운영하는 것으로 한국 수출자와 1:1 온라인 상담이 가능하도록 지원 |
| GobizKorea (http://www.gobizkorea.com) | 중소기업진흥공단이 국내 중소기업제품의 해외 판로확보 및 홍보지원 |

| Alibaba(http://www.alibaba.com) | 중국 알리바바사가 온라인 기업간 마켓플레이스를 제공 |
|---|---|
| Tradeky (http://www.tradeky.com) | 온라인 글로벌 무역을 용이하게 하기 위해 설립된 세계굴지의 마켓플레이스 |
| EUROPAGES (http://www.europages.com) | 유럽바이어와 공급자 특약점 및 수출자를 위한 온라인상공인명부 |

### (2) 상공인명부의 이용

거래처 발굴을 위해 가장 쉬운 방법은 상공인명부(Business Directory)를 이용하는 방법이다. 상공인명부에는 품목별, 업종별 업체명, 주소, 전화번호, 전자우편(e-mail) 주소 및 팩스(fax) 번호 등이 명시되고 수출입지역과 함께 영업실적 등이 포함되기도 한다. 이 가운데 잠정적인 거래처를 선정하여 카탈로그와 함께 권유장(circular letter)을 발송한다.

상공인명부는 대한무역투자진흥공사나 한국무역협회 또는 대한상공회의소 등을 통하여 확보할 수 있으며, 다음과 같은 웹 사이트를 통하여 유수한 상공인명부를 찾아낼 수 있다.

① Kellysearch, co, uk, http://www.kellysearch.co.uk

② Dun & Bradstreet, http://www.dnb.com/us

③ Thomas Register, http://www.thomasnet.com

④ Standard Trade Index of Japan, http://www.cin.or.jp/trade

⑤ World Business Bridege Serving America, Asia, Africa, Oceania and Europe, http://www.aaaoe.com

⑥ Directory for International Trade, http://www.importers-exporters.com

⑦ World Trade Point Federation, http://www.tradepoint.org

⑧ Trade Lead Zone, http://www.tradezon.com

⑨ Wyzen Trade Network, http://wyzen.com/tradeportals

⑩ Kapitol, http://www.infobel.com/en/world/index.aspx

### (3) 국내외 무역유관기관 이용

국내에서 활용할 수 있는 무역유관기관은 대한무역투자진흥공사, 한국무역협회, 대한상공회의소 등이고, 해외의 무역유관기관은 현지국에 있는 대한무역투자진흥공사의 공관, 현지국가의 상업회의소 등이다.

대한무역투자진흥공사는 무역동향에 대한 해외시장조사, 무역 관련 각종 자료의 간행, 한국무역의 홍보, 상품전시회업무 등을 담당하고 있다. 또한, 세계적인 조직망을 가지고 있어 시장조사의 신뢰도가 높은 편이기 때문에 거래처별, 품목별 시장정보를 유료위탁에 의한 방법으로 조사를 의뢰할 수 있다.

### (4) 주안 외국공관 이용

한국에 주재하고 있는 외국공관의 상무관실이나 자료실에 비치된 자료를 통하거나 또는 외국 상무관이나 대사와의 상담을 통하여 해당국의 시장정보와 거래처 관련 정보를 얻을 수 있다.

### (5) 해외 홍보매체 이용

해외 거래처를 발굴하기 위한 기초단계로 해외 홍보용 카탈로그를 제작하여 예상 거래처에 배포할 수 있다. 또한 국내의 해외 홍보매체 등에 자사물품을 홍보하거나 인터넷을 통하여 거래처를 물색할 수도 있다. 아울러 인터넷의 온라인상에서 전자카탈로그를 제작하여 홍보할 수도 있다. 카탈로그나 홈페이지는 전문가를 활용하여 영문 또는 대상국가의 언어로 제작하도록 한다. 홍보물의 내용은 회사 또는 대표자의 홍보보다는 관련 상품의 품질, 가격, 경쟁력 등 상품의 차별성이 부각되도록 하여야 한다.

홍보물 배포시에는 지역별 상공인명부에 의거하여 물색된 예정거래처, 주한 외국공관의 바이어 안내, 기타 대한무역투자진흥공사, 한국무역협회 등 수출유관의 거래알선 및 안내 등을 활용하여 배포하는 것이 효과적이다.

### (6) 국제전시회 참가

무역관련 기관에서 주관하여 파견하는 각종 투자 및 무역사절단, 박람회 및 전시회에 참여하여 거래처를 직접 물색할 수 있다. 특히 한국무역협회에서 총괄하여 파견하는 해외투자 및 무역사절단과 대한무역투자진흥공사에서 총괄하여 참가하는 해외박람회 및 전시회, 그리고 지방자치단체에서 지원하는 전시회를 활용할 수 있다.

### (7) 해외광고

해외홍보용 카탈로그를 제작하여 예상 거래선에 배포하거나, 국내의 해외홍보매체 등에 자사상품을 홍보하여 거래선을 물색할 수 있다. 홍보물을 배포할 경우에는 경제적인 비용대비 홍보효과를 극대화시키기 위해 카탈로그 배포처를 선정하는 것이 중요하다. 카탈로그 배포처는 지역별 상공인명부를 통해 물색된 예정 거래선, 주한 외국공관의 바이어 안내, 기타 대한무역투자진흥공사, 한국무역협회 등 무역유관기관의 거래알선 및 안내 등을 활용하여 선정하여 배포하는 것이 효과적이다.

## 4. 거래제의

신용조사를 거쳐 거래처가 선정되면 거래를 위해 거래제의서(circular letter; letter of business proposal)을 발송하게 된다. 거래제의서는 자신의 회사를 소개하는 첫 서신이므로 정중하게 작성하여 상대방으로 하여금 거래를 결심하도록 하여야 할 것이다. 거래제의를 할 때에는 상대방을 알게 된 경위와 거래제의 상사의 영업규모, 상태, 취급상품 및 업계에서의 위치, 대금결제조건, 거래제의 상사의 신용조회처 등을 포함하여야 한다.

### (1) 거래제의서 작성방법

① 상대방을 알게 된 경위
② 거래제의 상사의 업종, 취급상품, 거래국가 등
③ 거래제의 상사의 자국 내에서의 지위, 경험, 생산규모 등
④ 거래조건(특히, 결제 및 가격조건 등)
⑤ 신용 조회처(주로 거래은행명 및 주소)
⑥ 정중한 결문

<거래제의서 작성시 유의점>

- 간단명료한 문장으로 작성
- 해당 시장을 상대회사를 통하여 개척하고자 함을 강조
- 과장된 회사 소개는 피함
- 상대의 신뢰를 확보하기 위해 구체적 Data 사용(생산량, 연간 매출액 등)
- 거래시 상대방 이익이 될 수 있는 점 강조(품질의 우수성, 경쟁적인 가격 등)
- 오퍼나 견본은 상대방이 관심을 표명할 때 즉시 송부

### (2) 거래제의서 송부

일반적으로 서신으로 하지만, E-mail, Fax 등을 이용할 수도 있다. 거래제의시 한 지역에 시차를 두고 2~3개 회사로 국한하여 보내는 것이 좋다.

■ 거래제의 예문

---

Onmillion Industrial Ltd.

Rm 3503-4 Singga Comm. Centre, 144-151 Connaught Rd. W., Hong Kong Tel: 547-3100
　　　　Telex:80291 ONMI HX　　Cable Address: 0373　　Fax: 8582585

```
                          TELEFAX
TO   : Nam hae Chemical Corp     DATE    : Auguest 7, 1993
ATTN : Sales Manager             REF     :
FM   : Angela Wong               UR FAX  : (02)272-6679
PG   : 1 of 1 PG(S)              OUR FAX : 8582585
```

Dear Sirs,

We are an international trading company in Hong Kong and engaging the business of chemicals, minerals and construction materials. Moreover, We have many clients throughout the world.

Now, We would like to purchase the following product:
- Product       : Amminium Sulphate
- Specification : N-21 % min. Moisture-0.5 % max.
- Quantity      : 3,000MT
- Price         : CNF Bintulu, Malatsia
- Delivery      : September, 93

Please give us a best offer, full specifications, packing and loading port.

On the other hand, We would like to take this opportunity introducing our products for you, We have a plant to produce phosphate product in Guizhou, China where is very near the Phosphate mine.

Moreover, the quality of our products are very stabe so that we have of our products. Should you have any interest, please inform us your requirements immediately.

We are looking forward to hearing from you soon.

Yours faithfully

Angela Wong (Ms.)

# 5. 거래조회

거래조회(business inquiry 또는 trade inquiry)는 거래제의를 받은 당사자가 그 거래제의에 대한 관심이나 물품을 구매할 의사가 있을 때, 거래를 제안한 당사자에게 물품의 가격, 품질, 수량, 선적 등의 거래조건에 대해 문의하는 것을 말한다.

거래조회는 상대방의 권유장에 대하여 거래 상담에 관심을 표명하는 것으로 가격조건, 결제조건, 선적조건, 포장조건 등을 요구하는 내용이 된다. 아울러 카탈로그 및 견본 등을 요청하거나 청약(offer)을 요청하는 내용도 포함되는 경우가 많다.

### (1) 거래조회에 대한 회신

거래조회를 받은 당사자는 거래조회를 하는 당사자가 향후 거래관계를 체결할 가능성이 있는 당사자이기 때문에 청약서를 작성하기 전에 조회사항에 대하여 신속하게 회신하는 것이 바람직하다. 상대방으로부터 거래조회를 받으면, 그 내용을 검토하여 회신하거나 시간이 요구되는 사항에 대해서는 언제까지 조취해 주겠다는 내용을 성실하게 통보한다.

## 6. 신용조회

### (1) 신용조회 개념

신용조회(credit inquiry)는 신용을 공급받는 자의 지급능력과 선의, 지급 불능시 지급을 강제할 수 있는 자산의 보유 등을 사전에 조사하여 대금지급의 확실성을 파악하는 것을 말한다. 현금이나 신용장 방식의 거래가 감소되고 점점 연불거래 또는 무신용장방식의 거래가 증가하고 있는 상황을 고려할 때 거래 상대방의 신용조사에 대한 중요성을 더욱 커지고 있다.

### (2) 신용조회의 내용

#### ① 성격(Character)

계약 내용대로 수출업자가 적시에 물품을 송부하고 수입업자가 대금결제를 성실히 이행해 주는지에 대한 기업의 성격적인 요인은 기업의 규모나 재정 상태와 더불어 중요한 역할을 한다.

성격에 관한 업체의 개성(personality), 성실설(integrity), 정직성(honesty), 영업태도(attitude toward business), 평판(reputation), 의무이행열의(willingness to meet obligation) 등에 대한 내용을 조사한다.

### ② 자본(Capital)

아무리 성실하고 신용이 보장된다고 하더라도 회사의 재무상태가 건실하지 않으면 거래에 문제가 발생할 수 있으므로 재무제표 등을 근거로 재무상태(financial status), 자기자본과 타인자본의 비율, 자본금의 규모, 재무구조의 건전성 등을 조사하여야 한다.

### ③ 거래능력(Capacity)

회사의 거래능력으로 연간매출액(annual sales turnover), 영업형태, 영업능력 등에 대하여 평가한다. 이 외에도 조건(condition)에 대한 조회도 필요하다.
즉, 정치적·경제적 조건으로 상대국에 대한 수입·외환에 대한 규제는 어떠한지, 통관절차, 항만운송시설 등에 대한 주의점 등을 조사할 필요가 있다.

## (3) 신용조회처

### ① 은행조회(Bank Reference)

은행조회는 해당 업체의 거래은행에 신용조회를 의뢰하여 신용조사를 하는 방법으로 일반적으로 많이 이용된다. 해외 거래처의 신용조사를 하는 경우, 수출입은행이나 신용보증기금을 이용할 수도 있다.

### ② 동업자 조회(Trade Reference)

동업자조회는 거래를 하려는 상대방과 동종의 사업에 종사하는 업체에 의뢰하여 신용조사를 하는 방법이다.

### ③ 해외지사, 출장소, 판매대리점의 보고

무역업자의 해외지사나, 출장소 및 판매대리점 등을 통하여 원하는 상대 기업의 신용을 조사할 수 있다.

### ④ 신용조사기관(Credit Agency) 활용

은행 조회 및 동업자조회의 경우 신용조사의 전문성이 부족하여 구체적인 정보를 얻기 어려운 경우가 많다. 이에 따라 세계적인 상업흥신소를 통하여 해외 거래선의 신용조사를 할 경우 보다 상세한 신용상태를 알 수 있다. 상업신흥소는 신용조사를 본업으로 하고 있는 업체로 세계 주요 도시에 지소 혹은 통신원을 두고 요청된 기업에 대한 신용조사를 하여 고객의 의뢰에 부응해 주고 있다. 국제적인 상업신흥소로는 미국의 Dun and Bradestreet Incorporated, 영국의 Bradstreet British Ltd., 독일의 Auskunft W.Schimmelpfung, 일본의 Tokyo Mercantile Agency 등이 있다. 한편, 우리나라의 신용조사 전문기관으로는 대한무역투자진흥공사, 한국무역보험공사, 신용보증기금 등이 있다.

<신용조회 방법>

| 조사경로 | 조회 방법 |
|---|---|
| 은행조회 | 해당업체의 거래은행을 통한 조회(bank reference) |
| 동업자조회 | 상대국의 거래선을 통한 조회(trade reference) |
| 해외지사 | 기업의 해외지사 등을 통한 조회 |
| 상업흥신소 | D&B Korea(2122-2512)<br>ABC Korea(725-0611/2) |
| 국내 신용조사 전문기관 | KOTRA(3460-7383), 한국신용정보(3475-5703/4)<br>한국무역보험공사(399-6254), 신용보증기금(710-4322)<br>한미신용정보(www.hanmici.com) |

## 7. Inquiry의 배부

Inquiry의 예문(Inquiry for Cotton Goods)과 그의 대한 답신(Response to Inquiry)의 예문은 다음과 같다.

## ■ Inquiry 예문(Inquiry for Cotton Goods)

**DANIAL CO., LTD**

50 Liberty street. New York,

N. Y. 10005, U.S.A

LeeJu Trading Company　　　　　　　　　　　　New York, March. 10, 20××

C.P.O. Box 3123

INCHEON, Korea

Gentlemen:

Having heard from the Korea Trade Promotion Corporation in New York that your company is a leading firm specializing in cotton goods, we wish to make a purchase of men's cotton shirts from you.

We would appreciate receiving your lowest CIF New York with earliest delivery schedule.

We would also like to have two samples with color swatches by air mail.

If your goods are satisfactory in quality and delivery, we will place an order of 500 dozen on a trial basis and can make repeat orders with you in the near future.

We look forward to your early reply.

yours very truly,

DANIAL CO., INC.

Robert Adams

Vice president

주) ① Korea Trade Promotion Corporation(KOTRA) : 대한무역진흥공사 ② color swatches : 색상별 조각 ③ place an order : 주문하다 ④ look forward to await : 고대하다

※ 손태빈, 무역영어, 두남, 2000, p. 68 응용

## ■ Inquiry 답신 예문(Response to Inquiry)

**LEE JU TRADING COMPANY**
C.P.O. Box 3123, INCHEON, Korea

20××     March. 25,

Danial Co., Inc.
New York, U.S.A.

Dear Mr. Adams,

Thank you very much for letter of Nov. 10 along with your purchasing proposal.

According to your request, we have already dispatched the samples and color swatches by speed post.

From the enclosed price list you will find that our prices are exceptionally low and this sacrifice is entirely due to our recognition of the necessity for price cutting in order to develop our sales in your market.

Since the market is now slow and prices are generally low, you are very fortunate buying at this time. European buyers, however, seem to be pocking up in activity. Therefore, we advise you to buy the goods before the recovery Consequently, we can not keep the prices effective more than two weeks from the date of this letter and we wish to receive your order by return mail.

We hope that this will meet with your immediate approval.

Sincerely yours,
Lee Ju TRADING COMPANY
Director, Trading Department

Enclosure : Price List

## 8. 청약(Offer)

### (1) 청약의 의의

청약이란 승낙(acceptance)과 결합하여 계약을 성립시키려는 일방적인 의사표시로서 매매 당사자인 어느 한편이 상대방에게 어떤 물품을 일정한 조건으로 사거나 팔겠다는 의사표시를 말한다. 청약은 원칙적으로 일정한 형식을 필요로 하지 않으나 보통 서신이나 전보 또는 텔렉스, 일정한 서식을 갖춘 청약서(offer sheet)가 사용된다.

- 청약자의 피청약자와 일정한 조건으로 계약체결 의사표시
- 효력발생과 소멸 : 발신주의와 도달주의
- 청약의 종류
    - 발행주체 : selling offer, buying offer
    - 확정성 : 확정 오퍼(firm offer), 불확정 오퍼(free offer), Counter Offer

offer의 예문은 다음 페이지에 제시된 것과 같다.

## ■ Firm Offer(예)

**LEE JU TRADING COMPANY**
C.P.O. Box 3123, INCHEON, Korea

Messrs. Danial Co., Inc                   INCHEON, Dec. 7, 20××
50 Liberty St.,
New York, 1005, U.S.A.

Gentlemen:

We appreciate your inquiry of Nov 10. We just cabled the following offer to you :

   Item : ladies' Cotten Stockings
   Quality : Our Sample No. 119, black color, assorted sizes
   Quantity : 3,000 doz.
   Price : USD3.50 per doz. FOB New York
   Shipment : March/April
   Payment : Draft at 90 days after sight under Confirmed Credit

We recognize the urgency of your order, but since all the mills are working to capacity, we would like to inform you that our prices are the mist favorable and the delivery will be the earliest possible.

We trust you will accept this offer without delay.

Yours very truly,
Lee Ju TRADING COMPANY

M. D. KIM
Director, Trading Department

## (2) 오퍼서식 및 작성

- Offer의 양식 : 거래대상물품, 거래방식 등에 따라 다양한 형태가 있다.
- 기재사항 : 거래 특성에 따라 다양한 사항을 기재
- 가장 일반적으로 많이 사용하는 오퍼 서식을 중심으로 중요 내용을 정리하면 다음과 같다.

■ 오퍼 서식(예)

---

### OFFER SHEET

We are pleased to offer the under-mentioned article(s) as per conditions and details described as follows:

Origin : Republic of Korea

Packing : Exoprt standard carton packing

Shipment : Within 1 month after receipt of L/C

Shipping port : Seoul, Korea

Inspection : Our government inspection to be final

Destination : European main seaports

Payment : By irrevocalbe L/C in our favor

Validity : Until end of September, 2022

Remarks : Subject to our final confirmation

Looking forward to your valued order for the above offer, we are.

Yours faithfully,

Manner Kim
President
KoreanSource co., Ltd.

### ① 품명(Commodity)

비슷한 종류가 여러 가지 있는 상품이나 상품명이 유사한 것은 혼동을 일으키지 않도록 분명하게 기재

    예) 만년필의 경우 단순한 Pen이라 기재하는 것보다 Fountain Pen으로 표시하여 Ball Pen과 구별한다.

### ② 규격(Grade or Specification)

동일 품목이라도 그 품질과 규격에 따라 가격의 차이가 발생

    예) 금(GOLD) : 24K와 14K, TV, 냉장고와 같은 전자제품 상호 규격 차이 많음
        (분쟁발생 방지를 위해 정확한 규격표시 필요)

### ③ 원산지(Origin)

상품에 생산 원산지 표시

    예) Wine : Spain산과 France산, 농수산물(중국산), 소고기(호주 및 미국산)
        ※특히, 1차 산품의 Offer에서는 원산지의 표시가 매우 중요

### ④ 유효기간(Validity)

모든 offer에는 유효기간(reasonable period of time) 명시

- 국제상품의 시세는 수시로 변화
- 특히, 국제시세의 변동이 심한 원면, 원맥 등 1차산품의 Offer는 대개 1주일 이내의 유효기간을 주는 것이 상례

### ⑤ 선적일(Shipping Date, Delivery Date)

적기판매와 보관료를 줄이기 위해 선적기일(not earlier than, not later than) 요구

    예) 특히 계절상품은 적기에 선적하지 못하면 치명적인 손해 발생

### ⑥ 포장방법(Packing Method)

포장재의 종류, 방법, 포장 단위 등을 표시
- 항공운송 상품 : Carton Box에 포장
- 선박운송 상품 : Wooden Case에 포장
- "Standard Seaworthy Export Packing" : 방수재료로 포장한 상품을 나무상자에 넣고 철대로 묶는다.

### ⑦ 수량(Quantity)

수량의 기준은 개수(piece), 무게(weight), 길이(length), 용적(measurement)등이 다양하며 이들의 단위도 각각 상이하므로 그 수량의 단위사용에 주의

### ⑧ 대금결제방법(Payment Condition)

- 신용장에 의한 결제방법 : at sight방식과 usance방식
- 추심결제에 의한 방식 : D/A, D/P 방식

〈표 2-3〉· 회사직위 영문표현

| 직위(직책) | 영어식 표현 | 직위(직책) | 영어식 표현 |
|---|---|---|---|
| 회 장 | Chairman | 경리(회계) | Finance(Accounting) |
| 사 장 | President | 총무부장 | Manager, General Affairs Dpet |
| 대표이사 | Representative Director | 인사부장 | Personnel Manager |
| 부 사 장 | Vice President | 영업부장 | Sales Manager |
| 전무이사 | (Senior)Managing Director | 공 장 장 | Plant Manager |
| 상무이사 | Managing Director | 지 점 장 | Branch Manager |
| 이 사 | Director | 차 장 | Sub - Manager |
| 감 사 | Auditor | 과 장 | Section Chief |
| 부 장 | Manager | 대 리 | Deputy Manager |
| 수출부장 | Export(Department)Manager | 부 | Department(Dpet.) |
| 수입부장 | Import Manager | 과 | Section |

### (3) 청약의 유인

상대방에게 청약을 하게끔 하려는 의사의 표시이다. 그러나 상대방이 청약의 유인에 따라 청약의 의사표시를 하여도 그것만으로 청약이 바로 성립하는 것은 아니고, 청약을 유인한 자가 다시 승낙을 함으로써 비로소 계약이 성립된다. 따라서 청약을 유인한자는 상대방의 의사표시에 대하여 낙부(諾否)를 결정할 자유를 가진다. 이와 같이 청약과 청약의 유인과는 이론상 다르지만, 실제상 양자를 구별한다는 것은 곤란한 경우가 있다. 대가라고 하는 표시, 상품목록의 배부, 정찰부 상품(正札附商品)의 진례, 「셋집구함」의 신문광고 등의 경우가 그 예이다. 그 구별의 표준은 대체로 그 행위가 계약의 내용을 지시하고 있느냐, 계약의 당사자가 누구라도 상관이 없는 성질의 것이냐, 거래의 관습은 어떤가. 등이다.

## 9. 승낙(Acceptance)

### (1) 승낙이란

승낙이란 상대방의 확정 청약에 대한 동의의 확정적인 의사표시로서 승낙에 의하여 계약이 성립된다. 승낙은 원칙적으로 청약의 모든 내용과 일치하여야 하며 새로운 내용의 추가나 제한 또는 기타의 변경에 의한 승낙은 청약에 대한 거절이며, 새로운 청약(new offer, counter offer)으로 간주된다.

### (2) 승낙 요건

① 승낙은 약정된 기간 또는 합리적 기간 내에 이루어져야 한다.
② 청약이 특정인 앞으로 되었다면 승낙도 그 사람에 의해서만 할 수 있다.
③ 승낙은 절대적으로 무조건적이어야 한다.
④ 피청약자가 청약자에게 승낙을 전달하여야 한다.

### (3) 승낙 방법

승낙에 대해 어떤 방법과 어떤 수단으로 할 것인가를 청약서상에 미리 지정(FAX, 우편, 전화, 전보, 텔렉스 등)하였을 경우, 그 지정된 방법에 의하여야 한다. 하지만, 청약의 승낙 방법에 대해 어떠한 지정이 되어 있지 않았을 경우, 합리적인 방법과 수단에 의해 승낙을 하면 된다.

## (4) 승낙통지의 효력발생 시기

승낙은 청약과 함께 계약 성립이라는 하나의 법률행위를 발생시키는 구성요소이며, 승낙에 의하여 계약이 성립한다. 청약에 대한 동의를 표시하는 피청약자의 진술이나 기타 행위는 승낙이 될 수 없다.

효력발생은 발신주의, 도달주의 그리고 요지주의가 있으나 일반적 원칙은 도달주의이다. 그러나 우편이나 전보와 같은 격지자간의 의사표시에서는 한국민법과 영미법의 경우, 예외적으로 발신주의를 적용하고 있다. 비엔나협약과 독일법에서는 대화자간(대화, 전화, 텔렉스), 격지자간(우편, 전보) 모두 도달주의를 적용하고 있다.

〈표 2-4〉· 승낙통지의 효력발생 시기

| 통신수단 | | 준거법 | 한국법 | 영미법 | 일본법 | 독일법 | 비엔나협약 |
|---|---|---|---|---|---|---|---|
| 의사표시에 관한 일반법칙 | | | 도달주의 | 도달주의 | 도달주의 | 도달주의 | 도달주의 |
| 승낙에 대한 의사표시 | 대화자간 | 대 화 | 도달주의 | 도달주의 | 도달주의 | 도달주의 | 도달주의 |
| | | 전 화 | 〃 | 〃 | 〃 | 〃 | 〃 |
| | | 텔렉스 | 〃 | 〃 | 〃 | 〃 | 〃 |
| | 격지자간 | 우 편 | 발신주의 | 발신주의 | 발신주의 | 도달주의 | 〃 |
| | | 전 보 | 〃 | 〃 | 〃 | 〃 | 〃 |

## ■ Offer Accepted (예1)

Dear Sirs.

We are pleased to accept your letter of July 15 offering 300 dozen silk Blouses S/# 1302 at US $30. 50 per doz. CIF New York for immediate shipment.

In reply we have just cabled you as follows.
    YOURS 15TH ACCEPT IMMEDIATE
    SHIPMENT REQUESTED CORNWELL

To confirm this order, we are enclosing our purchase order No.1002 including shipping instructions. To ensure prompt execution, we have instructed our bankers to open an irrevocable L/C in your favor by cable, which you will receive within a few days.

Though small in quantity, the order is very important for us. We ask, therefore, that you give your best attention in completing it as soon possible.

Faithfully yours,

■ Offer Accepted (예2)

Dear Sirs.

We are pleased to accept your letter of July 15 offering 300 dozen silk Blouses S/# 1302 at US $30. 50 per doz. CIF New York for immediate shipment.

In reply we have just cabled you as follows.
YOURS 15TH ACCEPT IMMEDIATE
SHIPMENT REQUESTED CORNWELL

To confirm this order, we are enclosing our purchase order No.1002 including shipping instructions. To ensure prompt execution, we have instructed our bankers to open an irrevocable L/C in your favor by cable, which you will receive within a few days.

Though small in quantity, the order is very important for us. We ask, therefore, that you give your best attention in completing it as soon possible.

Faithfully yours,

# 03 무역계약

무역계약(trade contract)이란 국적을 달리하는 당사자들 사이에 매도인(seller)이 매수인(buyer)에게 물품의 소유권(property in goods)을 양도하여 물품을 인도할 것을 약속하고, 매수인은 이를 수령하고 물품의 대금을 지급할 것을 약속함으로써 성립하는 국제 간의 매매계약을 말한다.

국제계약이든 국내계약이든 본래 계약(contract)이란 일정한 채권, 채무 관계의 형성을 목적으로 복수 당사자 간에 의사의 합치(agreement)에 의하여 성립되는 법률행위로서 권리, 의무 관계를 규정한 것이다.

## 1. 무역계약의 성립요건

무역계약의 성립은 매도인과 매수인이 일정한 조건 하에서 계약체결 의사표시(offer)에 대해 상대방의 승낙(acceptance)이 있으면 계약이 성립되며, 일반적으로 유효한 무역계약이 이루어지기 위해서 필요한 요건은 다음과 같다.

① 양 당사자 의사표시의 합치가 필요하다.
② 약인(consideration)이 필요하다.-약인이란 약속과 교환하여 약속자가 받은 권리, 이익, 이윤, 편의 또는 수익자가 부담하는 부작위, 불이익, 손실, 의무와 같은 것들의 약속

③ 거래의 목적물이나 거래방법이 합법적(legality)인 것이 필요하다.
④ 당사자의 행위능력(capacity of the parties)이 필요하다.

## 2. 무역계약의 성격

### (1) 합의계약(Consensual Contract)

매매당사자의 합의에 의하여 계약이 성립되기 때문에 계약당사자의 어느 한 편의 청약(offer)에 대해 상대방이 승낙(acceptance)함으로써 계약이 성립된다.

### (2) 쌍무계약(Bilateral Contract)

당사자 간에 계약이 성립됨에 따라 계약 당사자 모두가 채무를 부담하는 계약으로 매도인은 물품인도 의무, 매수인은 대금지급 의무를 각각 부담하게 된다.

### (3) 유상계약(Remunerative Contract)

매도인의 물품 인도에 대해 매수인이 대금을 지급하는 상호보상, 즉 물품의 급부와 대금의 반대급부가 이루어지는 것을 말한다.

### (4) 불 요식계약(Informal Contract)

무역계약은 특정한 요식을 필수 조건으로 하는 것은 아니며, 구두 또는 서류 등 어느 것으로든 의사표시를 전달함으로써 계약이 성립된다. 따라서 매매 당사자의 합의가 있으면 그 자체로 계약이 성립되는 것으로 물품의 점유이전, 소유이전이나 문서작성 및 교부가 계약 성립의 요건이 되는 것은 아니다.

## 3. 무역 계약서 작성

### (1) 계약서의 필요성

어떤 특정 품목에 대한 거래가 성립되면, 거래할 때마다 양당사자가 거래조건에 합의하면 계약이 성립된다.

① 청약(offer)에 대한 상대방의 승낙(acceptance)로 계약 성립
② 후일 분쟁이나 소송 등에 대비 문서 작성 필요
③ 서류의 양식은 불요식(informal) : Contract, Agreement, Memorandum, Letter of Indent(의향서) 등 어느 것도 가능

### (2) 계약서 작성시 검토사항

① 계약 당사자의 의도확인
② 앞으로 발생 가능한 제 문제점 검토
③ 관련된 기존 문서의 검토와 최종적 효력 여부
④ 분쟁발생시 해결방안
⑤ 계약서 초안 작성시 확인사항
⑥ 합의안의 제 내용
⑦ 계약 내용의 적법성과 법적 구속력의 존재 여부
⑧ 계약 당사자 여부 및 계약 유효기간
⑨ 필요시 계약의 해지사유와 절차
⑩ 준거법과 분쟁처리절차에 관한 조항의 적절성 등

### (3) 수출입 계약의 체결방법

#### ① 개별계약(Case By Case Contract)

어떤 특정 품목에 대한 거래가 성립되면 거래시마다 양 당사자가 거래조건에 합의하면 계약이 성립된다.

- 계약서를 2통 작성하여 서명 후 상대방에게 송부하고, 상대방은 이를 검토하여 서명한 후 1통을 반송.
- 매도인측 작성 : sales note, sales contract comfirmaition of order
- 매수인측 작성 : purchase note, purchase contract

② 포괄계약(Master Contract)
- 무역거래 일반약정(general terms and conditions)
- 매도인 발행 Offer(청약)에 매수인이 Acceptance(승낙) 서명 한 후, 각각 1통씩 보관.
- 매도인의 확정 Offer에 대해 수락의 표시를 전신이나 서신으로 발송.

③ 독점계약(Exclusive Contract)
- 어떤 품목의 수·출입에 있어서 독점 판매권 계약

④ 대리점계약(Agency Contract)

무역거래는 수출업자와 수입업자가 자신의 명의와 계산으로 본인 대 본인으로서 이루어지는 것이 일반적이지만, 수출업자가 자신의 판매대리점을 통하여 해외의 수입업자에게 판매하도록 하거나, 수입업자가 자신의 구매대리점을 통하여 해외의 수출업자로부터 구매한 물품을 수입하는 경우도 있다.

[판매대리점계약(Selling agency agreement)]

판매대리점계약은 수입국 내의 판매업자가 수출업자와 판매위탁계약을 체결한 후 수출업자를 대신하여 수입국 내에서의 물품판매 및 각종 부대업무를 수행하도록 하는 계약을 말한다. 수입국의 판매대리점은 수출업자의 대리인으로서 수출업자와 수입업자가 본인(principal) 대 본인(principle)으로 계약을 체결할 수 있도록 해주고 이에 대한 수수료를 받는다.

[구매대리점계약(Buying agency agreement)]

구매대리점계약은 수출국 내의 구매업자가 수입업자와 구매위탁계약을 체결한 후 수입업자를 대신하여 수출국 내에서의 물품구매 및 각종 부대업무를 수행하도록 하는 계약을 말한다. 구매대리점은 물품을 구매하여 선적한 후 해외의 수입업자로부터 매입액을 기초로 하여 산정된 구매수수료를 받는다.

### (4) 계약서의 확정 · 확인

① 계약 당사자의 확정, 계약 성립의 확인을 함.
② 무역계약은 구두, 전화, 전보 등의 의사표시로 가능함.
③ 분쟁과 상관습의 차이에서 발생하는 오해방지 목적이 있음.
④ 무역계약의 효력 발생함.
  - 매도인과 매수인의 권리의무 발생
  - 계약 불이행에 대한 처리 여건 발생

### 〈계약체결시 유의사항〉

① 흔히 우리나라 사람들은 상대방의 권리와 의무를 명확하게 해 두는 것에 익숙하지 못하고 상대방을 일방적으로 신뢰하여 사후에 분쟁이 발생하는 경우가 많으며, 특히 신용장 조건의 불비에 따른 지급거절 사례가 자주 발생하므로 유의해야 한다.
② 국제간 거래는 계약의 체결, 이행, 종요의 과정에서 계약의 불이행, 해석상의 의견 불일치 등으로 분쟁발생 가능성이 있으므로 유의해야 한다.
③ 청약조건을 충분히 검토하여 승낙여부를 결정하고, 가격표 등에도 청약으로 착각하기 쉬운 문언이 없도록 유의해야 한다.
④ 계약성립 시기에 대한 문제와 관련하여 영미법이나 대륙법계의 입법주의는 모두 도달주의를 채택하고 있으면, 우리나라도 이에 따르고 있다. 그러나 우리나라 민법 제531조에서 격지자간 계약에 있어서 승낙에 대한 의사표시는 발신주의를 채택하고 있음에 유의해야 한다.
⑤ 모든 계약을 체결할 때는 반드시 구두가 아닌 서면으로 작성하고, 계약 체결 전에 법률지식이 풍부한 전문가의 법률자문을 받아 계약 내용상의 불리한 내용이 없도록 유의해야 한다.
⑥ 계약 당사자는 클레임 제기시 대한상사중재원 또는 기타 특정기관의 중재판정에 따른다는 조항을 넣어두면 분쟁을 신속하고 편리하게 해결할 수 있음을 유의해 둔다.

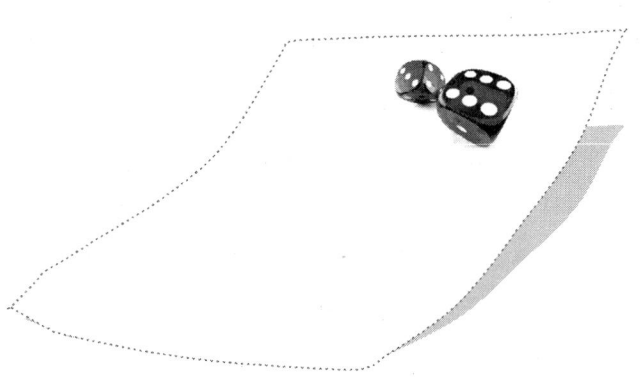

# 무역거래 조건과 통일규칙
## (INCOTERMS 2020)

## 1. 무역거래 조건의 의의

무역거래 조건(trade terms)이란 무역거래에 있어서 국제적으로 정형화되어 있는 물품 매매 조건을 말하며, FOB라든지 CIF 등의 약어를 가리킨다.

무역거래 조건은 흔히 가격조건(price terms)으로 사용되지만, 실제로 매매 당사자의 책임 한계를 그 내용으로 하고 있다.

① 물품의 인도 장소
② 매매 당사자의 물품에 대한 위험부담의 분기점
③ 매매 당사자의 물품에 대한 비용부담의 분기점

무역거래 조건이 결정되면 이용할 운송수단의 선택이 제한을 받고, 또 운송 계약을 체결해야 할 당사자가 결정된다. 예를 들어, CIF 조건으로 매매 계약을 체결한 경우, 물품의 인도장소가 지정 선적항의 본선 상이므로 당연히 선박에 의한 해상운송을 하여야 하고, 또 그 해상운송 계약은 매도인이 체결하여야 한다. 그에 대한 INCOTERMS의 구체적 범위는 다음과 같다.

첫째, 매각된 물품의 인도에 관한 매매 계약 당사자의 권리와 의무에 한정되어 있다.

둘째, INCOTERMS는 수출업자와 수입업자간의 실무적 관계에서 운송, 보험, 금융, 매매 계약을 고려하는 것이 중요하지만 물품의 매매 계약에만 관련되어 있다.

셋째, INCOTERMS는 국제 물품 매매 계약의 핵심요소로서 매도인은 매수인에게 물품을 운송하고 당사자 간의 비용과 위험의 분담에 대한 기준을 제시하고 있다.

넷째, INCOTERMS는 소유권의 이전 및 재산권의 이전, 계약 위반 권리 구제 책임의 면제와 같이 일어나는 문제는 취급하고 있지 않다.(CISG, 준거법, 기타 규정에 의해서 해결)

## 2. INCOTERMS 2020 조건

IINCOTERMS는 국제적으로 무역거래 조건의 해석에 관한 통일규칙으로서 가장 많이 이용되는 것이다.

INCOTERMS는 International Commercial Terms에서 따온 약칭으로 국제상업회의소(ICC)가 각국에서 관용적으로 사용하는 무역거래 조건을 조사·정리하여 그 중, 주요 무역거래 조건에 대한 매매 당사자의 최소한의 의무를 규정한 국제규칙이다. 이 규칙은 1936년에 제정된 이후 1980년부터 10년 주기로 개정되고 있다. INCOTERMS 2020에는 다음과 같은 11종의 무역거래 조건에 대하여 매매 당사자의 의무를 규정하고 있다.

① Ex Works(EXW : 공장인도조건)
② Free Carrier(FCA : 운송인 인도조건)
③ Free Alongside Ship(FAS : 선측 인도조건)
④ Free On Board(FOB : 본선 인도조건)
⑤ Cost and Freight(CFR : 운임 포함조건)
⑥ Cost, Insurance and Freight(CIF : 운임·보험료 포함조건)
⑦ Carriage Paid To(CPT : 운송비지급 인도조건)
⑧ Carriage and Insurance Paid to(CIP : 운송비·보험료지급 인도조건)

⑨ Delivered At Place Unloaded(DPU : 도착지 양하 인도조건)
⑩ Delivered At Place(DAP : 목적지 인도조건)
⑪ Delivered Duty Paid(DDP : 관세지급 반입 인도조건)

이들 무역거래 조건은 크게 4개의 그룹으로 구별된다. 첫 번째 그룹은 매도인이 자기의 구내에서 물품을 매수인의 처분 가능 상태로 두는 E조건(EXW), 두 번째 그룹은 매수인이 지정한 운송인에게 매도인이 물품을 인도해야 하는 F조건들(FCA, FAS, FOB), 세 번째 그룹은 매도인이 운송계약을 체결하지만, 선적 및 운송인에게 인도한 후에 발생하는 물품의 멸실·훼손 위험과 추가비용을 부담하지 않는 C조건들(CFR, CIF, CPT, CIP), 네 번째 그 그룹은 매도인이 물품을 목적지로 운송하는데 따른 모든 위험과 비용을 부담하는 D조건들(DPU, DAP, DDP)이다.

## 3. INCOTERMS 2020 주요 개정내용

### (1) 서 설

국제상업회의소(ICC)에서 발간한 인코텀즈 2020(Incoterms® 2020)은 "인코텀즈 2020 소개문(Introduction to Incoterms 2020)", "모든 운송방식용 규칙(Rules for Any Mode or Modes of Transport)", 해상 및 내수로 운송방식용 규칙(Rules for Sea and Inland Waterway Transport)", "조항별 규칙 비교(Article-by-Article Text fo Rules)" 등의 4개 부문으로 구성되어 있다.

"인코텀즈 2020 소개문(Introduction to Incoterms® 2020)"에서는 10개 항목을 기술하고 있다.

그리고 "모든 운송방식용 규칙(Rules for any Mode or Modes of Transport)"에서는 EXW, FCA, CPT, CIP, DAP, DPU, DDP의 7개 규칙을 규정하고, "해상 및 내수로 운송방식용 규칙(Rules for Sea and Inland Waterway Transport)"에서는 FAS, FOB, CFR, CIF의 4개 규칙을 규정하고 있다.

각 11개 규칙의 시작 부분에 사용자를 위한 설명문(Explanatory Note for Users)을 두고, 그 후로 매도인의 의무 10개 항목(A1~A10)과 매수인의 의무 10개 항목(B1~B10)을 대칭적으로 규정하고 있다.

모든 운송방식용 규칙(EXW, FCA, CPT, CIP, DAP, DPU, DDP)은 운송수단에 관계없이 사용될 수 있고, 둘 이상의 운송방식이 이용되는 경우에도 사용될 수 있다(즉, 복합운송방식에도 사용 가능하다).

그러나 해상 및 내수로 운송방식용 규칙(FAS, FOB, CFR, CIF)은 해상운송이나 내수로 운송에만 사용될 수 있다.

◆ 인코텀즈 2020의 주요 개정내용은 다음과 같다.

- 개별 규칙 내 조항 순서가 변경된 것.
- CIP상 매도인의 부보의무가 종래 최소 부보의무에서 이제 최대 부보의무로 변경된 것.
- FCA상 본선 적재 표기 선하증권에 관한 규정이 신설된 것.
- DAT가 DPU로 명칭이 변경된 것.
- FCA에서 매수인이, 그리고 D조건(DAP/DPU/DDP)에서 매도인이 이제는 자신의 운송수단으로 운송할 수 있도록 명시적으로 허용된 것.
- 운송/비용 조항에 보안 관련 의무가 명시적으로 삽입된 것.

### (2) CIP 매도인의 최대 부보 의무화

인코텀즈 2020으로의 개정을 위한 의견수렴 과정에서 매도인의 부보의무를 규정하는 CIP와 CIF 조건에서 기존의 최소 부보의무(이에 의하면 매도인은 원칙적으로 협회적하약관의 C약관으로 부보하면 된다)에서 최대 부보의무(이에 의하면 매도인은 협회적하약관의 A약관으로 부보 하여야 한다)로 개정하자는 의견이 제기되었다.[15]

이는 실무에서 특히 컨테이너화물의 경우에는 대부분 협회적하약관의 A약

---

15) Charles Debattista, Introduction to Incoterms 2020, para. 70: 대한상공회의소, 인코텀즈 2020 한국어 공식번역본(대한상공회의소, 2019), p. 27.

관으로 부보되는 것이 현실이기 때문이다. 다만, 그렇게 되면 보험료 면에서 비용증가가 수반하게 된다. 이러한 의견에 대해서 특히 일차산품 해상무역 종사자들은 반대 의견, 즉 기존의 최소 부보원칙이 유지되어야 한다는 의견을 제시하였다.16)

인코텀즈 2020 초안 그룹은 상당한 논의를 거친 후 CIF의 경우에는 기존의 최소 부보의무 원칙을 유지하되, CIP에서는 원칙을 변경하여 최대 부보 원칙을 채택하기로 결정하였다.17) CIP는 일차산품의 해상무역에서 사용될 가능성이 매우 높기 때문이다. 다만, 이러한 개정에도 불구하고 인코텀즈는 임의 규범으로서 당사자 사이에 다른 합의가 있는 경우에는 이 합의가 우선하므로 당사자는 당해 계약에서 필요에 따라 달리 합의할 수 있음을 물론이다.

### (3) FCA상 본선적재표기 선하증권에 관한 규정의 신설

FCA에서 물품은 본선적재 전에 운송인에게 인도되고, 법적으로 운송인으로서는 운송 계약상 물품이 실제로 선적된 후에 비로소 선적선하증권을 발행할 의무와 권리가 있을 뿐이다.18) 그런데 FCA 매매에서도 예컨대 물품이 해상운송되고 대금지급을 위하여 신용장이 개설되는 경우와 같이 매도인과 매수인은 본선적재표기(on-board notation)가 있는 선하증권("선적선하증권" 혹은 "본선적재선하증권")이 필요한 경우가 있다.19) 이러한 경우에 당사자는 FCA의 사용을 주저할 수 있는 바, 이에 인코텀즈 2020에서는 FCA A6/B6에 본선적재표기가 있는 선하증권에 관한 규정을 신설하였다.

그에 따라 이제는 "당사자들이 합의한 경우에 매수인은 물품이 적재되었음을 기재한 (본선적재표기가 있는 선하증권과 같은) 운송서류를 자신의 비용과 위험으로 매도인에게 발행하도록 운송인에게 지시하여야 하고"(매수인의 선적

---

16) Ibid.
17) Ibid.
18) Charles Debattista, Introduction to Incoterms 2020, para. 64: 대한상공회의소, 인코텀즈 2020 한국어 공식번역본(대한상공회의소, 2019), p. 25.
19) Charles Debattista, Introduction to Incoterms 2020, para. 64: 대한상공회의소, 인코텀즈 2020 한국어 공식번역본(대한상공회의소, 2019), p. 25.

선하증권 발행지시의무)(FCA B6), "매수인이 매도인에게 운송서류를 발행하도록 운송인에게 지시한 경우에 매도인은 그러한 서류를 매수인에게 제공하여야 한다"(매도인의 선적선하증권 제공 의무)(FCA A6). 이러한 매도인과 매수인의 의무는 각각 상대방에 대하여 부담하는 매매계약상의 의무이지 운송에 대한 운송계약상의 의무가 아니다.

### (4) DAT에서 DPU로 명칭변경

인코텀즈 2020에서는 인코텀즈 2010상의 DAT(Delivered at Terminal, 터미널 인도)가 DPU(Delivered at Place Unloaded, 도착지양하인도)로 명칭이 변경되고, 그 위치가 DAP와 DDP 사이에 놓이게 되었다.[20] 이는 기존의 DAT의 적용범위를 확대한 것으로 이해된다. 인코텀즈 2010에서 DAT는 물품인도장소 즉, 도착지가 터미널인 경우에 사용할 수 있었는데, 이제 인코텀즈 2020에서는 그러한 제한이 없어졌기 때문이다. 한편, DPU가 등장하는 위치가 변경된 것은 DPU 매도인이 DAP 매도인보다 조금이나마 더 많은 의무를 부담하기 때문인데, 이는 DAP의 경우에 매도인은 도착지에서 물품을 도착운송수단에 실어둔 채 양하를 위하여 매수인의 처분 하에 둠으로써 인도하여야 하지만(DAP A2), DPU 매도인은 물품을 도착 운송 수단으로부터 양하 한 후 인도하여야 하기 때문이다(DPU A2). DPU가 DDP 앞에 위치하는 것은 인코텀즈 2020의 모든 정형 거래 조건 중에서 DDP 매도인이 최대의무를 부담하기 때문이다.

### (5) 매도인/매수인 자신의 운송수단에 의한 운송의 허용

인코텀즈 2020에서 이제 FCA 매수인과 D조건의 매도인은 운송인을 이용하는 대신에 자신의 운송수단을 사용하여 운송을 할 수 있게 되었다.[21]

---

[20] Charles Debattista, Introduction to Incoterms 2020, para. 64; 대한상공회의소, 인코텀즈 2020 한국어 공식번역본(대한상공회의소, 2019), p. 29.
[21] Charles Debattista, Introduction to Incoterms 2020, para. 64; 대한상공회의소, 인코텀즈 2020 한국어 공식번역본(대한상공회의소, 2019), p. 29.

## 4. INCOTERMS 2020의 내용

INCOTERMS 2020에 의한 무역거래조건 중 FAS · FOB · CFR · CIF 조건은 해상운송의 경우에만 이용할 수 있는 조건으로 규정하고 있고, EXW · FCA · CPT · CIP · DPU · DAP · DDP 무역거래 조건은 운송수단 내지 운송형태에 관계없이 이용할 수 있는 것으로 규정하고 있다. 따라서 매매 당사자 사이의 합의에 의해 무역거래 조건이 결정되면 이용 가능한 운송수단이 제한을 받게 되는 것이다. INCOTERMS 2020에 규정된 무역거래 조건별로 운송계약과의 관계를 간추려 살펴보면 다음과 같다.

### (1) 공장 인도조건(EXW)

공장 인도조건(Ex Works : EXW)은 매매 목적물이 현존하는 장소에서 현물을 인도할 것을 내용으로 하는 조건으로서 매도인은 자기의 공장·창고 등, 매매 목적물이 있는 지정 인도 장소에서 지정기간 내에 수출 통관을 하지 않은 계약 물품을 매수인이 임의로 처분할 수 있는 상태로 두면 된다.

한편, 매수인은 약정된 물품을 자기가 자유롭게 처분할 수 있는 상태가 되면 이를 인수하고, 그 후 당해 물품의 소유자로서 적당한 운송수단을 수배하여 목적지까지 운송하게 된다.

**매도인 공장인도** : 적재에 대한 모든 책임과 비용을 매도인에게 부담시키고자 할 경우

| EXW (Ex Works, 공장 인도) | |
|---|---|
| 1. 인도/위험 | 매도인이 물품을 지정장소에서 매수인의 처분 하에 놓았을 때 매수인에게 이전 |
| 2. 운송방식 | 운송방식을 불문하고 사용가능, 매수인이 운송계약 체결 |
| 3. 보험계약 | 매도인/매수인 모두 보험계약 체결 의무는 없음.(No obligation) |
| 4. 통관의무 | 매수인이 수출국, 통과국, 수입국의 통관의무를 부담<br>(매수인이 수출통관이 곤란한 경우는 FCA가 적합) |
| 5. 서류/증거 | 매수인은 인도를 수령하였다는 증거를 매도인에게 제공 |
| 6. 비용부담 | 물품이 인도된 때로부터 물품에 관한 모든 비용을 매수인이 부담<br>매수인은 물품운송과 수출통관, 통과국/수입통관에서 관세 및 세금을 부담 |
| 7. 표기방법 | EXW Seoul, Incoterms 2020 [EXW(insert named place of delivery)] |

## (2) 운송인 인도조건(FCA)

운송인 인도 조건(Free Carrier : FCA)은 복합 운송을 포함하여 모든 운송에 이용될 수 있는 조건으로, 매도인이 지정 지점 또는 장소에서 약정기간 내에 매수인이 지정한 운송인에게 수출 통관을 마친 계약 물품을 인도해야 하는 조건이다.

이 조건에서는 선택된 인도 장소에 따라 물품의 적재 및 양하 의무가 달라진다. 즉, 매수인에 의해 지정된 인도 장소가 매도인의 구내(seller's premises)인 경우에 매도인은 매수인의 집하 차량에 물품을 적재하여야 하고, 그 밖의 장소인 경우에는 매도인은 도착된 차량으로부터 양하하지 않은 상태로 물품을 매수인의 처분에 맡기면 된다.

이 조건에서는 원칙적으로 매수인이 적절한 운송수단을 선택하여 운송계약을 체결해야 한다. 다만, 매수인의 요청이 있는 경우 또는 상관습이 있는 경우에 매수인이 적기에 반대의 지시를 하지 않는 한, 매도인은 매수인의 위험과 비용부담으로 통상적인 조건의 운송계약을 체결할 수 있다.

| FCA (Free Carrier, 운송인 인도) | |
|---|---|
| 1. 인도/위험 | 매도인이 영업구내의 경우, 매수인이 제공한 운송수단에 적재된 때<br>영업구내가 아닌 경우, 매도인의 운송수단에 실릴 채 매수인의 운송인의 처분에 놓인 때 |
| 2. 운송방식 | 운송방식을 불문하고 사용가능, 매수인이 운송계약 체결 |
| 3. 보험계약 | 매도인/매수인 모두 보험계약 체결 의무는 없음.(No obligation) |
| 4. 통관의무 | 매도인은 수출통관 의무와 비용을 부담<br>매수인이 통과국 및 수입국의 통관의무와 비용을 부담 |
| 5. 서류/증거 | 매도인은 자신의 비용으로 물품이 인도되었다는 통상적인 증거를 제공. 선적 선하증권이 필요한 경우, 매수인의 비용으로 매도인에게 발행하도록 운송인에게 지시 |
| 6. 비용부담 | 매도인은 물품이 인도된 때까지 물품에 관한 모든 비용을 부담 |
| 7. 표기방법 | FCA Seoul, Incoterms 2020 [FCA(insert named place of delivery)] |

## (3) 선측 인도조건(FAS)

선측 인도조건(Free Alongside Ship : FAS)은 지정 선적항의 본선 선측에서 수출 통관을 마친 물품을 인도하는 조건으로 해상 및 내수로 운송의 경우에 이용된다.

이 조건의 경우, 지정 선적항으로부터 물품을 운송하기 위한 해상운송 계약은 매수인이 체결하여야 한다.

| FAS (Free Alongside Ship, 선측 인도) | |
|---|---|
| 1. 인도/위험 | 매도인이 지정 선적항에서 매수인이 지정한 선박의 선측((부두 or barge)에 물품이 놓인 때 또는 그렇게 인도된 물품을 조달한 때 |
| 2. 운송방식 | 선박운송만 사용가능, 매수인이 운송계약 체결 |
| 3. 보험계약 | 매도인/매수인 모두 보험계약 체결 의무는 없음.(No obligation) |
| 4. 통관의무 | 매도인은 수출통관 의무와 비용을 부담<br>매수인이 통과국 및 수입국의 통관 의무와 비용을 부담 |
| 5. 서류/증거 | 매도인은 자신의 비용으로 운송에 관한 통상적인 서류를 매수인에게 제공 |
| 6. 비용부담 | 매도인은 물품이 인도된 때까지 물품에 관한 모든 비용을 부담 |
| 7. 표기방법 | FAS Busan port, Incoterms 2020 [FAS(insert named port of shipment)] |

## (4) 본선 인도조건(FOB)

본선 인도조건(Free On Board : FOB)은 계약 상품을 지정 선적항의 본선 상에서 인도하는 조건으로 해상 및 내수로 운송의 경우에 이용된다.

이 조건의 경우 매도인은 수출통관을 마친 계약 물품을 지정 선적항에서 매수인이 지정한, 본선 상에 계약 물품을 인도하면 된다. 지정 선적항으로부터 물품을 운송하기 위한 운송 계약은 매수인이 체결하여야 한다. 따라서 이 조건으로 매매계약을 체결하게 되면 선택할 수 있는 운송수단이 선박으로 한정된다.

| FOB (Free On Board, 본선 인도) ||
|---|---|
| 1. 인도/위험 | 매도인이 지정 선적항에서 매수인이 지정한 선박에 물품을 적재한 때 또는 그렇게 인도된 물품을 조달한 때 |
| 2. 운송방식 | 선박운송만 사용가능, 매수인이 운송계약 체결 |
| 3. 보험계약 | 매도인/매수인 모두 보험계약 체결 의무는 없음.(No obligation) |
| 4. 통관의무 | 매도인은 수출통관 의무와 비용을 부담<br>매수인이 통과국 및 수입국의 통관 의무와 비용을 부담 |
| 5. 서류/증거 | 매도인은 자신의 비용으로 운송에 관한 통상적인 서류를 매수인에게 제공 |
| 6. 비용부담 | 매도인은 물품이 인도된 때까지 물품에 관한 모든 비용을 부담 |
| 7. 표기방법 | FOB Busan port, Incoterms 2020 [FOB(insert named port of shipment)] |

### (5) 운임포함 인도조건(CFR)

운임포함 인도조건(Cost and Freight : CFR)은 해상 및 내수로 운송의 경우에 이용되는 조건으로, 매도인이 지정 목적항까지의 운송 계약을 체결하고 운임을 부담함과 동시에 자기의 비용으로 지정 선적항에서 수출통관을 마친 물품을 선적해야 하는 조건이다. 이 조건에서 매도인은 자기의 비용부담으로 ① 통상 사용되는 형태의 항해선박으로, ② 통상의 경로에 의해, ③ 통사의 조건으로 계약상의 목적지까지 운송계약을 체결하여야 한다.

| CFR (Cost and Freight, 운임포함 인도) ||
|---|---|
| 1. 인도/위험 | 매도인은 자신이 계약한 선적항의 본선에 물품을 적재한 때 또는 그렇게 인도된 물품을 조달한 때(위험의 분기점 ≠ 비용의 분기점) |
| 2. 운송방식 | 선박운송만 사용가능, **매도인이** 운송계약 체결 |
| 3. 보험계약 | 매도인/매수인 모두 보험계약 체결 의무는 없음.(No obligation) |
| 4. 통관의무 | 매도인은 수출통관 의무와 비용을 부담<br>매수인이 통과국 및 수입국의 통관 의무와 비용을 부담 |
| 5. 서류/증거 | 매수인의 요청이 있는 경우, 매도인은 운송에 관한 통상적인 서류를 매수인에게 제공 |
| 6. 비용부담 | 매도인은 물품이 인도된 때까지 물품에 관한 모든 비용을 부담 |
| 7. 표기방법 | CFR LA. port, Incoterms 2020 [CFR(insert named port of destination)] |

### (6) 운임·보험료 포함 인도조건(CIF)

운임·보험료 포함 인도조건(Cost, Insurance and Freight : CIF)은 CFR 조건에 지정 목적항까지의 위험을 담보하는 보험계약을 체결하고 보험료를 지급하는 것을 매도인의 의무에 추가한 조건으로서 해상 및 내수로 운송의 경우에 이용된다.

이 조건은 운송계약에 관한 한, CFR 조건과 동일하다. 즉, 이 조건에서 매도인은 자기의 비용부담으로 ① 통상 사용되는 형태의 항해 선박으로, ② 통상의 경로에 의해, ③ 통상의 조건으로 계약상의 목적지까지 운송계약을 체결하여야 한다.

| CIF (Cost Insurance and Freight, 운임·보험료 포함 인도) ||
|---|---|
| 1. 인도/위험 | 매도인은 자신이 계약한 선적항의 본선에 물품을 적재한 때 또는 그렇게 인도된 물품을 조달한 때(위험의 분기점 ≠ 비용의 분기점) |
| 2. 운송방식 | 선박운송만 사용가능, **매도인**이 운송계약 체결 |
| 3. 보험계약 | 매도인이 보험계약 체결의무 있음(ICC(C)), 매매계약 통화로 대금의 110% 이상 부보 |
| 4. 통관의무 | 매도인은 수출통관 의무와 비용을 부담<br>매수인이 통과국 및 수입국의 통관 의무와 비용을 부담 |
| 5. 서류/증거 | 매수인의 요청이 있는 경우, 매도인은 운송에 관한 통상적인 서류를 매수인에게 제공 |
| 6. 비용부담 | 매도인은 물품이 인도된 때까지 물품에 관한 모든 비용을 부담 |
| 7. 표기방법 | CIF LA. port, Incoterms 2020 [CIF(insert named port of destination)] |

### (7) 운송비 지급 인도조건(CPT)

운송비 지급 인도조건(Carriage Paid To : CPT)은 FCA 조건에 지정 목적지까지의 운송비를 추가한 조건으로 매도인이 자기의 비용으로 지정목적지의 합의된 지점까지 통상의 운송경로(usual route)와 관습적인 방법(customary manner)에 의한 운송계약을 체결하여야 한다.

이 조건은 운송 형태에 관계없이 이용될 수 있는 것으로, 매도인은 자기의 비용으로 통상의 운송서류, 예를 들어, 유통선하증권, 비유통 해상화물운송장, 내수로 운송서류, 항공화물운송장, 철도화물운송장, 도로화물운송장, 또는 복합운송서류를 제공하여야 한다.

| CPT (Carriage Paid To, 운임비용 지급 인도) ||
|---|---|
| 1. 인도/위험 | 매도인이 자신이 계약을 체결한 운송인에게 물품을 인도하거나 조달하여 점유를 이전((위험의 분기점 ≠ 비용의 분기점) |
| 2. 운송방식 | 운송방식을 불문하고 사용가능, **매도인**이 운송계약 체결 |
| 3. 보험계약 | 매도인/매수인 모두 보험계약 체결 의무는 없음.**(No obligation)** |
| 4. 통관의무 | 매도인은 수출통관 의무와 비용을 부담<br>매수인이 통과국 및 수입국의 통관 의무와 비용을 부담 |
| 5. 서류/증거 | 매수인의 요청이 있는 경우, 매도인은 운송에 관한 통상적인 서류를 매수인에게 제공 |
| 6. 비용부담 | 매도인은 물품이 인도된 때까지 물품에 관한 모든 비용을 부담 |
| 7. 표기방법 | CPT Seoul, Incoterms 2020 [CPT(insert named place of destination)] |

### (8) 운송비·보험료 지급 인도조건(CIP)

운송비·보험료 지급 인도조건(Carriage and Insurance Paid to : CIP)은 CPT 조건에 운송 도중의 위험에 대비한 적하보험계약을 체결하고 보험료를 지급하는 것을 매도인의 의무에 추가한 조건이다.

※운송계약에 관한 한, 이 조건은 운송비 지급 인도조건(CPT)과 동일하다.

| CIP (Carriage and Insurance Paid To, 운송비·보험료지급 인도) ||
|---|---|
| 1. 인도/위험 | 매도인이 자신이 계약을 체결한 운송인에게 물품을 인도하거나, 조달하여 점유를 이전((위험의 분기점 ≠ 비용의 분기점) |
| 2. 운송방식 | 운송방식을 불문하고 사용가능, **매도인**이 운송계약 체결 |
| 3. 보험계약 | 매도인이 보험계약 체결의무 있음(**ICC(C)**), 매매계약 통화로 대금의 110% 이상 부보) |
| 4. 통관의무 | 매도인은 수출통관 의무와 비용을 부담<br>매수인이 통과국 및 수입국의 통관 의무와 비용을 부담 |
| 5. 서류/증거 | 매수인의 요청이 있는 경우, 매도인은 운송에 관한 통상적인 서류를 매수인에게 제공 |
| 6. 비용부담 | 매도인은 물품이 인도된 때까지 물품에 관한 모든 비용을 부담 |
| 7. 표기방법 | CIP Seoul, Incoterms 2020 [CIP(insert named place of destination)] |

### (9) 도착지 양하 인도조건(DPU)

도착지 양하 인도조건(Delivered at Place Unloaded : DPU)은 매도인이 물품을 지정 목적지(지정 목적지에 합의된 지점이 있는 경우에는 그 지점)에서, '도착운송수단에서 양하하여(unload the goods from the arriving means of transport)' 매수인의 처분 하에 두거나 그렇게 인도된 물품을 조달함으로써 인도하여야 한다.

물품이 인도된 때로부터 물품의 멸실 또는 훼손의 모든 위험은 매수인이 부담한다. 매도인은 물품을 지정 목적지까지 가져가고 그곳에서 물품을 양하 하는데 수반되는 모든 위험을 부담한다.

매도인이 도착지에서 물품을 양하할 수 없는 경우 또는 매도인이 도착지에서 양하 관련 위험과 비용을 부담하는 것을 원하지 않는 경우에는 DPU는 적합하지 않고 그 대신 DAP를 사용하여야 한다.[22]

참고로 도착지에서 매도인에게 물품의 양하를 요구하는 것은 DPU가 유일하다. 그러나 DPU에서는 매도인은 수입통관 의무가 없다. 수출통관은 매도인이 수행하고, 수입통관은 매수인이 수행한다. 매도인은 운송계약과 보험계약의 체결의무가 있다.

매도인은 물품을 지정 목적지(지정 목적지에 합의된 지점이 있는 경우에는 그 지점)까지 운송하는 운송계약을 체결하거나 그러한 운송을 마련하여야 한다.

매도인은 매수인에게 보험계약 체결의무를 부담하지는 않는다(다만, 물품을 지정 목적지가지 운송하는데 발생하는 위험을 매도인이 부담하므로 매도인은 보험계약을 체결할 필요가 있다). 매도인은 매수인이 물품을 수령하는데 필요한 서류를 제공하고, 매수인은 그러한 서류를 인수하여야 한다.[23]

---

22) Explanatory Notes for Users(DPU), 1. Delivery and risk.
23) 김상만, "인코텀즈 2020 (Incoterms® 2020) 주요 개정 내용과 시사점", 법학논고 제67권, pp. 272~273.

| DPU (Delivered at Place Unloaded, 도착지양하 인도) ||
|---|---|
| 1. 인도/위험 | 물품이 지정목적지 또는 지정목적지 내에 합의된 지점에서 도착운송수단으로부터 **양하된 상태**로 매수인의 처분 하에 놓인 때 |
| 2. 운송방식 | 운송방식을 **불문**하고 사용가능, **매도인**이 운송계약을 체결해야 함 |
| 3. 보험계약 | 매도인/매수인 모두 보험계약 체결 의무는 없음.(No obligation) |
| 4. 통관의무 | 매도인은 수출통관과 통과국 통관에 관한 의무와 비용을 부담<br>매수인이 수입통관 의무를 부담 |
| 5. 서류/증거 | 매도인은 자신의 비용으로 매수인이 물품을 수령할 수 있도록 하는데 필요한 서류를 제공 |
| 6. 비용부담 | 매도인은 **양하에서 인도할 때까지** 비용을 부담(양하비용은 **매도인** 부담) |
| 7. 표기방법 | DPU Chicago, Incoterms 2020 [DPU(insert named place of destination)] |

### (10) 목적지 인도조건(DAP)

목적지 인도조건(Delivered at Place)은 물품이 지정 목적지에서 도착 운송수단으로부터 양하 준비된 상태로 매수인의 임의처분 상태로 매도인이 인도하는 것을 말한다.

매도인은 지정 목적지까지 물품을 운송하는데 수반되는 모든 위험을 부담하므로 지정 목적지 또는 합의된 목적지 내의 지점을 가급적 정확하게 명시하여 운송계약을 체결하는 것이 좋다.

매도인이 목적지에서 양하에 관한 비용을 자신의 운송계약에 따라 지출한 경우라도 당사자 간에 별도의 합의가 없었다면, 이를 매수인에게 청구할 수 없다.

DAP는 매도인이 수출품을 통관할 것을 요구한다. 그러나 매도인은 물품을 수입통관 절차를 이행하거나 수입 관세를 부담할 의무는 없으나, 당사자 간에 매도인이 물품을 수입통관하고 수입 관세를 부담하며, 수입통관 절차를 이행하도록 원하는 때에는 DDP가 사용되어야 한다.

| DAP (Delivered at Place, 도착지 인도) ||
|---|---|
| 1. 인도/위험 | 매도인이 물품을 지정 목적지에서 도착운송수단에 적재된 채 **양하 준비된 상태**로 매수인의 처분 하에 놓였을 때 |
| 2. 운송방식 | 운송방식을 불문하고 사용가능, **매도인**이 운송계약 체결 |
| 3. 보험계약 | 매도인/매수인 모두 보험계약 체결 의무는 없음.(No obligation) |
| 4. 통관의무 | 매도인은 수출통관과 통과국 통관에 관한 의무와 비용을 부담<br>매수인이 수입통관 의무를 부담 |
| 5. 서류/증거 | 매도인은 자신의 비용으로 매수인이 물품을 수령할 수 있도록 하는데 필요한 서류를 제공 |
| 6. 비용부담 | 매도인은 물품이 인도된 때까지 물품에 관한 모든 비용을 부담(양하비용은 **매수인** 부담) |
| 7. 표기방법 | DAP Chicago, Incoterms 2020 [DAP(insert named place of destination)] |

### (11) 관세지급반입 인도조건(DDP)

관세지급반입 인도조건(Delivered Duty Paid : DDP)은 수입국 내의 지정장소에서 수입통관을 마친 물품을 인도하는 조건이다. 이 조건이 앞에서 설명한 DPU 조건과 다른 점은 매도인이 수입통관 절차를 밟아야 한다는 것뿐이다. 따라서 매도인의 운송계약체결 및 운송서류 제공의무는 DPU 조건의 그것과 동일하다.

| DDP (Delivered Duty Paid, 관세지급 인도) ||
|---|---|
| 1. 인도/위험 | 물품이 지정목적지 또는 지정목적지 내에 합의된 지점에서 **수입통관 후** 도착운송수단에 실어 둔 채 **양하준비된 상태**로 매수인의 처분하에 놓인 때 |
| 2. 운송방식 | 운송방식을 **불문**하고 사용가능, **매도인**이 운송계약을 체결해야 함 |
| 3. 보험계약 | 매도인/매수인 모두 보험계약 체결 의무는 없음.(No obligation) |
| 4. 통관의무 | **매도인**이 수출국, 통과국, 수입국의 통관의무 부담<br>(매도인이 수입통관이 곤란한 경우는 **DAP** 또는 **DPU**가 적합) |
| 5. 서류/증거 | 매도인은 자신의 비용으로 매수인이 물품을 수령할 수 있도록 하는데 필요한 서류를 제공 |
| 6. 비용부담 | 매도인은 물품이 인도된 때까지 물품에 관한 모든 비용을 부담(양하비용은 **매수인** 부담) |
| 7. 표기방법 | DDP Chicago, Incoterms 2020 [DDP(insert named place of destination)] |

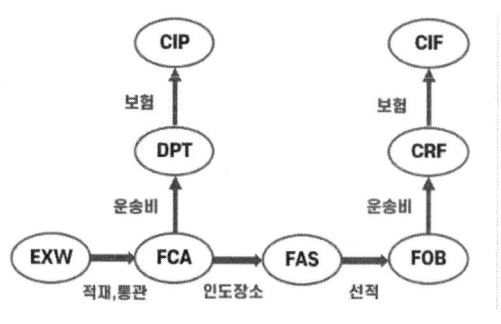

# 무역계약의 8대 기본조건

무역계약은 국제간의 상품에 대한 매매계약이기 때문에 추후에 분쟁이 발생될 소지가 있다. 따라서 상거래 분쟁을 사전에 예방하기 위하여 계약 내용에 대한 제반 사항을 명확히 해 둘 필요가 있는데, 이를 무역계약의 조건이라고 한다.

계약 물품에 대한 기본적인 조건으로는 ① 품질(quality), ② 수량(quantity), ③ 가격(price), ④ 선적(shipment), ⑤ 지급(payment), ⑥ 보험(insurance), ⑦ 포장(packing), ⑧ 분쟁(conflict)이 있다.

## 1. 품질조건

품질에 관한 조건으로 품질 결정방법, 품질 결정시기 등을 명확히 한다.

### (1) 품질 결정방법

#### ① 견본에 의한 매매(Sales by Sample)

견본 매매는 견본을 통하여 상품의 품질을 결정하는 방법으로 무역에서 가장 많이 사용하는 방법이다. 일반적으로 수출업자가 견본을 제작하여 수입업자에게 송부하지만, 경우에 따라서는 수입업자가 자신의 견본을 수출업자에게 송부하여 희망하는 품질을 요구할 수도 있다.

또한, 수입업자가 송부한 견본을 보고 수출업자가 유사견본(similar sample)을 만들어 수입업자에게 보내어 승인을 받아내는 방법도 있다.

### ② 표준품에 의한 매매(Sales by Standard)

수확 예정인 농수산품 등의 1차 상품과 벌채 예정 원목 등의 품질은 계약시에 현품이 없고 견본 제공이 곤란하다. 따라서 이 경우 해당 연도의 표준 품질에 의해 그 품질을 결정한다.

- **평균중등품질(Fair Average Quality : FAQ)** : 면화, 곡물, 차 등과 같은 곡물류의 매매에 사용하는 품질 조건으로서, 인도물품의 품질을 선적지에서 출하된 수확물 중에서 중간의 품질을 표준으로 하는 방법이다.
- **판매적격품질(Good Merchantable Quality : GMQ)** : 목재나 냉동어류 등은 견본 이용이 곤란하고 내부의 품질을 외관상 알 수 없기 때문에 수입지에서 판매 가능성을 전재조건으로 하여 품질을 결정하는 방법이다.
- **보통품질(Usual Standard Quality : U.S.Q)** : 주로 원사 거래에 이용되는 품질 조건으로서, 공인검사기관 또는 공인표준기관에 의하여 보통 품질을 표준품의 품질로 결정하는 방법이다.(영국의 로이드협회 소속 Lioyd's Surveyor)

### ③ 상표에 의한 매매(Sales by Brand)

생산업자의 상표(trade mark) 또는 통명(brand)이 국제적으로 널리 알려진 물품에 대해서는 견본을 제시할 필요 없이 상표나 통명을 품질기준으로 삼는 거래를 말한다.

예를 들면, 현대자동차 제네시스, 애플 아이폰, Parker 만년필, Omega 손목시계, Dunhil 라이터 등과 같은 상표를 이용하는 방법이다.

### ④ 규격에 의한 매매(Sale by Type Or Grade)

국제표준화기구(International Standarized Organiazation : ISO), 우리나라의

KS(Korea Standard)와 같이 상품의 규격이 국제적으로 정해져 있거나 수출국에서 공식적으로 인정하는 것일 경우 규격이나 등급으로 품질을 결정하는 방법이다.

### ⑤ 명세서에 의한 매매(Sale by Specification)

선박, 철도차량, 의료용구, 중장비류 등과 같이 거래대상 물품의 소재, 구조, 성능 등에 대하여 구체적인 명세서(specification)나 설명서(description), 설계도(plan) 등에 의하여 매매 기준으로 삼는 방법이다.

## (2) 품질의 결정시기

무역거래에서는 해당 물품이 장거리 운송되는 경우가 많기 때문에 선적시기의 품질과 양륙 시기의 품질이 다를 수 있다. 따라서 품질이 다른 경우로 인한 분쟁을 미연에 방지하기 위하여 품질의 결정시기를 사전에 약정해야 한다.

### ① 선적품질 조건(Shipped Quality Terms)

계약시 약정한 물품에 대한 품질의 일치 여부를 선적시의 품질에 의하여 결정하는 방법으로 주로 일반 공산품에 널리 사용된다. 따라서 수출업자는 운송도중에 품질의 변질에 책임을 지지 않는다.

### ② 양륙품질 조건(Landed Quality Terms)

계약시 약정한 품질에 대한 품질의 일치 여부를 양륙시의 품질에 의하여 결정하는 방법으로, 주로 호밀(rye) 거래에 사용되고 있다.

## 2. 수량조건

수출입 물품의 수량과 관련하여 당사자는 '수량 단위', '과부족용인 조건' 등에 대해 약정하여야 한다.

### (1) 수량 단위

물품의 수량을 결정할 때 사용되는 단위로는 중량, 길이, 용적, 개수 등이 있다.

〈표 2-5〉• 수량 단위

| 단위 | 종류 및 내용 |
|---|---|
| 중량 | • 총중량(Gross weight) : 상품의 무게와 포장의 무게를 합한 총무게<br>• 순중량(net weight) : 포장무게를 제외한 순상품의 무게<br>• 법적중량(legal weight) : 상품의 무게와 법적으로 인정되는 포장의 무게를 합한 중량 |
| 길이 | • 미터(meter), 야드(yard), 푸트(foot), 인치(inch) |
| 용적 | • 석유 등의 액체 : 배럴(barrel), 갤런(gallon), 리터(liter)<br>• 곡물 : bushel<br>• 목재 : cubic meter(CBM), cubic feet(CFT), super feet(SF) |
| 개수 | • 일반 물품 : piece, set 등<br>• 연필, 양말 등 : dozen(144pieces)<br>• 잡화류 : gross(12pieces) |
| 포장단위 | • 면화, 밀가루, 시멘트, 비료, 통조림, 유제품 : bale, bag, case, can, drum |

※중량에 의한 수량 약정시는 단위에 유의해야 한다.(특히, Ton)

계약시 수량 단위의 명확한 표시(예, M/ton)를 해두지 않으면 수량부족(shortage)에 따른 분쟁발생 소지가 있다.

> 예를 들어, 영국인과 계약을 하면서 막연히 ton이라고 표시해 놓고, 1 ton을 1,000kg으로 계산하여 선적하는 경우를 보자.(영국인과는 t당 16.5kg을 손해 보게 된다.)
> • L/T(Long Ton, English Ton, Gross Ton)-영국의 관행
> • S/T(Short Ton, American Ton, Net Ton)-미국의 관행
> • M/T(Metric Ton, French Ton, Kilo Ton)-유럽대륙국가의 관행
> ※ 1 L/T=2,240Lbs, 1 S/T=2,000Lbs, 1 M/T=1,000Kgs=2,204Lbs

### (2) 과부족 용인조건

곡물, 광산물 등과 같이 운송도중에 감량이 예상되는 화물에 대해서는 계약시에 과부족용인 조건(more or less clause : M/L clause)을 활용하면 감량으로 인

한 과부족을 인정받을 수 있다. 이와 같이 정해진 과부족 한도의 범위 내에서 물품이 인도되면 수량 부족에 대한 클레임을 제기하지 않는 조건을 과부족용인 조건이라고 한다.

물품의 성질에 따라 수량 과부족을 인정해야 할 경우, 허용범위와 과부족 선택권자에 대한 사항을 명시하는 것이 바람직하다. 예를 들면, "Seller shall have the option of shipment with a variation of more or less 4% of the quantity contracted, unless otherwize agreed."와 같이 약정할 수 있다.

신용장 방식의 거래에서 과부족이 생기기 쉬운 살물(bulk cargo)에 대해서는 "about"이나 "circa" 또는 "nearly", "approximately" 등의 유사용어를 사용하여 10%를 초과하지 아니하는 과부족을 용인하고 있다.[24] 신용장상에 특정한 물품에 대해 과부족이 있어서는 안 된다고 규정하고 있지 않는 한, 어음 발행총액이 신용장금액을 초과하지 않는 범위 내에서 5%까지의 과부족이 허용된다.[25]

## 3. 가격조건

무역거래에서 물품의 가격을 결정할 때에는 첫째 매매가격을 어느 나라의 통화로 해야 할 것인가에 대한 거래통화에 대한 문제와 둘째, 운송비·보험료·통관비 등과 같은 부대비용과 위험을 누가, 어디까지 부담할 것인가에 대한 문제가 발생하게 된다.

국제 매매가격은 수출업자와 수입업자가 해야 할 여러 가지의 원가요소와 물품의 인도장소 등을 감안하여 정하여 진다. 하지만, 매매당사자 간에 이러한 점을 고려하여 매 거래 시마다 계약서상에 구체적으로 나열하여 정한다는 것은 불편한 일이기 때문에 실제 거래에서는 국제적으로 무역거래관습상 형성된 정형무역거래조건(trade terms)에 의하여 매매가격이 산출되고 있다.

무역거래에서는 FOB, CIF 등과 같은 가격 조건과 관련된 용어들이 오래전부터 사용되어 왔지만, 이에 대한 국제적으로 통일된 규칙이 없어 각국에 따라 해석상

---

24) 신용장통일규칙(UCP, 1993), 제 39조 a항.
25) 신용장통일규칙(UCP, 1993), 제 39조 b항. c항.

의 차이가 많았다. 따라서 국제무역거래 상의 분쟁요소를 방지 하고 무역의 확대를 도모하기 위해 1936년 국제상업회의소(ICC : International Chamber of Commerce)는 무역거래 조건의 해석에 관한 통일된 국제규칙(International Rules for the Interpretation of Trade Terms)을 제정하였다.

이 국제적인 통일규칙을 "INCOTERMS"[26]라고 하는데, 무역관습의 변화에 따라 1953년, 1967년, 1976년, 1980년, 1990년, 2000년 2010년 그리고 2020년에 개정 또는 보완되어 현재 11가지 거래 조건을 사용하고 있다.

INCOTERMS는 국제적으로 법적인 구속력을 가진 국제조약이 아니라 단순히 민간단체인 국제상업회의소(ICC)가 제정한 국제 규칙 이므로 매매 당사자들의 합의에 의해서만 적용될 수 있다. 또한, 당사자들이 다른 상관습에 대해서도 합의만 하면 INCOTERMS 대신 사용할 수 있다.

현재 사용되고 있는 INCOTERMS 2020에는 11가지의 가격조건들이 규정되고 있는데, 이를 성격별로 살펴보면 E그룹(출발지 인도조건), F그룹(운송비미지급 인도조건), C그룹(운송비지급 인도조건) 및 D그룹(도착지 인도조건)으로 분류되어 있다.

## 4. 선적조건

선적(shipment)이라 함은 해상운송에 의한 선박으로의 선적은 물론 항공기의 적재나 운송인(carrier)에게 인도하는 것까지 포함하는 개념이다.

선적 조건에 대해 선적시기, 분할선적과 환적, 선적 지연에 따른 면책 조항 등에 대해 합의를 해야 한다.

### (1) 선적시기

#### ① 특정 일(日) 지정

가장 많이 사용되는 방식으로 신용장상에 특정 선적일이 지정된 경우이다. 예를 들어, 선적일이 "September 30, 20××"일 경우, 20××년 9월 30일까지만 선적

---

[26] 이 용어는 International Commercial Terms 를 조합한 것이다.

하면 된다. 무역업계에서 신용장상에 사용되는 선적일에 예문은 다음과 같다.

- Shipment : May 10, 20××.
- Shipment : Not later than March 31, 20××.
- Shipment : should be made by June 10, 20××.

### ② 특정 월(月) 지정

특정 월을 지정하는 방법은 단월 조건과 연월 조건이 있다. 단월 조건은 특정 월에 선적할 수 있도록 표기되는 조건으로, 예를 들자면, "November Shipment" 혹은 "Shipment during November" 조건인 경우 분할선적이 허용되지 않고 한 번에 선적이 이루어져야 함을 의미한다.

연월 조건은 "Shipment During February, March, April"과 같이 물품을 분할로 선적할 수 있음을 나타내는 조건으로, 선적의 횟수와 수량에 대해서 명확한 합의가 필요하다.

### ③ 조건부 선적기일 지정

특정 조건이 이행되는 시점을 기준으로 선적기일을 지정하는 방법이다. 무역업에서 오퍼를 할 경우 "Terms of Shipment : Withing 60 days after receipt of your L/C" 등으로 표현하는 경우가 많은데, 해석상의 오류가 발생 될 가능성이 있을 수 있기 때문에[27] "Terms of Shipment : Withing 60 Days From The Date Of This Contract"와 같이 표현하는 것이 바람직하다.

## (2) 분할선적과 완적의 허용 여부

### ① 분할선적

분할선적(partial shipment)이란 계약 물품을 정해진 선적기일 이내에 한 번에

---

[27] 신용장을 수령한 후 60일에 대한 기산기준이 통지은행의 실제 통지일자(date of credit advice)인지 아니면 수출업자가 통지된 신용장을 수령한 일자인지에 대한 해석상의 오류가 발생될 수 있다.

선적하지 않고 2회 이상 나누어서 선적하는 것을 말한다. 거래 당사자들 간에 계약물품에 대한 분할선적 여부에 대해 사전에 약정해야 하는데, 분할선적이 허용될 경우에 수출업자는 약정조건에 따라 나누어 선적할 수 있다. 신용장상에 분할선적을 금지한다는 명시가 없으면 분할선적을 허용하는 것으로 간주된다.28) 분할선적 예문은 다음과 같다.

- Partial shipments are prohibited
- Partial Shipments : allowed( ), prohibited( )
- Equal monthly shipments during March and April

② 환적

환적(transhipment)이란 화물을 운송도중 다른 선박이나 운송기관에 옮겨 싣는 것을 의미한다. 목적 항까지의 직항선이 없거나 여러 운송수단을 동시에 사용하는 복합운송인 경우에 환적을 허용하는 경우가 많다. 신용장 상에 환적을 금지한다는 명시가 없는 경우에는 환적이 허용되는 것으로 간주된다. 따라서 분쟁을 예방하기 위해 환적의 허용여부를 사전에 합의하는 것이 바람직하다.

- Transhipment is prohibited
- Transhipment : allowed( ), prohibited( )
- May shipment : to be transhipped at Lobe for Long Beach

### (3) 선적 지연에 따른 면책조항의 설정

수출업자의 고의, 과실 또는 태만에 의하여 약정된 기간 내에 선적이 이루어지지 않을 경우에는 수출업자가 책임을 져야 한다. 하지만 선적지연의 원인이 천재지변(act of god)이나 전쟁(war) 등의 불가항력(force majeure)에 의한 경우에는 다음과 같은 조항을 약정함으로써 면책 받을 수 있다.

---

28) 신용장통일규칙(UCP, 1993), 제40조 agkd.

> **Force Majeure** : Neither shall be liable for failure to perform its part of this contract when such failure is due to act of God, fire, flood, strikes, labor troubles or other industrial disturbances, inevitable accidents, war(declared or undeclared), embargoes, blockades, legal restrictions, riots, insurrections, or any cause beyond the control of the parties
>
> **불가항력조항** : 어느 당사자도 본 계약을 이행할 수 없는 사유가 천재지변, 화재, 홍수, 파업, 노동쟁의, 기타 노사분규, 불가피한 사고, 전쟁(선포고 여부를 불문하고), 수출금지, 봉쇄, 법적규제, 소요, 내란, 기타 당사자가 지배할 수 없는 일체의 원인에 의한 때에는 그 불이행에 대하여 면책된다.

## 5. 대금결제조건

수출입 당사자는 계약을 체결할 때 대금결제조건(payment terms)으로 대금결제 방식, 대금결제 시기 및 대금결제 통화에 대해 합의하여야 한다.

### (1) 대금결제 방식

일반적으로 무역대금에 대한 결제방식으로는 신용장방식에 의한 결제, 추심방식에 의한 결제 및 송금방식에 의한 결제로 구분된다.

#### ① 신용장 방식에 의한 결제

신용장(letter of credit)이란 수입업자를 대신하여 신용장 개설은행이 수출업자에게 일정한 조건을 갖출 경우, 수출대금을 지급할 것을 약정하는 보증서이다.

수출업자 입장에서는 신용장에서 요구하는 서류를 제시하기만 하면 수입업자의 능력과는 상관없이 개설은행으로부터 대금을 받을 수 있다. 신용장방식에서 수입업자가 대금을 즉시 지급하기로 약정할 경우에는 일람불신용장(sight credit)이 되고, 일정기한 후 지급을 약정할 경우에는 기한부 신용장(usance credit)이 된다.

> • Payment Terms : Under an irrevocable L/C at sight in our favor
> • Payment Terms : By an irrevocable L/C at 60 days after sight in our favor

### ② 추심 방식에 의한 결제

추심방식에는 어음지급서류인도조건(Document against Payment : D/P)과 어음인수서류인도조건(Documents against Acceptance : D/A)이 있다. 추심방식에 의한 결제는 은행의 지급보증이 없이 전적으로 당사자 간의 신용을 기초로 하여 이루어지는 거래이기 때문에 본·지사 간의 거래나 신용이 확실한 거래처간에 이루어진다.

- Payment Terms : Under D/P at sight in U.S Dollars
- Payment Terms : Under D/A at 60 days after sight in U.S. Dollars

### ③ 송금 방식에 의한 결제

송금(remittance)방식은 수입업자가 수출업자 앞으로 물품대금을 송금하는 방식으로, 수출업자의 입장에서는 물품을 선적하기 전에 대금을 받을 수 있어 유리하지만, 수입업자의 입장에서는 수출업자가 물품의 선적을 이행하지 않거나 계약물품과 상이한 물품을 선적할 수 있다는 점에서 불리하다.

송금방식으로는 송금수표(demand draft : D/D), 우편송금환(mail transfer : M/T), 전신송금환(telegraphic transfer : T/T) 등이 이용된다.

- Payment Terms : Under T/T basis in U.S. Dollars

## (2) 대금결제 시기

### ① 선지급(Payment In Advance)

물품이 선적 또는 인도되기 전에 대금을 송금하는 방식으로 소량의 견본 대금을 지급하거나 특별 주문시 이용된다. 이에는 송금수표나 우편송금환 또는 전신송금환 등에 의해 송금되는 단순송금(remittance basis) 방식, 신용장수령과 동시에 결제되는 선대신용장(red clause L/C), 주문시 지급(Cash With Order : CWO) 등이 있다.

② 동시지급(Concurrent Payment)

동시지급으로는 서류인도결제(cash against document : CAD)와 물품인도결제(cash on delivery : COD)방식이 있다. 서류인도결제방식은 수출업자가 물품의 선적을 증명하는 운송서류를 수출지에 있는 수입업자의 대리인이나 거래은행에 제시하여 대금을 지급받는 방식이고, 현물상환방식은 수입지에서 물품과 대금을 교환하는 현금결제 방식이다.

③ 연지급(Deferred Payment)

물품의 선적이나 서류의 인도 후 일정기간이 경과된 후에 대금지급이 이루어지는 방식이며 기한부신용장, 인수인도(D/A) 조건 등이 이에 해당된다.

## 6. 보험조건

물품 운송 과정에서 선박의 좌초(stranding), 침몰(sinking), 충돌(collision) 등과 같은 해상 고유의 위험(perils of the seas)이나 전쟁(war)등과 같은 인위적 위험을 담보받기 위해 적화보험을 부보하여 만일의 손해에 대비해야 한다.

무역 거래시 CIF나 CIP 조건인 경우에는 수출업자가 적화보험계약을 체결해야 하고, FOB나 CFR과 같은 거래조건에서는 수입업자가 적화보험계약을 체결해야 한다. 보험계약시 보험 목적물인 물품에 대해 어떠한 담보조건으로 부보할 것인가에 대한 약정이 필요하다.

## 7. 포장조건

포장(packing)이란 물품의 운송, 보관, 하역, 진열, 판매 등을 하는데 있어 그 물품의 외형과 내용을 보호하고 상품가치를 유지하기 위해 재료나 용기로 둘러싸는 기술 작업 및 상태를 말한다. 따라서 물품의 형태나 특성에 따라 포장되는 재료나 방법은 각각 다를 수 있다.

### (1) 포장 방법

포장의 방법은 물품의 최소 소매단위를 개별적으로 포장하는 개장(unitary packing), 물품의 이동을 편리하게 하기 위해 일정한 양을 묶어 재포장하는 내장(interior packing), 운송도중 파손이나 도난을 방지하고 하역에 편리하도록 몇 개의 내장을 목재나 카톤(carton) 등으로 최종적으로 다시 포장하는 외장(outer packing)이 있다.

### (2) 포장의 종류

수출물품의 일반적인 포장은 종이상자(carton)이지만, 물품의 특성과 종류에 따라 다르기 때문에 표준화된 포장은 불가능하다. 다만, 원격지 물품운송의 안전을 위해 견고하면서도 경제성이 있고 취급하기가 용이한 포장을 한다. 포장에 소요되는 가격도 종류에 따라 차이가 나기 때문에 이를 감안하여 수출가격을 산정해야 한다.

### (3) 화인(Shipping Marks)

화인(shipping marks)은 운송관계자나 수입업자가 쉽게 식별할 수 있도록 외장에 특정의 기호, 포장번호, 목적항 등의 여러 가지 표시를 말한다. 보통 수입업자가 요구하는 경우에는 지시에 따라서 해야 하지만, 수입업자의 별도 요청이 없을 경우에는 수출업자가 임의적으로 하면 된다.

## 8. 클레임과 중재조항

클레임(claim)이란 당사자가 약정된 계약을 위반함으로써 상대방이 단순한 불평(complaint)의 차원을 넘어 손해 배상을 요구하는 것을 의미한다. 무역계약시 클레임 제기시한을 정하는 것이 바람직하며, 클레임의 정당성을 입증할 수 있는 공인된 감정인의 감정보고서(surveyor's report)를 첨부하도록 합의하여야 한다.

클레임은 가능한 한 당사자들 간에 우호적으로 해결되어야 하지만, 그렇지 못할 경우에는 중재(arbitration)에 의해 해결하도록 한다. 따라서 중재지역, 중재기관 및 중재법 등에 대한 약정을 해 두어야 한다.

## 1. 신용장의 당사자와 종류

### (1) 신용장 당사자

① 기본 당사자

**[개설의뢰인(applicant)]**

신용장의 개설을 개설 은행에 지시·요청하는 자로서 보통 매매계약서상의 매수인이며, 수입업자가 된다. 은행으로부터 신용을 부여받기 때문에 수신 매수인, 신용장의 개설인 이기 때문에 Opener, Issuer라고 불리기도 한다. 신용장통일규칙 에서는 "Applicant for the credit"로 통일하여 부르고 있다.

**[개설은행(issuing bank)]**

개설의뢰인의 요청과 지시에 따라 신용장을 개설하여 수익자가 제시한 서류와 상환으로 지급하거나 또는 발행한 환어음을 지급 또는 인수할 것을 확약한 은행이다. Opening Bank, Grantor 등으로 불리며, 신용장통일규칙에서는 "Issuing Bank"로 부르고 있다.

**[수익자(beneficiary)]**

개설은행이 개설한 신용장에 의거 이익을 받게 되는 자를 수혜자라고 부른다. 수익자는 매매계약서상의 매도인인 수출업자가 된다. 신용장의 수신인, 사용자 또는 신용수령인으로 불리기도 한다. 신용장통일규칙에서는 "Beneficiary"라고 부른다.

신용장의 개설은행은 신용장의 개설 및 그 내용을 수익자에게 직접 통지하거나 수익자의 소재지에 있는 개설은행의 본·지점 또는 환거래은행을 경유하여 통지한다. 대부분의 경우는 은행을 경유하여 통지되며, 특히 신용장이 전신으로 개설된 때에는 반드시 은행을 경유해서 통지된다. 이 통지를 행하는 은행을 통지은행이라 한다.

### ② 기타 당사자

#### [확인은행(confirming bank)]

개설은행의 수권이나 요청에 따라 타 은행이 개설은행의 확약에 추가하여 지급·인수 또는 매입을 확약한 경우 그 타 은행을 확인은행이라 한다.

#### [지급은행(paying bank)]

지급은행은 개설은행 자신이나 개설은행의 예치 환거래은행 또는 개설은행이 대금의 결제를 위하여 미리 금액을 위탁 시켜둔 은행만이 될 수 있다.

#### [인수은행(accepting bank)]

자신 앞으로 발행 되어진 기한부 환어음을 인수함으로써 그 어음의 만기일에 지급할 의무를 지게 된다. 은행에 의하여 인수된 어음은 인수한 은행의 무조건적인 지급의무가 어음법상 따르게 된다.

#### [매입은행(negotiating bank)]

개설은행에 의하여 또는 기한부 어음의 매입을 하도록 지정 받은 은행이 있는 경우에는 그 은행, 특별한 지정이 없는 신용장의 경우는 아무 은행이나 매입은행이 될 수 있다. 매입은행은 개설은행 또는 개설의뢰인 앞으로 발행된 환어음이 규정된 서류와 함께 제시되면 소정기간의 이자를 받고 그 환어음을 사들이게 된다.

[상환은행]

신용장에서 지급, 인수 또는 매입은행에 대한 상환을 개설은행의 본·지점 또는 제3의 은행으로 청구하게 하는 경우 개설은행을 대신하여 상환 업무를 수행하는 은행을 말한다.

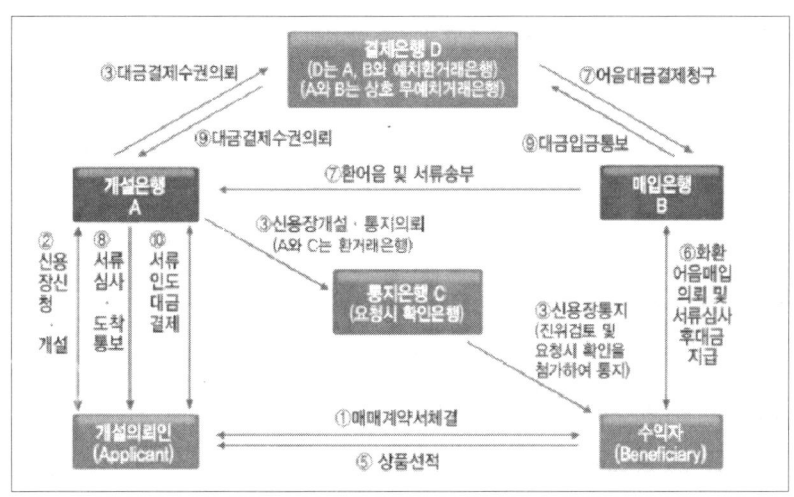

[그림 2-1] 신용장 거래 당사자의 관계

## (2) 신용장의 종류

### ① 취소불능신용장과 취소가능신용장

신용장 개설 후, 취소가능 여부에 따라 취소불능신용장(irrevocable credit)과 취소가능신용장(revocable credit)으로 구분된다.

취소불능신용장은 신용장이 일단 개설되어 수익자에게 통지된 이상 신용장 관계당사자를 구속하여 신용장상의 유효기간 내에는 신용장 관계 당사자의 합의 없이는 신용장을 취소하거나 신용장의 조건변경이 불가능한 것을 말한다.

취소가능신용장은 신용장을 개설한 은행이 수익자에게 사전통지 없이 일방

적으로 신용장 자체를 취소하거나 신용장의 내용을 변경할 수 있는 것으로서, 이는 신용장으로서의 가치가 거의 없다고 할 수 있다.

### ② 확인신용장과 불확인신용장

신용장을 제2의 은행이 확인했는지 여부에 따라 구분한 것이다. 확인신용장(confirmed credit)이란 신용장에 개설은행 이외에 제2은행의 확인, 즉 수익자가 발행하는 어음의 인수·지급 또는 매입에 대한 제2은행의 추가적 확약이 있는 신용장을 말한다. 이는 수익자가 이중의 지급확약을 받게 되므로 신용도가 높아지고, 만약의 경우 개설은행이 지급불능 상태에 빠지면 확인은행이 개설은행을 대신하여 지급하여야 한다.

불확인신용장(unconfirmed credit)이란 제2은행의 확인이 없는 신용장을 말한다.

### ③ 매입신용장과 지급신용장

신용장에 의해서 발행되는 어음의 매입 허용 여부에 따라 매입신용장(negotiation credit)과 지급신용장(straight credit)으로 구분된다.

매입신용장이란 신용장에 의해서 발행되는 어음이 매입될 것을 전제로 하여 어음 발행인은 물론이고, 어음의 배서인(endorser)이나 선의의 어음 소지인(bona fide holder)에게도 지급을 확약하고 있는 신용장이다.

지급신용장은 신용장에 의한 환어음의 매입 여부에 대하여는 아무런 명시가 없이 신용장 개설은행 또는 그가 지정하는 은행에 환어음을 제시하면 지급하겠다고 확약하고 있는 신용장을 말한다.

### ④ 화환신용장과 무담보신용장

신용장에 의한 지급이나 신용장에 의해 발행되는 환어음의 지급 또는 인수에 선적서류의 요구여부에 따라서 화환신용장(documentary credit)과 무담보신용장(clean credit)으로 구분된다.

화환신용장이란 신용장 개설은행이 수익자가 발행한 환어음에 유가증권인 선하증권 등의 선적서류를 첨부할 것을 조건으로 하여 인수·지급 또 매입할 것을 확약하는 신용장, 또는 단순히 신용장 소정의 서류의 제출을 조건으로 지급할 것을 확약하는 신용장을 말하며, 일반적으로 신용장이라 하면 이러한 화환신용장을 지칭한다.

무담보신용장이란 신용장에 의하여 발행되는 환어음에 선하증권 등의 선적서류가 첨부되어 있지 않는 무담보어음(clean bill)의 경우에도 어음을 인수·지급 또는 매입할 것을 확약하고 있는 신용장을 말한다. 기타 일반적으로 무담보신용장은 선적서류가 있을 수 없는 경우의 거래, 즉 운임·보험료·수수료 등의 결제 또는 차입금의 변제 등에 사용된다.

### ⑤ 일람출급신용장과 기한부신용장

신용장에 의하여 발행되는 어음이 일람출급인지, 기한부인지 여부에 따라 일람출급신용장(sight credit)과 기한부신용장(usance credit)을 구분한다.

일람출급신용장이라 함은 신용장에 의해서 발행되는 어음이 지급인(drawee)에게 제시되면 즉시 대금이 지급되는 일람출급환어음(sight draft)인 경우를 말하고, 기한부신용장이란 신용장에 의해서 발행되는 어음이 지급인에게 제시된 후 일정한 기간이 경과한 후에 지급받는 기한부환어음(time draft : term draft : usance draft)인 경우를 말한다.

따라서 기한부신용장을 이용하는 수익자, 즉 수출상은 수출화물을 선적하고 기한부 어음을 발행하여 소정의 기간이 경과한 후에 어음금액의 지급을 받아야 하지만, 실제로는 환어음을 발행하여 외국환은행에 어음할인 형식으로 매각함으로써 수출대금을 수출선적 즉시 회수할 수 있다.

### ⑥ 양도가능신용장과 양도불능신용장

신용장상의 수익자가 신용장을 제3자에게 양도가능 여부에 따라 양도가능신용장(transferable credit)과 양도불능신용장(non-transferable credit)으로 구분된다.

양도가능신용장이란 수익자가 신용장금액의 전부 또는 일부를 제3자(제2의 수익자)에게 양도할 수 있는 권한을 부여한 신용장을 말하고, 또 한편으로 수익자가 신용장을 제3자에게 양도할 수 없도록 한 것을 양도불능신용장이라고 한다.

양도가능신용장에는 반드시 "transferable"이라는 문구가 표시되어 있고, 신용장에 별도의 명시가 없는 한 동일 국내 또는 타국을 막론하고 양도할 수 있다.

### ⑦ 회전신용장

회전신용장(revolving credit)이란 거래처와 동일한 물품을 계속적으로 거래할 경우 거래할 때마다 매번 신용장을 개설하려면 개설의뢰인의 많은 시간과 노력 및 경비가 들게 되고, 거래 예상액 전액을 한꺼번에 개설한다면 일시에 많은 대금이 소요되므로 이러한 불편과 경비 등을 제거하기 위하여 일정한 기간 동안 일정한 금액의 범위 내에서 신용장금액이 자동적으로 갱생되도록 되어 있는 신용장을 말한다.

회전신용장은 수출업자로서는 장기적으로 활용 가능한 신용장을 확보함으로써 안심하고 생산 또는 집화할 수 있고, 한편 수입업자는 신용 있는 수출업자를 확보해 놓음으로써 자기사업을 지속할 수 있는 장점이 있다.

### ⑧ 전대(선대) 신용장

전대(선대)신용장(red clause credit)이란 수출업자의 수출에 따른 수출물품의 생산·가공·집화·선적 등에 필요한 자금을 수입업자가 미리 융통해 주기 위하여, 매입은행으로 하여금 일정한 조건하에 신용장 금액의 일부를 수익자 앞으로 전대(선대)하여 줄 것을 허용하고 그 전대금 상환을 보증하는 신용장을 개설할 수 있다. 이와 같이 수출전대를 인정하고 있는 신용장을 수입업자의 입장에서 보아 전대(선대)신용장이라 하고 수출업자의 입장에서 보아 선수금신용장이라고 한다.

⑨ **기탁신용장**

　기탁신용장(escrow credit)이란 수출입의 균형을 유지하기 위한 구상무역의 경우 사용되는 신용장으로 수입업자가 수입신용장의 개설 시에 신용장의 한 조건으로서, 그 신용장에 의하여 발행되는 어음의 매입 대금은 수익자에게 지급되지 않고 수익자명으로 상호 약정에 따라 매입은행·개설은행 또는 제3국의 환거래은행 등의 기탁 계정에 기탁하여 두었다가 그 수익자가 원신용장 개설국으로부터 수입하는 상품의 대금결제에만 사용하도록 하는 요건의 신용장을 말한다.

⑩ **보증신용장**

　보증신용장(stand-by-credit)이란 통상적인 수출입상품대금의 결제를 목적으로 하는 신용장이 아니고, 금융이나 보증을 위하여 발행되는 특수한 조건의 무담보신용장을 말한다.

⑪ **내국신용장**

　내국신용장(local credit)이라 함은 외국이 수입업자로부터 수출신용장을 받은 국내의 수출업자, 즉 원수출신용장의 수익자가 그에 따른 수출품 또는 원자재 등을 국내에서 조달할 경우, 공 수출품 또는 원자재 등의 공급자에 대한 대금지급을 보증하기 위하여, 수출신용장에 의한 청구권을 담보로 해서 원수출신용장의 통지은행 또는 자기의 거래은행에 의뢰하여 수출품 또는 원자재 등의 공급자를 수익자로 하는 제2의 신용장을 개설하는데, 이를 내국신용장(local credit : domestic credit ; secondary credit : subsidiary credit)이라고 한다.

## (3) 신용장통일규칙

　신용장에 관한 국제적인 규칙으로는 국제상업회의소(ICC : International Chamber of Commerce)가 제정한 "상업화환신용장에 관한 통일규칙 및 관례 (UCP : Uniform Customs and Practice for Commercial Documentary Credits)"가 있으며, 이는 1933년에 제정된 후 제1차 1951년, 제2차 1962년, 제

3차 1974년, 제4차 1983년(UCP 400), 제5차 1993년(UCP 500), 제6차 2007년 (UCP 600)이 각각 개정되었다.

국제거래에 사용되는 모든 신용장에는 반드시 그 신용장 발행은행이 당해 신용장 거래에서 야기되는 모든 문제는 신용장통일규칙에 준하고 이러한 신용장을 통한 거래를 하는 모든 당사자는 신용장통일규칙에 의하여 구속을 받게 되는 것이며, 신용장은 어디까지나 신용장이 명시한 서류에만 근거를 두는 것이지 물품 자체나 물품 거래 당사자간의 계약 내용에는 구속이나 제한을 받지 않는다는 독자적인 성격을 갖고 있다. 따라서 금번에 개정된 UCP 600은 2007년 7월 1일부로 새로운 화환 신용장 통일규칙으로 적용되고 있다.

## 2. eUCP

### (1) eUCP의 의의

eUCP는 글로벌 전자무역에서의 중요한 의미를 가지며, 또한 eUCP의 제정은 실질적으로 전자신용장거래가 이루어질 수 있는 체계를 구축하였다.

eUCP제정으로 지금까지 종이 문서를 기반으로 하는 신용장거래는 전자적 제시에 기반을 둔 국제전자결제수단으로서 전자무역거래를 발전시킬 수 있는 획기적인 전기를 마련하게 되었다고 할 것이다.

### (2) eUCP의 제정 배경

정보통신기술의 발달과 전자상거래의 확산으로 국제무역거래에서도 전자무역거래시대가 도래하게 됨에 따라 2000년 5월 24일 파리에서 개최된 국제상업회의소 은행위원회에서는 현행 UCP 500의 종이신용장에 상응하는 전자적 자료처리에 있어 기술적인 변화들을 수용한 UCP 보완의 필요성이 대두되었다. 국제상업회의소(ICC)는 18개월 동안 노력한 결과 "전자적 제시를 위한 화환신용장통일규칙 및 관례의 초록(new Supplement to the Uniform Customs Practice for Documentary Credits for Electronic Presentation)" 즉 "eUCP"를 제정하고 이는 2002년 4월 1일부터 적용하게 되었다.

### (3) eUCP의 특징

전자무역 대금결제 관련 UCP의 추록, eUCP의 특징을 보면 다음과 같다.

① eUCP는 U/P의 개정이 아니고 UCP의 추록으로 UCP와 함께 적용된다. 따라서 UCP는 앞으로도 종이신용장을 기반으로 하는 UCP 규정을 계속적으로 제공하게 되며, 또한 eUCP도 UCP의 추록으로 UCP와 함께 사용하면서 신용장거래상의 종이문서에 상응하는 전자적 제시를 위하여 필요한 규정들을 계속적으로 제공하게 된다는 점이다.

② eUCP는 전자적 제실에 적용할 수 있는 용어의 정의 조항을 두고 있다. eUCP는 절충적인 내용으로 구성하고 있다는 점에서 의의를 찾을 수 있다. 즉, eUCP는 제시가 완전히 전자적으로 이루어지는 것을 허용할 뿐만 아니라 종이서류와 전자제시의 혼합 즉, 일부 전자제시, 일부종이서류의 제시를 허용하고 있다는 점이다.

③ eUCP는 신용장의 전자적 발행 또는 전자적 통지 등 운영방법과 관련하여 아무것도 제시하고 있지 않다. 그 이유는 신용장을 전자적으로 발행하거나 통지하는 거소가 관련된 어떤 문제를 규명하지는 않고 있는데 이는 현재의 시장관습과 UCP가 오랫동안 이러한 것이 이루어지도록 허용하였기 때문이다.

④ eUCP는 UCP 500의 특정사항이며, 만약 필요하다면 UCP의 다음 개정이 이루어지기 전에 기술이 발전됨에 따라 개정되어야 할 것임을 고려하고 있다. eUCP는 필요 시 개정 또는 후속 버전이 나올 수 있도록 그 버전번호(version number)를 부여하여 제정하여 현재의 버전은 1.0으로 하고 있다.

⑤ eUCP는 기술 종속적이지 않고 일반적으로 규정되고 있다. eUCP는 특정기술과 개발되고 있는 전자상거래시스템에 종속되지 않고 채용되는 기술과 시스템에 대하여 독립적으로 적용할 수 있도록 제정하였다.

⑥ eUCP의 모든 조항은 특별히 전자적 제시와 관련된 경우를 제외하고는 UCP의 조항과 일관성을 유지하고 있다. 필요한 경우 종이서류와 전자양식으로의 제시간에 차이점을 규명하기 위하여 eUCP에서 규정내용에 대한 논의가 이루어져 왔다.

⑦ 신용장이 전자문서 또는 종이와 전자문서의 혼용을 허용하도록 하기 위하거나 또는 당사자들이 eUCP를 적용하기를 원할 경우, eUCP를 명시적으로 삽입하여야 한다는 점이다.

eUCP의 완성으로 화환신용장은 전자상거래 환경에 적합한 상거래 수단이 되었고, 지금까지의 종이문서를 기반으로 하는 신용장 거래는 전자적 제시에 기반을 둔 국제전자결제 수단으로서 전자무역거래를 발전시킬 수 있는 획기적인 전기를 마련하게 되었다는데 큰 의의가 있다.

### (4) eUCP의 구성

eUCP는 총 12개조로 구성되어 있으며, UCP와의 혼란을 피하기 위하여 각 조항의 번호 앞에 e를 추가한 것이 특징이라고 할 수 있다.

eUCP의 경우 전자제시와 관련된 내용만을 주로 규정하고 있는데, 이는 UCP의 부칙으로서의 성격을 지니고 있기 때문이다.

〈표 2-6〉· eUCP 조항

| 구 분 | | eUCP의 조항구성 |
|---|---|---|
| eUCP의 적용범위와 UCP500과의 관계 | 제e1조 | eUCP의 범위(Scope of the eUCP0 |
| | 제e2조 | UCP에 대한 eUCP의 관계(Relationship of the eUCP to the UCP) |
| | 제e3조 | 정의(Definitions) |
| 전자기록의 제시 | 제e5조 | 제시(presentation) |
| 전자기록의 형식과 내용 | 제e4조 | 양식(Format) |
| | 제e8조 | 원본 및 사본(Originals and Copies) |
| | 제e9조 | 발행일자(Date of Issuance) |
| | 제e10조 | 운송(Transport) |
| 전자기록의 성사 | 제e6조 | 심사(Examination) |
| | 제e7조 | 거절통지(Notice of Refusal) |
| | 제e11조 | 제시 후에 전자기록 변현(Corruption of an Electronic Record after Presentation) |
| | 제e12조 | eUCP에 의거한 전자기록의 제시를 위한 책임의 추가적인 면책(Additional Disclaimer of Liability for presentation of Electronic Records under eUCP) |

# 07 국제물품운송과 보험

## 1. 국제물품운송

### (1) 해상운송

#### ① 해상운송의 의의

무역에서 의미하는 해상운송(carriage by sea)이란 해상에서 선박을 이용하여 다른 사람의 화물이나 사람을 운송하고, 그 대가로 운임을 받는 상업 활동을 말한다. 해상운송의 특징으로는 다음과 같다.

첫째, 해상운송은 대량수송이 가능하다. 해상운송은 육상운송이나 항공운송 등에 비해 속도는 느리지만 한꺼번에 대량의 화물을 운반할 수 있다.
둘째, 해상운송은 경제성이 있다. 해상운송은 다른 운송수단에 비해 대량수송으로 인한 운임의 절감효과를 가질 수 있다.
셋째, 해상운송은 원거리의 국제운송에 적합하다. 해상운송은 육상운송과는 달리 협소한 통로의 제약을 받지 않은 자유로운 운송로를 이용할 수 있기 때문에 원거리의 운송에 적합하다.

해상운송의 이러한 특징으로 인해 대부분의 국제무역은 해상운송에 의존하고 있으며, 일부 항공운송수단을 이용하는 것을 제외하고 육상운송에 의한 운송을 할 수 없는 우리나라의 경우 해상운송의 의존도는 더욱 높다.

## ② 해상운송의 형태

선박의 운항형태에 따라 정기선운송, 부정기선운송 및 특수전용선운송으로 구분된다.

### [정기선운송]

정기선(liner)이란 정해진 항로를 따라 규칙적으로 운항하는 선박을 의미한다. 정기선의 특징으로는 다음과 같다.

첫째, 운항일정(sailing schedule)과 운임 요율표(freight tariffs)에 의해 고정된 항로를 반복적으로 운항한다.

둘째, 주로 다수 화주의 소량화물 및 컨테이너화물을 운송대상으로 한다.

셋째, 운송계약 형태가 개품운송계약에 의존하고 해운동맹(shipping conference)에 결성되어 있다. 정기선은 선박 자체도 부정기선에 비해 고가이고 화물도 완제품이나 반제품인 2차 상품이 대종을 이루고 있다.

우리나라가 취항하고 있는 정기선 항로로는 ① 한일 항로, ② 동남아 항로, ③ 북미주 항로, ④ 중동 항로, ⑤ 유럽 항로, ⑥ 호주 항로, ⑦ 홍해·지중해 항로, ⑧ 아프리카 항로, ⑨ 중남미 항로의 9개이다.

### [부정기선운송]

부정기선(tramper)은 일정한 항로를 정기적으로 운항하는 정기선과는 달리, 화물이나 항해에 아무런 제약을 받지 않고 화주가 요구하는 시기와 항로에 선복(ship's space)을 제공하는 운송형태이다. 부정기선의 특징은 다음과 같다.

첫째, 취급하는 화물이 운송 수요가 급증하는 화물과 운임 부담력이 약한 대량 의 살물(bulk cargo)을 주요 대상으로 한다.29)

둘째, 운임이 수요와 공급, 선주와 화주간의 합의에 의해 결정되고 운송계약 형태는 용선계약(charter party)에 의하는 것이 보통이다.

셋째, 운임요율이 낮고 변동폭이 심하다.

---

29) 이에 해당되는 대상으로는 광석, 곡물, 원목, 원면, 원당, 비료 등을 들 수 있다.

[특수전용선운송]

특수전용선(specialized carrier)이란 넓은 의미로 부정기운송의 일종으로 특정한 화물을 운송할 목적으로 건조된 선박이다. 특수전용선의 종류로는 수산물이나 청과물을 운송하는 냉동선(refrigerated ship), 유류를 운송하는 유조선(tanker), 곡물전용선(grain carrier), 목재전용선(log carrier), 자동차전용선(car carrier), 광석전용선(ore carrier), 가스전용선(LPG tanker carrier, LNG tanker carrier) 등이 있다.

### ③ 해상운송계약의 형태

[개품운송계약]

개품운송계약(contract of affreightment in a general ship)이란 선박회사가 다수의 화주로부터 개개의 물품을 대상으로 개별적으로 운송계약을 체결하는 것을 말한다.

개품운송계약은 불요식계약(informal contract)이므로 체결 절차에 있어 특별히 요구되는 방식은 없으나, 송화인(shipper)이나 그 대리인이 선박회사가 고시하는 항해일정표에서 항로별 선박명, 입항예정일, 출항예정일 등을 고려하여 선박을 선택한 후 선박회사에게 '선복요청서(shipping request : S/R)'를 제출하고 선박회사가 이를 승낙함으로써 계약이 체결된다. 대부분의 무역운송이 정기선에 의한 개품운송계약에 의해 이루어지고 있다.

[용선운송계약]

용선운송계약(contract of carriage by charter party)이란 화주가 선박회사로부터 선복(ship's space)의 전부 또는 일부를 빌려 계약을 체결하는 것을 말한다. 용선계약은 선복의 범위에 따라 전체용선계약(whole charter)과 일부용선계약(partial charter)으로 구분되며, 용선료의 계산방법에 따라 다시 정기용선과 항해용선, 그리고 나용선으로 구분된다.

### [정기용선계약(time charter)]

이는 화주가 선주로부터 일정기간 선박을 빌리는 것을 말한다. 이 경우 선주는 항해에 필요한 장비를 갖추고 선장 및 선원을 승선시킨 상태에서 선박을 용선자에게 인도해야 한다.

따라서 선주는 선박의 감가상각비, 보험료 등의 간접비와 선원비, 수리비, 검사비, 선박의 용품비용과 같은 직접비를 부담해야 하며, 용선자는 용선비, 연료비, 적·양화비, 운반비를 지급해야 한다.

### [항해용선계약(voyage charter)]

화주가 선박회사로부터 선박을 어느 항구에서 어느 항구까지 용선하는 것을 의미한다.

이 계약에서의 운임은 화물의 양에 관계없이 '한 항해에 얼마'로 포괄운임을 지불하는 것이 일반적인데, 이것을 선복운송계약(lumpsum charter)이라고 하며, 이 경우의 운임을 선복운임(lumpsum freight)이라고 한다.

### [나용선계약(bareboat charter)]

이는 용선자가 선주로부터 아무런 장비를 갖추지 않은 선체(bareboat)만 빌리고 선박의 운항에 필요한 선원, 장비, 소모품 등은 용선자가 책임을 지는 것을 말한다.

우리나라의 운송업자가 외화획득을 위하여 외국선박을 나용선하여 우리의 선원과 장비를 갖추어 외국에 다시 재용선(sub-charter)하는 경우도 있다.

### ④ 선화증권

선화증권(bill of lading : B/L)은 선주가 자기 선박에 화주로부터 의뢰받은 운송화물을 적재 또는 적재를 위해 그 화물을 영수하였음을 증명하고, 동 화물을 도착항에서 일정한 조건하에 수하인 또는 그 지시인에게 인도할 것을 약정하는 유가증권이다.

선화증권의 종류로는 다음과 같은 것들이 있다.

### [선적선화증권과 수취선화증권]

선적선화증권(shipped or on board B/L)은 화물이 실제로 선적된 후에 발행되는 증권으로서, 증권 면에 "shipped" 혹은 "shipped on board" 등의 문구가 표시되며, 모든 선화증권은 선적선화증권으로 발행되는 것이 원칙이다.

반면, 수취선화증권(received B/L)은 운송인이 선적을 약속한 화물을 화주가 지정한 창고에 입고시킨 후 화주가 요청할 경우에 선적 전에 발행되는 증권으로서, 예정된 선박에 선적이 이루어지지 않을 경우가 있기 때문에 신용장상에 "received B/L acceptable"이라는 문언이 없으면 은행은 수리를 거절한다.

### [무사고선화증권과 사고부선화증권]

무사고선화증권(clean B/L)은 선적화물의 상태가 양호하여 약정수량의 전부가 그대로 선적되었을 경우, 선박회사가 화물의 손상이나 과부족이 없다는 문언을 기재한 증권이나 손상이나 과부족이 있을지라도 그 내용이 기재되지 않은 증권을 말한다.

사고부선화증권(foul B/L, dirty B/L) 선화증권의 적요(remarks) 란에 사고문언이 기재된 증권을 말한다.

### [기명식선화증권과 지시식선화증권]

기명식선화증권(straight B/L)은 수화인 란에 수화인(consignee)의 성명이 명백히 기재된 증권으로서, 수화인인 수입업자만 물품인도를 청구할 수 있을 뿐 수출업자는 아무런 권리가 없으므로 화환어음에 의한 결제가 아닌 현금판매나 청산계정판매에 주로 이용되고 있다. 지시식선화증권(order B/L)은 수화인 난에 "order", "order of shipper", "order of ...(buyer), (negotiation bank)" 등으로 표시된 증권으로서, 이들 shipper, buyer, negotiation 등이 배서하면 유통할 수 있는 증권이다.

### [복합운송선화증권]

복합운송선화증권(combined transport B/L, multimodal transport B/L)은 수출국의 화물인수장소부터 수입국의 인도장소까지 해상, 육상, 항공 등 두 가지 이상의 서로 다른 운송수단을 이용하여 운송되는 경우 복합운송인(combined or multimodal transport operator)이 전 구간의 운송을 책임지고 발행하는 선화증권을 말한다.

### [권리포기선화증권]

권리포기선화증권(surrender B/L)은 선화증권의 종류라기보다는 선화증권상에 'Surrender'란 문구의 도장을 찍어 유통가능한 유가증권으로서의 기능을 포기하는 선화증권으로 원선화증권(original B/L) 없이 수입화물을 인도하여도 좋다는 의미를 가진 선화증권을 말한다. 즉 송화인은 운송인으로부터 Original B/L을 발급받아야 하나 실제 발급을 받지 않고 송화인이 배서하여 운송인에게 반환함으로써 선화증권의 유통성이 소멸된 선화증권이다. 일반적으로 'B/L을 surrender한다'라고 하는 것은 송화인이 발행된 원본선화증권을 수입지의 수화인에게 송부하지 않고 운송인에게 제출함으로써 수화인이 선화증권의 원본을 제출하지 않고도 물품을 인도받을 수 있도록 한 것이다.

### [제3자선화증권]

제3자선화증권(third party B/L)은 선화증권상의 송화인은 수출업자의 이름으로 작성되는 것이 일반적이지만 송화인이 신용장상의 수익자인 수출업자가 아닌 제3자(third party)를 송화인으로 하여 발행되는 선화증권으로 중계무역에서 주로 사용된다. 예를 들어 한국이 중국으로부터 물품을 수입하여 미국에 수출하여야 하지만 실제 물품이 중국에서 미국으로 직접 운송되는 중계무역의 경우, 신용장상의 수익자는 한국의 수출업자이지만 선화증권상의 송화인은 중국에 있는 제3자가 된다. 비록 수출업자인 한국의 업체와 수입업자인 미국의 수입업체간의 매매계약서상에는 한국의 업체가 송화인임에도 불구하고 제3자선화증권상의 송화인은 물품을 직접 선적하는 중국의 업체가 된다.

[적색선화증권(Red B/L)]

적색선화증권은 보통의 선화증권과 보험증권을 결합시킨 것으로서, 화물이 항해 중에 사고가 발생하면 선박회사가 보상해주는 증권이다.

[기간경과선화증권(Stale B/L)]

선화증권은 선적이 완료되면 선적 일자에 발급된다. 수출업자는 대금회수를 위해 선적일 이후 21일 이내에 매입은행에 선화증권을 제시해야 하는데, 제시하지 않고 21일이 경과된 선화증권이 기간경과선화증권(Stale B/L)이다.

신용장 상에 "stale B/L acceptable"이라는 문언이 없으면 은행에서 매입을 거절한다.

### (2) 컨테이너운송

#### ① 컨테이너의 의의

컨테이너(container)란 화물을 안전하게 보관하여 운송할 수 있게 제작된 규격화된 운송용기를 말한다. 컨테이너를 이용한 운송은 운송화물의 단위당 비용을 줄일 수 있고, 선복이윤을 증대시킬 수 있을 뿐만 아니라 대량화물을 일시에 적재하고 양륙할 수 있어 운송기간이 단축될 수 있다.

따라서 컨테이너를 이용할 경우 최종 목적지까지의 운송 즉, '문전에서 문전(door to door)'까지의 운송을 실현할 수 있다.

#### ② 컨테이너운송의 장단점

◀ 장 점 ▶

[정박기간 단축]

컨테이너는 동일하게 규격화되어 있고, 밀폐된 운송용기이기 때문에 악천후에도 작업이 가능하다. 따라서 작업시간이 단축되고 정박기간을 줄일 수 있다.

### [환적의 용이성]

컨테이너는 모든 운송수단에 적재될 수 있도록 되어 있기 때문에 운송수단 간의 환적이 용이하다.

### [창고료 절감]

컨테이너는 하나하나가 별개의 독립된 창고역할을 하기 때문에 부두의 유료 창고에 보관할 필요가 없다.

### [화물의 안전성]

화물이 견고하고 밀폐된 기구에 의해 운반되기 때문에 파손이나 도난의 위험성이 적다.

### [항해기간의 단축]

최근에 건조된 컨테이너 선박은 고속엔진으로 운항하기 때문에 항해기간이 단축된다.

### [운임절감]

두 가지 운송수단을 이용할 경우 전 운송구간에 동일한 통과요율(through rate)이 적용되어 운임이 절감된다.

### ◀단 점▶

컨테이너운송의 단점으로는 다음과 같은 것을 들 수 있다. 컨테이너와 함께 운송수단과 항만시설 등의 제반 설비가 완료되기 위해서는 막대한 고정자본과 기술적 지원이 필요하다.

또한, 컨테이너에 적재하여 운송하기가 곤란한 화물의 종류가 있다.30)뿐만 아니라 컨테이너선에서는 컨테이너화물의 적재가 대부분 갑판상에 적재 되어

---

30) 이에 대한 대표적인 화물로는 철강제품, 자갈이나 모래, 기타 장척화물 등을 들 수 있다.

야 하는데, 보험회사에서는 갑판 적재화물에 대해 높은 할증보험료를 적용한다. 그러나 이러한 단점들은 컨테이너가 부여하는 다양한 장점에 비교할 경우 큰 걸림돌이 되는 문제는 아닐 것이다.

### ③ 컨테이너화물의 운송형태

수출국의 송화인과 수입국의 수화인의 관계에서 볼 때 컨테이너화물의 운송은 다음과 같이 구분할 수 있다.

#### [CY/CY(FCL/FCL : Door to Door)]

송화인의 생산 공장이나 창고에서 적재된 컨테이너화물이 수화인의 창고까지 운송되는 형태이다. 신속성·경제성·안정성을 충족시키고 '문전에서 문전(door to door)'까지의 서비스로 컨테이너운송의 장점을 최대로 이용한 방법이다.

#### [CY/CFS(FCL/LCL : Door to Pier)]

송화인의 생산공장이나 창고에서 컨테이너에 만재화물(full container load : FCL)로 적재되어 목적항에서 여러 수화인에게 인도하기 위하여 CFS에서 해체하여 운송하는 방법이다.

#### [CFS/CY(LCL/FCL : Pier to Door)]

선적항에 있는 선박회사의 지정 CFS에서 다수의 송화인의 화물을 혼재(consolidation)하여 단일 수화인의 문전까지 운송하는 방법이다.

#### [CFS/CFS(LCL/LCL : Pier to Pier)]

선적항 CFS에서 다수 송화인의 소량화물(less than a container load : LCL)을 혼재하여 다수의 수화인을 위해 목적항의 CFS에서 화물을 해체하여 인도하는 방법이다.

## (3) 항공운송

### ① 항공운송의 의의

항공운송(carriage by air)이란 항공기의 항복(plane's space)에 화물을 공로를 통하여 운송하는 것을 말한다.

국제화물운송은 육상이나 해상을 통하여 주로 이루어지고 있지만 항공산업의 발전과 부가가치가 높은 반도체, 정밀기기, 통신기기, 광학기기 등의 제품이 개발되어 항공운송에 대한 의존도가 높아지게 되었다. 컨테이너운송이 발전됨에 따라1980년대부터는 육상운송이나 해상운송과 연계한 해상/항공/육상 또는 항공/육상 등의 복합운송까지 발전하게 되었다.

### ② 항공운송의 장점

항공운송의 장점으로는 다음과 같다.

첫째, 항공운송은 신속성 때문에 수송기간이 단축된다. 항공운송으로 적합한 화물은 긴급화물로 기회비용이 중요시되는 상품들이다. 이들 상품으로는 긴급히 운반하지 않으면 막대한 손실을 가져오는 기계설비 및 선박의 부품, 납기가 촉박한 상품, 계절상품, 투기상품 등이다.

둘째, 항공운송은 재고비용을 절감시킨다. 제품이 신속하게 운송됨으로 인해 재고품의 발생이 적어지며, 이로 인한 재고비용이나 보관비용을 절약할 수 있다. 이에 적합한 상품으로는 생선, 식료품, 방사성 물질과 같이 시간의 경과에 따라 가치가 없어지는 화물이나 부패성화물 등을 들 수 있다.

셋째, 항공운송은 수송조건이 양호하다. 이는 수송기간이 짧고 운송 상태가 양호하고 안전함으로써 파손, 분실, 훼손의 위험이 적다는 것을 의미한다.

### ③ 항공화물운송업자

[항공화물운송대리점]

항공화물운송대리점(air cargo agent)이란 항공사 또는 총대리점을 위하여 유상으로 항공기에 의한 화물운송계약체결을 대리하는 사업을 운영하는 업체를 말한다. 다시 말해 항공화물운송대리점은 항공사를 대리하여 항공사의 운송약관규칙, 운임율표와 운항시간표에 의거하여 항공화물을 모으고 항공화물운송장(Air Waybill : AWB)을 발행하며 이에 부수되는 업무를 수행한다.

[항공화물운송 주선업자]

항공화물운송 주선업자(air freight forwarder)는 타인의 수요에 부응해 자기의 명의로 항공사의 항공기를 이용하여 화물을 혼재, 운송해주는 사업자로 혼재업자(consolidator)라고도 한다.

송화인과 항공사의 중간입장인 운송주선업자는 송화인에게는 운송업자의 입장이고, 항공사에 대해서는 송화인의 입장이 된다. 따라서 운송주선업자는 자체 운송약관과 운임률표를 가지고 혼재되는 각각의 화물에 대해 혼재화물운송장(House Air Waybill : HAWB)을 발행한다. 혼재화물이 항공사에 인도될 때에 운송주선업자는 송화인이 되어 항공사로부터 항공화물운송장(Master Air Waybill : MAWB)을 발급받게 된다.

수출업자가 매입은행을 통하여 대금결제를 받는 것과 수입업자가 항공화물을 찾는 것은 HAWB이다. MAWB는 항공사와 운송주선업자간의 운송계약에 따른 증빙이며, 항공화물을 수하인별로 분류하여 인도할 때 HAWB과 연결시켜 업무를 수행하게 된다.

### ④ 항공화물운송장

항공화물운송장(Air Waybill : AWB)은 최근 운송수단의 발달로 고가품인 경우에 많이 이용되는 있는 것으로서, 항공적재화물에 대하여 항공운송업자가 발행한 단순한 화물수취증이다. 따라서 선화증권과 같이 화물 자체를 화체한 유가증권이 아니다.

그러나 선적서류상으로는 선화증권을 대신하여 그 일부를 구성하게 되는데, 화환어음의 부속서류로 이용하는 경우에 화물의 수령인을 신용장개설은행이 되게 하여 화물이 은행에 송달되도록 신용장상에 명시하여야 화물의 담보권이 확보된다.

### ⑤ 국제특송 서비스

국제특송 서비스(international courier service)는 외국의 업체와 계약을 체결하여 상업서류 및 소형·경량물품을 항공기를 이용하여 문전에서 문전(door to door)까지 수취·배달해 주는 서비스로 상업서류 및 이에 부수되는 소량화물 송달서비스를 의미한다. 국제특송서비스는 ① 계약서, 기술관계서류, 각종 데이터, 사양서, 목록, 은행 관계 서류, 수출화물의 선적서류, 증권류, 도면, 설계도, 자기 테이프, 컴퓨터 테이프, 팜플렛, 사전, 보도용 원고 등 우편법에 제한적용을 받지 않는 상업서류 및 이에 수반되는 ② 상품견본, 시험견본, 제작용 견본, 선물품, 카달로그, 인쇄물, 부속부품, 기계의 대체품, 소량의 장식품 등의 중량 45kg 이하의 시장가치가 없는 소량, 소형, 경량의 일반화물 등의 소량화물을 급송하는 서비스를 의미한다.

국제택배업이 택배업자 또는 상업서류송달업자인 포워더들의 사업인 반면, 특송화물운송업은 항공사의 운송사업이었으나 국제택배업자들이 항공운송업을 겸하는 통합 캐리어가 되고, 특송화물운송업자들은 Airport-to-Airport에서 Door-to-Door 서비스를 제공함에 따라 통상 같은 개념으로 사용되고 있다.

국제특송서비스의 대표업체들로는 DHL, Federal Express, United Parcel Service(UPS) 등이 있다.

### (4) 복합운송

#### ① 복합운송의 의의

복합운송(multimodal transport)이란 특정 화물을 육상·해상·내수·항공·철도·도로운송 중에서 적어도 두 가지 이상의 운송형태를 복합적으로 이용하여 운송하는 형태를 의미한다.

오늘날 복합운송은 해상과 육상을 연결하는 형태와 해상과 항공을 연결하는 형태로 이루어지고 있다. 해륙복합운송은 대륙을 횡단하는 육상운송을 통해 해상과 육상을 연결하는 운송형태이며[31], 해공복합운송은 해상과 대륙을 선박

---

31) 대륙을 교량으로 연결한다고 하여 '랜드 브리지 서비스'(land bridge service)라고 한다.

과 항공기로 연결하는 형태로 해상운송의 저렴한 운임과 항공운송의 신속함을 결합하기 위해 이용된다.

복합운송에서는 반드시 서로 다른 운송수단을 결합하여 이루어지기 때문에 특정 운송인에게 전 운송구간의 책임을 집중시킬 수 있으며, 복합운송증권(multimodal transport document MTD)이 발행된다.

### ② 복합운송의 운송경로

#### [시베리아 랜드 브리지(Siberia Land Bridge : SLB)]

시베리아대륙을 교량으로 이용하여 극동과 유럽 및 중동지역을 연결하는 경로이다. 한국 또는 일본으로부터 대륙운송의 접점인 독립국가연합의 나호트카(Nakhodka)나 보스토치니(Vostochny)까지 컨테이너선으로 해상운송하고, 그곳으로부터 시베리아횡단철도에 의해 육상운송하여 유럽과 중동의 운송기관과 연결하여 목적지까지 운송하는 국제복합운송의 한 형태이다.

#### [차이나 랜드 브리지(China Land Bridge : CLB)]

중국대륙철도와 실크로드(Silk Road)를 이용하여 극동지역과 유럽지역을 연결하는 경로이다. 중국의 향후 경제전망을 고려해 볼 때 현재에는 이용빈도가 적지만 앞으로 많이 활용될 수 있는 경로이다.

#### [아메리카 랜드 브리지(America Land Bridge : ALB)]

극동과 유럽간의 화물운송에서 미국 대륙의 횡단철도를 통한 극동-구주간의 복합운송을 의미한다.

#### [미니 랜드 브리지(Mini Land Bridge : MLB)]

극동에서 선적된 화물이 미국 태평양 서안항구에서 양화되어 육상운송수단을 이용해 북미대륙을 횡단하여 미국 대서양 연안의 동부 걸프지역 항구까지 운송되는 복합운송의 한 형태이다.

### ③ 복합운송증권

복합운송증권 가운데는 선화증권의 명칭을 포함하고 있는 것과 그렇지 않은 것이 있다. Multimodal(Combined) Transport B/L과 같이 선화증권의 명칭에 복합운송이라는 단어가 첨부된 것도 있고, 단지 Multimodal (Combined) Transport Document와 같이 선화증권의 명칭이 사용되지 않은 것이 있다.

이 중, 가장 많이 사용되고 있는 선화증권 형태의 복합운송증권은 FIATA Multimodal Transport B/L(FBL), Combined Transport B/L(FBL), Intermodal Transport B/L(FBL) 등이 사용되고 있다. 이들 복합운송증권은 국제운송인주선협회(FIATA)가 1992년 표준약관으로 개정한 것이다.

## 2. 해상보험

### (1) 해상보험의 성격

#### ① 해상보험의 개념

해상보험(marine insurance)이란 보험자(insurer)가 해상운송 중에 발생하는 물품의 위험을 인수하고, 이들 위험에 기인한 손해가 발생하였을 경우 피보험자(insured)에게 그 손해액을 보상할 것을 계약하고, 피보험자는 그 대가로서 보험료(insurance premium)를 지불할 것을 약속하는 손해보험의 일종이다.

무역거래에서의 해상보험은 운송기간, 포장상태, 물품의 종류, 성질 등 보험에 영향을 미치는 요인들이 많기 때문에 적절한 보험조건을 택하여 보험계약을 체결하여야 한다.

영국의 해상보험법 제2조에서 해상보험 계약은 그 명시된 특약 또는 상관습에 의해 담보된 범위를 확장하여 해상항해에 수반되는 내수로(inland waters) 또는 육상위험으로 인한 손해에 대해서도 보상할 것을 규정하고 있다.

따라서 해상보험의 범위와 관련하여 오늘날의 해상보험은 육상운송 위험까지 연장되어 담보되도록 되어 있어 해상 및 육상의 혼합보험적 성격을 띠고 있다.

### ② 해상보험의 당사자

[보험자]

보험자(insurer, assurer, underwriter)는 보험회사(insurance company)나 개인보험업자(underwriter)와 같이 보험계약을 인수하고, 이에 따라 보험계약자에게 손실보상을 약속하는 당사자를 말한다. 우리나라에서 보험자는 주식회사 또는 상호회사이어야 한다. 영국은 로이즈(Lloyd's)와 같은 개인도 보험업자가 될 수 있지만 미국은 개인보험회사를 인정하지 않고 있다.

[보험계약자]

보험계약자(policy holder)는 보험자와 보험계약을 체결하는 당사자로서, 보험자인 보험회사와 보험계약을 체결하고 보험료를 납입하는 당사자이다.

[피보험자]

피보험자(insured, assured)는 피보험이익(insurable interest)을 갖는 당사자를 의미한다. 즉 피보험자는 손실이 발생할 경우 계약에 의해 보상을 받을 수 있는 당사자이다.

보험계약자와 피보험자는 동일인이 될 수도 있고 그렇지 않을 수도 있다. FOB조건이나 CFR조건인 경우 수입업자가 보험계약자이면서 피보험자이기 때문에 동일인이 된다. 그러나 CIF조건이나 CIP조건인 경우 수출업자가 자신을 피보험자로 여 보험료를 납부하지만, 보험증권에 배서(endorsement)한 다음, 수입업자에게 도하여 결국 수입업자가 보험금 수취권을 가지게 되기 때문에 보험계약자와 피보험자는 동일인이 아니다.

### ③ 피보험이익

피보험이익(insurable interest)이란 보험의 목적물에 대하여 특정인이 갖게 되는 이해관계를 말한다. 영국의 해상보험법 제4조에 도박이나 사행(사행계약)을 위해 보험의 목적물(subject matter of insurance)과 하등의 이해관계 없이 이루어지는 보험계약은 무효라고 규정하고 있어, 보험에는 반드시 피보험자가

보험의 목적물과 재산상의 이해관계가 있어야 하며, 재산상의 이해관계를 보호함으로써 특정인이 갖게 되는 이익을 피보험이익이라고 한다.

다시 말해 보험목적물과 관계가 있는 당사자는 보험목적물이 위험에 노출될 경우 손해를 입을 수 있기 때문에 이에 대비하여 보험계약을 체결한다.

따라서 당사자는 보험목적물과 이해관계가 있기 때문에 보험계약을 체결하고, 이 계약에 의해서 미래의 사고로부터 재산상의 손해를 보상받을 수 있는 이익을 피보험이익이라고 할 수 있다.

법적 효력을 발생하기 위한 피보험이익의 요건으로는 다음과 같다.

첫째, 피보험이익은 법적으로 인정된 것이어야 하며 적법한 것이어야 한다. 밀수품, 마약, 절도품, 탈세와 도박 등과 같이 공서양속(公序良俗)에 위배되는 목적물은 피보험이익이 될 수 없다.

둘째, 피보험이익은 금전적으로 평가할 수 있는 경제적 이익이 있어야 한다.

셋째, 피보험이익은 보험사고가 발생할 때까지 보험계약의 요소로서 확정하거나 확정할 수 있는 것이어야 한다. 예를 들어, CIF가격에 희망이익을 포함하여 최대 110%를 부보하는 것도 현재 확정되어 있지 않더라도 장래에 확정될 것이 확실한 것이기 때문이다.

#### ④ 보험가액과 보험금액

[보험가액]

보험가액(insurable value)이란 보험계약이 체결될 수 있는 금액으로서 보험목적물의 실제적인 가치를 말한다. 다시 말해 보험가액은 보험사고가 발생할 경우 피보험자가 입게 되는 손해액의 최고한도이다.

[보험금액]

보험금액(insured amount)은 피보험자가 실제로 보험에 가입한 금액으로서 손해발생시 보험자가 부담하는 보상책임의 최고한도액을 말한다. 보험금액은 보험자의 보상액이 되기 때문에 보험산정의 기준이 된다. 보험가액이 높게 책정된다 하더라도 보험금액을 낮게 책정할 경우에는 보상액도 그 만큼 낮게 된다.

[보험가액과 보험금액과의 관계]
- **전부보험(full insurance)** : 전부보험은 보험가액과 보험금액이 일치하는 경우를 말한다.
- **일부보험(under insurance)** : 일부보험은 보험목적물에 대해 보험가액의 일부만을 보험금액으로 책정하는 것을 말한다. 따라서 보험가액이 보험금액보다 크다.
- **초과보험(over insurance)** : 초과보험은 보험가액보다 보험금액이 더 큰 것을 말하는 것으로, 이는 선의의 경우를 제외하고는 무효가 된다.

⑤ 해상보험의 기본원칙

[고지의무]

보험계약자는 보험자에게 보험목적물에 대한 구체적인 사항을 최대선의의 원칙에 의거하여 고지해야 할 의무가 있다. 예를 들어, FOB계약의 경우 보험목적물인 화물은 본선항에서 적재되지만, 이에 대한 적하보험은 일반적으로 수입업자가 수입지의 보험자와 계약을 체결한다. 수입지의 보험자는 수입업자가 보험목적물에 대한 구체적인 사항을 알려 주지 않으면 위험정도를 알 수 없게 된다.

적화보험에서 중요한 고지사항으로는 운송선박명, 화물의 종류, 포장상태, 적재방법, 항로 및 환적여부 등이다.

[손해보상의 원칙]

해상보험계약은 보험자가 피보험자에 대한 해상손해만을 보상할 것을 약속하는 것이기 때문에 손해가 발생할 경우 약정된 손해금액을 지급해야 하는 데, 이를 손해보상의 원칙(principle of indemnity)이라고 한다.

[근인주의]

보험자는 담보위험에 근인하여(proximately) 발생하는 손해만 보상한다. 근인(proximate cause)이라 함은 손해를 야기시킨 가장 직접적인 원인을 말하는 것으로, 이는 사건발생과 가장 가까운 시간적인 원인이 아니라 사고의 비중이 가장 큰 원인을 의미한다. 근인주의(doctrine of proximate cause)란 이러한 근인이 담보위험에 포함되면 보험자가 보상을 하지만 근인이 담보위험에 포함되지 않으면 보상하지 않는다는 것이다.

[담 보]

담보(warranty)란 보험계약자가 특정조건의 준수를 보증하겠다는 약속이다. 예를 들어 '선적 전 검사를 조건으로 함(warranted surveyed before shipment)' 등과 같이 약속하는 조건이 담보이다.

담보는 일반적 담보의 개념과는 다른 것으로, 피보험자가 담보를 위반할 경우에는 보험자가 보험계약을 무효화할 수 있는 권리를 가지게 된다. 따라서 담보는 엄격하게 지켜져야 한다.

### (2) 해상손해

#### ① 해상손해의 개념

해상손해(marine loss)란 보험목적물이 해상위험으로 인하여 피보험이익의 전부 혹은 일부가 멸실 또는 손상되어 피보험자의 재산상의 불이익이나 경제상의 불이익을 의미한다.

일반적으로 해상손해는 물적손해(physical loss), 비용손해(expenses) 및 손해배상책임(liability loss)으로 크게 나눌 수 있다.

② 전 손

전손(total loss)은 담보위험으로 인하여 보험목적물이 전부 소멸되는 경우를 의미한다. 해상보험에서는 현실전손(actual total loss)과 추정전손(constructive total loss)으로 구분된다.

[현실전손]

현실전손(actual total loss)은 보험목적물이 완전히 파괴되거나 부보된 종류의 물건으로서 존재할 수 없을 정도로 심한 손상을 받을 경우, 피보험자가 보험목적물을 박탈당하여 회복할 수 없을 경우에 성립된다. 현실전손은 실질적인 멸실(physical destruction), 성질의 상실(alteration of species), 회복 전망이 없는 박탈(irretrievable deprivation), 선박의 행방불명(missing ship) 등이 대표적인 경우이다.

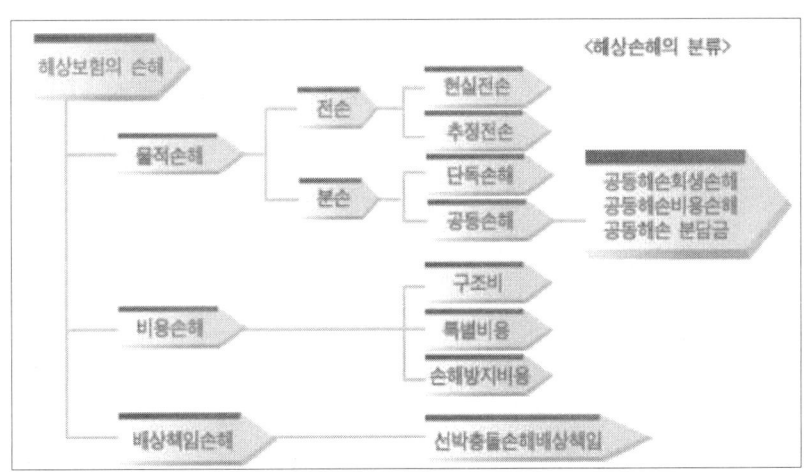

[그림 2-2] 해상손해의 종류

[추정전손]

추정전손(constructive total loss)은 보험의 목적물이 현실적으로 전멸한 것은 아니지만, 현실전손이라고 보는 것이 불가피하다고 인정되거나, 보험목적물의 복구비용이 오히려 그 가액을 초과하여 현실전손으로 처리하는 것이 경제적일 경우, 피보험자가 적절한 위부(abandonment)를 통지하고 보험금 전액을 청구하는 손해이다. 위부란 추정전손의 사유가 발생하여 전손에 대한 보험금을 청구하기 위하여 피보험자가 보험목적물에 대한 일체의 권리를 보험자에게 이전하는 것을 말한다.

### ③ 분 손

분손(partial loss)은 피보험이익의 일부만이 손해를 입는 것을 말한다. 분손은 손해발생 원인에 따라 단독해손과 공동해손이 있다.

[단독해손]

단독해손(particular average : P/A)이란 담보위험으로 인하여 발생한 보험목적물의 일부분에 대한 손해를 피보험자가 단독으로 책임지는 손해이다.

[공동해손]

공동해손(general average : G/A)이란 보험목적물이 공동의 안전을 위하여 희생되었을 때, 관련 이해관계자들이 비례하여 분담하는 손해이다. 예를 들어, 항해 중에 선박이 태풍으로 인하여 서서히 가라앉고 있을 경우, 선장의 책임하에 선박이 가라앉지 않도록 하기 위해 화물을 바다에 버릴 수 있을 것이다. 이 때 바다에 버려진 화물의 손해에 대해 선주는 자신의 선박에 이상이 없다 하더라도 화주와 함께 분담해야 한다.

공동해손이 성립되기 위해서는 공동의 희생손해나 비용손해가 이례적이어야 하고, 공동해손 행위와 공동해손은 합리적이어야 하며, 현실적인 위험이 존재해야 하고, 공동해손 행위는 임의적이어야 하며, 위험이 항해단체 모두를 위협하는 것이어야 한다.

## 3. 무역보험

### (1) 무역보험의 개념

　무역보험은 수출보험과 수입보험을 포함하는 개념으로 수출업자가 물품을 수출하고 수출대금을 지급받지 못하거나 금융기관이 제공한 수출금융을 회수하지 못하는 경우, 그리고 수입업자가 외국 수출업자로부터 적기에 화물을 인도받지 못하거나 선지급금을 회수하지 못하는 경우에 발생하는 손실을 한국무역보험공사가 무역보험법에 의하여 보상해주는 비영리정책보험을 말한다.

### (2) 수출보험의 기능

#### ① 수출거래상의 불안제거 기능

　수출보험은 수출거래에 따른 수출업자의 위험부담을 해소하여 준다는 측면에서 수출거래의 환경 및 조건을 국내 상거래의 경우와 동일한 정도로 유리하게 조성하는 데에 일차적인 기능을 가지고 있다. 즉 수출보험은 수입국에서 발생하는 비상위험이나 수입업자의 신용위험으로 인하여 수출업자 또는 금융기관이 입게 되는 손실을 보상해 줌으로써 안심하고 수출활동을 할 수 있게 해준다.

#### ② 금융 보완적 기능

　수출보험은 수출대금의 미회수위험을 담보하기 때문에 금융기관으로 하여금 수출금융을 공여하게 하는 금융 보완적 기능을 가진다.
　또한, 수출계약상대방의 대금지급지체 등과 같은 보험사고가 발생하여 수출대금의 회수전망이 불투명하거나, 회수에 장기간이 소요되는 경우에 수출업자가 입는 손실을 보상해 줌으로써 기업자금의 유동성을 제고시켜줄 수 있는 신용공여의 기능도 수반한다.

### ③ 수출진흥 정책수단으로서의 기능

수출보험은 수출거래의 촉진 및 진흥을 위하여 정부의 지원 하에 운영되기 때문에 수출경쟁력을 강화시키고 결과적으로 수출을 촉진시키는 역할을 하게 된다.

수출보험은 보험인수조건, 즉 담보하는 위험의 범위, 담보율, 보험료율 등을 수출여건에 따라 적절히 조정함으로써 수출업자의 활동을 촉진시키거나 제한할 수도 있으므로, 수출무역 및 대외거래에 대한 인·허가 등의 직접적 통제방식을 간접적 통제방식으로 전환시키는 기능도 갖게 된다.

### ④ 해외수입자에 대한 신용조사 기능

수출보험은 보험인수관리 및 보험사고예방을 위하여 수입국의 정치·경제적 사정, 수입업자의 재정 및 신용상태 등을 조사하고 분석하는 신용조사의 기능을 수행한다.

## (3) 담보위험의 종류

### ① 비상위험

비상위험(political risk)은 수입국 정부의 외환부족으로 인한 환거래의 제한 및 금지, 수입국가의 수입금지 및 제한조치, 외국에서의 전쟁·내란· 정변 등과 같은 비상사태 등 수출업자에게 책임을 지울 수 없는 사유로 인하여 발생하는 위험이다.

### ② 신용위험

신용위험(credit risk)은 수입업자가 대금을 지급할 능력이 없거나, 대금지급을 지연시키는 등 당연히 수행해야 할 채무나 의무를 태만히 하거나, 이행하지 않음으로 인하여 발생하는 위험이다.

③ 기업위험

기업위험(management risk)은 기업가의 판매예상, 경영예측이 어긋나는 등 기업의 활동과정에서 발생하는 위험이다.

### (4) 무역보험 운영방법

수출보험은 개별보험 인수방식과 포괄보험 인수방식의 두 가지 방법으로 운영되고 있어, 이들 중 한 가지 방법에 의해 보험계약을 체결해야 한다.

① 개별보험

개별보험은 보험계약자가 부보할 거래를 선택하고, 보험자는 그 내용을 심사하여 인수여부를 결정하는 방식이다. 개별보험의 경우 수입국의 상황, 수입업자의 신용상태 등을 보험계약자가 판단하여 위험이 있다고 생각하는 거래에 한하여 개별적으로 부보한다.

② 포괄보험

포괄보험은 보험계약자와 보험자가 사전에 포괄보험계약을 체결하여 일정기간 내의 특정상품 및 특정결제조건의 수출을 의무적으로 부보하고, 보험자도 이를 자동적으로 인수하는 방식이다. 포괄보험은 개별보험보다 보험료가 50% 할인되어 보험계약자인 수출업자의 부담이 경감된다.

### (5) 무역보험 운영종목

무역보험법상 운영되고 있는 수출보험 종목으로는 <표 2-7>과 같다. 추가적으로 각 종목별 보험계약내용 및 이용절차에 대해서는 한국무역보험공사 인터넷사이트(http:\\www.ksure.or.kr)를 참조할 수 있다.

<표 2-7> · 무역보험의 운영종목과 내용

| 구 분 | | 내 용 |
|---|---|---|
| 단기성보험 | 단기수출보험 | 수출대금의 결제기간이 2년 이내인 수출계약을 체결한 후 수출이 불가능하게 되거나 수출대금을 받을 수 없는 경우의 손실을 보상 |
| | 중소기업+보험 | 보험계약자인 수출기업은 연간 보상한도에 대하 보험료를 납부하며, 수입자 위험, 신용장위험, 수입국 위험 등 보험계약자가 선택한 담보위험으로 손실 발생 시 공사는 책임금액 범위 내에서 손실보상 |
| | 부품·소재신뢰성보험 | 국산 부품·소재를 사용하는 기업에게 제품의 신뢰성과 관련된 재산적 피해를 담보 |
| 중장기성보험 | 중장기수출보험 | 결제기간이 2년을 초과하는 수출계약을 체결한 후 수출이 불가능하게 되거나 수출대금을 받을 수 없는 경우에 입게 되는 손실을 보상 |
| | 수출보증보험 | 금융기관이 해외공사계약 또는 수출계약과 관련하여 수입자에게 보증서(bond)를 발급 후, 보증채무를 이행시에 발생하는 손실을 보상 |
| | 해외공사보험 | 해외건설공사 등의 기성고방식 또는 연불수출방식 수출에서 수출대금의 미회수 또는 투입장비의 권리상실 등으로 입게 되는 손실을 보상 |
| | 해외투자보험 | 주식취득 등 해외투자 후 원리금, 배당금 등을 회수할 수 없게 될 경우 이를 보상 |
| | 해외사업금융보험 | 국내외 금융기관이 수출증진, 외화획득 효과가 있을 것으로 예상되는 해외사업에 자금을 대출하고 회수하지 못하는 경우의 손실을 보상 |
| | 서비스종합보험 | 국내 서비스사업자가 서비스를 의뢰한 해외수입자에게 서비스를 제공하고 수입국 또는 수입자 책임으로 서비스대금을 받지 못하는 경우의 손실을 보상 |
| | 이자율변동보험 | 금융기관의 조달금리(변동금리)와 수출자금 제공금리(고정금리)간 차이로 인해 발생하는 손실을 보상(이익은 환수) |
| | 수출기반보험 | 금융기관이 국적외항선사 또는 국적외항선사의 해외현지법인(SPC포함)에게 상환기간 2년 초과의 선박구매자금을 대출하고 대출원리금을 회수할 수 없게 된 경우에 발생하는 손실을 보상 |
| | 환변동보험 | 수출업체에 일정환율을 보장해 준 후 수출대금 입금 또는 결제시점 환율과 비교하여 환차손 발생시 보상하고 환차익 발생시 환수 |

| | | |
|---|---|---|
| 기타보험 | 탄소종합보험 | 교토의정서에서 정하고 있는 탄소배출권 획득사업을 위한 투자, 금융, 보증 과정에서 발생할 수 있는 손실을 종합적으로 담보하는 보험 |
| | 녹색산업종합보험 | 지원가능한 특약항목을 「녹색산업종합보험」 형태로 제정하고, 녹색산업에 해당되는 경우 기존이용 보험약관에 수출기업이 선택한 특약을 추가하여 우대하는 제도 |
| | 해외자원개발펀드보험 | 해외자원개발사업에 투자하여 발생할 수 있는 손실을 보상하는 보험(수출보험기금과 별도로 투자위험보증계정 운영) |
| 수출신용보증 | 선적전보증<br>선적후보증 | 수출입자가 수출입계약과 관련하여 금융기관 등으로부터 대출을 받거나 환어음 매각에 따른 금융기관 앞 수출금융채무를 공사가 연대 보증 |

# 08 수출입 통관

## 1. 통관과 보세구역

### (1) 통관의 의의

국가 간에 물품의 수출입을 위해서는 세관(customs house)을 통과하여야 하며, 관세선(custom line)을 통과하는 물품이 수출입될 때에는 반드시 당해국 세관의 수출입신고가 수리되어야 한다.

통관(customs clearance)이란 수출입물품이 국가 간에 이동할 때 국가별로 관련 법규에 의하여 규정하고 있는 규제사항을 세관이라는 관문에서 서류와 현품과 대조확인 후 수출물품의 국외반출과 수입물품의 국내반입을 허용하는 것을 말한다.

관세법상 통관은 관세법에서 규정한 절차를 이행하여 물품을 수출·수입·반송하는 것으로 국가는 이러한 통관절차를 통하여 관세를 부과 징수할 수 있고 제반법령에 의한 규제사항을 최종확인할 수 있게 된다.

통관제도의 목적은 수출입 물품에 대한 제세의 부과징수를 통한 재정수입의 확보와 각종 규제사항에 대한 실효성확보 등에 있으며 이러한 통관은 대상물품에 따라 수출통관, 수입통관, 반송통관 그리고 휴대품과 우편물을 위한 간이통관으로 구분된다.

## (2) 통관의 대상

관세법상 통관의 대상이 되는 것은 원칙상 외국물품이다. 여기서 외국물품이란 외국으로부터 우리나라에 도착하고 물품으로서 수입신고가 수리하기 전의 것과 내국물품으로 수출신고가 수리된 물품이다.

외국으로부터 우리나라에 도착된 물품의 범위로는 외국에서 생산된 물품, 우리나라 생산품으로서 수출 후 재수입된 물품, 외국선박에 의해 공해에서 채포된 수산물 등이다.

## (3) 보세구역

보세구역이란 외국물품을 장치하거나 수출입 통관절차의 이행을 위해 수출물품을 일정기간 장치하거나 또는 외국물품을 가공, 제도, 전시를 위한 장소로서 세관장이 지정하거나 또는 특별히 허가한 구역을 말한다. 보세구역은 기능에 따라 지정보세구역과 특허보세구역으로 구분된다.[32]

### ① 지정보세구역

[지정장치장]

지정장치장이란 통관을 하고자 하는 물품을 일시적으로 장치하기 위해 세관장이 지정하는 구역을 말한다.[33]

통관하고자 하는 물품의 장치는 검사를 할 수 있는 구역으로서 세관의 창고나 부두의 야적장이 이용되며, 지정장치장에서의 장치기간은 6개월 범위 안에서 관세청장이 정한다.

[세관검사장]

세관검사장이란 통관을 하고자 하는 물품을 검사하기 위한 장소로 관세청장이 정하는 바에 의하여 세관장이 지정하는 구역을 말한다.[34]

---

32) 관세법 제 65 조
33) 관세법 제 73 조
34) 관세법 제 77 조의 2 제 1 항

② **특허보세구역**

특허보세구역은 개인이 영리를 목적으로 운영하는 사기업으로 세관장의 특허를 받아 설치된 보세구역을 말한다.

[보세장치장]

수출입물품의 통관을 위한 장치구역으로서 장치기간은 6개월 범위 내에서 관세청장이 정한다.[35]

[보세창고]

외국물품을 장치하기 위한 구역으로 보세창고에서의 장치 기간은 외국물품은 반입일로부터 2년, 내국 물품은 6월로 한다.

[보세공장]

외국물품을 원료로 하거나 또는 외국물품과 내국물품을 원료로 하여 제조, 가공, 기타 이와 유사한 작업을 하기 위한 구역으로 장치기간은 물품반입일로부터 1년이지만 세관장이 상당한 이유가 있다고 인정할 때에는 설정에 의하여 다시 1년을 초과하지 않는 기간 내에서 연장할 수 있다.

[보세전시장]

박람회 등의 운영을 위하여 외국물품을 장치하거나 전시 또는 사용을 목적으로 하는 구역을 말한다.

[보세건설장]

산업시설의 건설에 소요되는 외국물품인 기계류 설비품 또는 공사용 장비를 장치하고 사용하여 당해 건설공사를 하는 구역을 말한다.

---

[35] 관세법 제88조 제1항, 제91조 제1항

[보세판매장]

외국물품을 반출하거나 관세의 면제를 받을 수 있는 자가 사용하는 것을 조건으로 판매하는 구역을 말한다. 세관장은 판매할 수 있는 종류, 수량, 장치, 장소 등을 제한할 수 있다.

## 2. 수출통관

### (1) 수출통관의 의의

수출통관(export clearance)이란 내국물품을 보세구역에 반입 후 세관에 수출신고한 다음 세관장으로부터 수출신고필증을 받아 외국무역선에 적재할 때까지의 일련의 절차를 말한다.

세관은 수출통관 절차를 통해 각종 수출규제에 관한 법규의 이행여부를 최종 확인하게 된다.

### (2) 수출통관 절차

수출통관 절차는 내국물품을 외국물품화하기 위하여 세관에 대한 일련의 절차로 보세구역 또는 타소장치장 → 장치확인 → 수출신고 → 수출물품의 심사·검사·분석 → 수출신고수리 → 선적 → 선적확인 순으로 이루어진다.

#### ① 보세구역 또는 타소장치 반입

수출물품은 선상신고 물품을 제외하고 수출통관을 위하여 관할 세관의 지정장치나 세관 검사장 또는 보세 장치장에 반입하여야 한다.

그러나 물품의 성질, 상태에 따라 보세구역에 반입이 곤란한 경우 보세구역이 아닌 타소장치장에 반입할 수 있다. 관세법상 타소장치할 수 있는 경우는 거대중량 및 기타의 사유로 보세구역에 장치하기가 곤란한 물품, 재해 기타 부득이한 사유로 임시장치할 물품, 검역물품, 관세법 위반으로 압수된 물품, 우편물품 등이다.

② 장치확인

보세구역 또는 타소장치 반입된 물품은 해당 세관의 과에 물품입고에 따른 확인을 받아야 한다.

③ 수출신고

[수출신고의 의의]

수출신고는 수출통관의 의사표시로 물품을 수출하고자 하는 자는 먼저 수출물품의 품명, 규격, 수량 및 가격 등에 관하여 당해 물품의 제조공장 등을 관할하는 세관에 수출신고 후 신고필증을 교부받아야 한다.

수출신고는 원칙적으로 전자문서(EDI : Electronic Data Interchange)로 작성된 신고자료를 통관시스템에 전송하여야 하나 세관장의 확인대상물품, 전략물자 수출허가 대상물품, 위약으로 인한 재수출물품 및 수입 시 재수출조건 이행물품, 화주 등이 직접 신고하는 경우로서 세관장으로부터 수출신고필증을 발급받고자 하는 경우 수출신고서를 직접 제출할 수 있다.

수출신고는 화주(관세사를 채용한 자기명의 신고업체에 한함), 관세사, 통관법인 또는 관세사 법인의 명의로 하여야 한다.36)

[전자문서방식에 의한 수출신고]

전자문서방식과 직접제출방식에 의한 신고절차는 다음과 같다.

■ **전자문서방식에 의한 수출신고**
- 수출업체는 수출신고의뢰 전자문서를 세관에 직접 또는 관세사 등에 전송하고 첨부서류는 EDI 나 Fax 를 이용하여 송부
- 관세사 등은 수신한 수출신고의뢰 전자문서를 바탕으로 작성한 수출신고전자문서를 세관에 전송
- 세관은 신고수리 전자문서를 관세사 등에 전송

---

36) 관세법 제 137 조의 3

- 관세사 등은 수출신고 수리전자문서를 수출업체에 전송
  - 직접제출방식에 의한 수출신고
- 수출업체는 수출신고의뢰 전자문서를 세관에 직접 또는 관세사 등에 전송 후 첨부서류는 EDI, Fax를 이용하여 송부
- 관세사 등은 수신한 수출신고의뢰 전자문서를 바탕으로 작성한 수출신고 전자문서를 세관에 전송 후 수출신고서를 출력하여 첨부서류와 함께 세관제출
- 세관은 해당 신고서류를 조회 및 확인 후 신고수리
- 세관은 신고수리 전자문서를 관세사 등에 전송
- 관세사 등은 수출신고수리 전자문서를 수출업체에 전송

### ④ 심사·검사·분석

수출신고서가 세관에 접수되면 세관은 우선 서류상 ① 수출승인서와 수출신고서의 일치여부, ② 정상결제 여부, ③ 수출금지 품목 여부, ④ 수출신고서 기재사항의 정확성 여부, ⑤ 화물의 기호, 품종, 수량, 계약조건, 목적지, ⑥ 통관을 위하여 필요한 사항 등에 대하여 심사하게 된다.

관계서류심사가 끝나면 수출물품에 대하여 동일한 물품인지 여부를 수출검사법과 관세법 측면에서 검사하게 된다.

### ⑤ 수출신고 수리

세관은 수출신고서류의 심사와 물품검사가 끝나면 당해 물품에 대해 신고수리 조치를 취하고 수출신고자에게 수출신고필증(export permission : E/P)을 교부하게 된다.

### ⑥ 선적

수출신고수리를 받은 물품은 관세법상 외국물품으로 취급되어 보세구역으로부터 반출되어 선적된다.

⑦ 선적확인

선박회사의 선적지시서와 세관의 수출신고필증을 본선의 승선공무원에게 제시하고 선적하면 본선에서 발급한 본선 수령증을 세관에 제출하여 선적확인을 받음으로써 수출통관절차가 완료하게 된다.

## 3. 수입통관

### (1) 수입통관의 의의

수입통관(import clearance)이란 수입신고를 받은 세관장이 수입신고사항을 확인하여 일정한 요건을 갖추었을 때 수입을 허용하는 것으로 수입신고사항과 현품의 일치여부, 수입관련 제규정의 충족여부를 확인한 후 외국물품을 내국물품화하는 행정행위이다.

수입통관의 목적은 수입물품에 대한 제세 부과에 의한 재정수입의 확보와 각종 법령에서 규제하는 사항을 확인 집행함으로써 실효성 확보에 있다.

### (2) 수입통관 절차

수입통관 절차는 외국물품을 내국물품화하기 위하여 세관에 대한 일련의 절차로 입항 및 하역 → 보세운송 → 보세구역장치 → 수입신고 → 통관심사 → 관세납부 → 수입신고수리 → 반출 순으로 이루어진다.

① 입항 및 하역

수입화물의 경우 해상운송화물은 선박이 입항하기 24시간 전, 항공운송화물은 항공기착륙 2시간 전까지 입항예정지 세관장에게 적하목록(manifest)을 제출하여야 한다. 적하목록을 접수한 세관은 수입화물을 추적관리하게 되며, 수입화물을 하선하고자 하는 경우 운항선(항공)사는 Master B/L 단위 적하목록을 기본으로 하선장소를 정하여 하선신고서를 제출하여야 한다.

해상운송화물의 경우 컨테이너 화물은 부두 내 또는 부두 밖 CY까지 하역이 가능하다.

### ② 보세운송

보세운송[37]이란 수입화물의 화주에게 경비의 절감, 절차의 간소화, 자동부담의 완화 등 편의 제공을 목적으로 세관장에게 신고한 후 외국물품을 통관하지 않은 상태로 보세구역, 타소장치장, 개항, 세관관서, 통관역 및 통관장간에 한하여 인정하는 제도이다.

보세운송을 하고자 하는 자는 당해 물품이 하선(기) 장소에 반입된 이후 보세운송신고서에 적하목록 사본을 첨부하여 보세운송 신고를 하여야 하며, 보세운송신고를 받은 세관은 신고서류를 심사 후 거절사유에 해당되지 않을 경우 보세운송신고를 수리하여야 한다.

이러한 보세운송화물은 해상화물은 15일, 항공화물은 7일 이내에 보세운송 도착지에 도착시키고 관세청장이 정하는 바에 따라 도착지 세관장에게 보고하여야 한다.

### ③ 보세구역장치

수입화물이 도착되면 당해 물품을 인수하고 세관이 지정한 보세구역에 반입하여 장치확인을 받아야 한다. 외국물품을 보세구역에 반입하고 장치확인을 받도록 하는 것은 효율적인 화물관리와 관세징수권의 확보는 물론 통관업무의 적정과 신속을 기할 수 있도록 하기 위해서이다.

수입화물은 원칙적으로 보세구역에 반입하여야 하지만 거대중량 기타의 사유로 보세구역에 장치하기 곤란한 물품, 재해 기타 부득이한 사유로 임시 장치한 물품, 우편물품은 보세구역 이외의 장소에 세관장으로부터 타소장치 허가를 받아 보세화물을 장치할 수 있다.

### ④ 수입신고

[수입신고의 의의]

수입물품이 보세구역에 반입되거나 타소장치장에 장치되면 통관을 위한 수

---

37) 보세(保稅)란 관세유보 또는 관세미납 상태를 말하며, 보세운송이란 세관장에 신고 후 보세화물을 국내의 보세구역 간에 이동하는 것을 말한다.

입신고를 하여야 한다.

수입신고의 의의는 수입물품을 국내로 반입하겠다는 의사표시로 수입신고를 하는 시점에 적용법령의 확정, 신고납부제도 그리고 과세물건 및 납세의무자의 확정을 가져온다.

[전자문서방식에 의한 수입신고]
- 수입업체는 신고자료를 전자문서로 변환하여 전송
- 신고인은 출력된 수입신고서와 첨부서류를 인편 또는 Fax로 제출
- 세관은 신고자료 조회 후 이상이 없을 경우 신고수리

■ 전자문서에 의한 수입신고시 제출하여야 할 서류는 다음과 같다.
- 수입신고서
- 수입승인서(수입승인 물품에 한함)
- 상업송장
- 가격신고서(세무조정계산서, 거래관계사실 신고서)
- 선하증권 또는 항공화물운송장 사본
- 포장명세서
- 원산지증명서(해당 물품에 한함)
- 세관장 확인물품 및 확인방법 지정고시 중 신고 수리전 구비서류
- 보세운송신고(승인)서 사본(입고물품에 한함)

⑤ 통관심사

수입신고서가 접수되면 세관은 통관심사 및 검사 시 주의사항이 있는지 여부를 확인 후 즉시수리, 심사대상, 물품검사 중 하나를 신고서 처리방법으로 결정하게 된다.

[즉시수리]

즉시수리는 수입신고 내용 중 세번, 세율, 과세가격, 원산지표시, 지적재산권

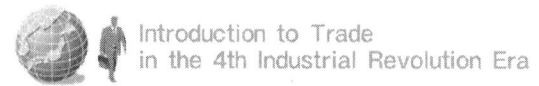

침해 등과 관련하여 수입신고수리 후 위법 또는 부당한 사실이 발견되는 경우 수입자가 처벌·추징 또는 보세구역 재반입 등의 조치를 부담한다는 전제하에 신고인의 신고 내용대로 수입신고를 수리하는 것을 말한다.

[심사대상]

심사는 신고된 세번, 세율과 과세가격의 적정여부, 수입승인사항과 수입신고사항의 일치여부, 법령에 의한 수입요건 충족여부 등을 검토하기 위하여 관련 서류와 필요한 경우 현품을 확인하는 것을 말한다.

[물품검사]

물품검사는 수입신고한 물품에 대하여 정밀조사하는 것을 말한다. 검사대상 선별은 관세청장이 우범성 기준 등을 기준으로 별도로 정하는 바에 따르며, 검사대상으로 선별된 물품 중 우범화물검사를 실시한 물품에 대하여는 검사하지 않는다.

검사방법은 세관 수입과장은 검사대상물품에 대한 검사담당자로 2인 이상을 지정하고, 구체적인 검사방법을 기재한 검사지시서를 발부하여 실시하며, 이때 신고인의 입회가 필요한 경우나 수입자가 요청한 경우 검사입회할 수 있다.

⑥ 관세납부

[과세가격의 신고]

관세의 납부의무자는 관세청장이 정하는 바에 따라 세관장에게 당해 수입물품에 대한 과세가격을 신고하고 관세는 수입자가 스스로 계산한 세액을 납세신고일로부터 15일이내에 납부하여야 한다.

[과세가격의 결정]

수입물품의 과세표준은 원칙적으로 거래가격을 기준으로 한다. 과세표준[38]

---

[38] 세액결정의 기준이 되는 과세물건의 가격 또는 수량으로 종가세물품의 과세표준은 물품의 가격이고, 종량세 물품의 과세기준은 수량이 된다.

의 적용에 따른 과세가격의 결정방법은 6가지가 있으며 이를 순차적으로 적용하여 결정하고 있다.

이중 제1방법이 가장 많이 이용되며, 이 방법은 수입자가 실제로 지급하였거나 지급하여야 할 가격39)에 가산요소가격40)을 더하고 공제요소금액41)은 뺀 금액으로 한다.

### ⑦ 수입신고수리

세관장은 수입신고가 관세법에 의거 적법하고 정당하게 이루어진 경우 수입신고를 수리하고 수입신고필증(import permission : I/P)을 교부하여야 한다.

수입신고의 수리는 해상 및 항공수입화물의 적하목록(manifest) 제출규정에 의하여 적하목록이 제출된 이후이어야 한다.

수입신고의 수리 시기는 즉시 수리물품은 수입신고서 및 제출서류의 형식적 요건만을 확인 후 즉시 수리하며, 심사대상물품은 심사 후에 검사대상물품은 물품검사 후 수리하게 된다.

### ⑧ 반출 후 신고필증의 발부

수입신고수리의 법적의미는 외국물품을 내국물품화 하는 것으로 그 성질은 외국물품이 반입되는 때부터 적용되던 관세법상 구속이 수입신고필증이 교부되는 시점부터 내국물품 등이 되고 관세법의 저촉에서 해제되는 것을 뜻한다.

### ⑨ 보세구역 반입명령

보세구역 반입명령(recall)은 수입물품의 통관절차가 간소화됨에 따라 불가피하게 발생할 수 있는 불법물품의 반입가능성을 억제하기 위해서 수입신고수

---

39) 수출지 선적항에 물품을 선적 완료하기까지의 금액으로 통상 물품가격은 FOB가격을 기준으로 한다. 이 가격에는 수입자가 당해 물품의 대가와 판매자의 채무상계금액, 수입자가 판매자의 채무변제금액 및 간접지급액을 포함한다.
40) 운임, 보험료, 중개수수료, 포장비, 생산지원비 및 사후귀속이익 등이 있다.
41) 수입물품을 국내에 반입한 후 발생하는 비용으로 연불이자, 제세공과금, 수입항 도착 후 발생 운영 및 조립, 정비, 유지비 등 부가비 등이 있다.

리를 받은 물품이라 하더라도 국내반입 후 불법 수입물품으로 파악된 경우 당해 물품을 보세구역에 반입시켜 위법사실을 치유한 후 반출 허가하거나 통관이 허용될 수 없는 경우에는 반송 또는 폐기하도록 하는 사후관리 제도를 말한다.

반입명령대상 품목은 원산지 표시를 위반한 물품, 수입면허 당시 세관이 부여한 조건을 위반한 물품, 지적재산권을 침해한 물품 등이다.

보세구역 반입명령은 수입신고수리 물품과 관련하여 상거래 질서를 조속히 안정시키기 위하여 발동할 수 있는 기간을 수입신고 수리 후 30일까지로 한정하고 있다.

# 09 무역클레임과 중재

## 1. 무역클레임 제기

### (1) 무역클레임의 개념

우선 "클레임(claim)"이란 계약 당사자 어느 일방이 일종의 법률상 권리를 주장하는 이의신청 또는 이의제기로서, 계약 이행과 관련하여 발생하는 제반 분쟁에 대하여 금전적인 배상을 청구하거나 약정 물품의 대체 또는 그 밖에 다른 구제 조치를 구하는 문서상의 청구나 주장을 의미한다.

한편, 무역클레임은 거래 당사자 간의 무역계약에 따라 그 계약을 이행하면서 그 계약의 일부 또는 전부의 불이행으로 말미암아 발생되는 손해를 상대방에게 청구 할 수 있는 권리를 말한다.

무역클레임 범위는 대금감액, 계약해제, 손해배상청구 등은 물론, 그 이전 단계인 불평, 불만, 의견차이, 논쟁, 분쟁 등으로 확대하여 처리한다.

따라서 향후 무역 분쟁에 대비하기 위해 무역계약의 기본조건 이외 계약이행 후에 발생될 수 있는 클레임과 권리 구제 등에 대해서도 약정해 두는 것이 바람직하다.

예를 들면, 중재조항, 사법관할조항, 준거법조항, 권리침해 등도 약정해야 한다는 것이다.

클레임 조항은 클레임을 제기하기 전에 하자 통지기간과 정식 클레임 제기 기간, 클레임 제기근거 및 클레임의 제기 방법 등에 관하여 규정한다.

> **마켓 클레임(market claim)** : 수입업자가 물품 수입과 관련하여 시장가격이 하락함에 따라 사소한(경미한) 하자에도 불구하고 이를 이유로 가격인하 또는 손해배상을 청구하는 고의적인 클레임이다. 주로 품질불량을 이유로 내세우지만, 주 요인은 시장가격의 하락이나 자금난이다.

### (2) 물품검사와 통지의무

매수인은 수입물품을 인도·수령하기 전에 우선 그 물품이 계약 목적에 합치되는가, 또는 외견상 하자가 없는가를 검사하여 만약, 하자를 발견되었거나 또는 수량이 부족하면 지체 없이 매도인에게 통지하여야 한다. 이러한 검사와 통지는 매수인의 권리이자 의무이다. 이를 게을리 하면 법률적 청구권을 상실한다.

#### ① 우리나라 상법

우리나라 상법 제69조는 매수인이 목적물을 수령한 때에는 지체 없이 이를 검사하여야 하며, 하자 또는 수량 부족을 발견한 경우에 즉시 매도인에게 그 통지를 발송하여야 한다. 다만, 매매목적물에 즉시 발견할 수 없는 잠재 하자가 있는 경우에는 6월 이내에 이를 발견하여 통지하도록 규정하고 있다.

#### ② 국제물품 매매계약에 관한 UN협약(CISG)

매수인이 그 상황에 비추어 이행 가능한 한 단기간 내 물품을 검사하도록 규정하고 있다(비엔나협약 제38조). 그리고 매수인은 물품의 하자를 발견하면 상당한 기간 내 그 하자 내용을 통지하지 아니하는 경우에는, 그 매수인은 그 물품의 하자를 원용할 권리를 상실한다(비엔나협약 제39조).

#### ③ 미국통일상법전(UCC)

미국통일상법전(UCC 제2-606조)에서도 "상당한 기간 내(within a reasonable time)"에 제기할 것을 규정하고 있다.

## (3) 무역클레임 제기기간

### ① 제기기간을 약정한 경우

클레임은 약정기한 내에 제기하여야 한다는 것으로, 그 내용은 일반적으로 ① 하자통지(클레임통지) 및 입증자료 제출기간의 설정, ② 동 기간 내에 클레임을 제기하지 않으면 클레임 제기 권리를 포기한 것으로 본다든지 아니면 동 기간이 경과한 후에 제기되는 클레임은 수락할 수 없다는 등의 면책사항을 명시한다.

---

[사례 1] Any claim by Buyer shall be notified by Buyer to Seller within thirty(30) days after the arrival of the goods at the destination stipulated on the face hereof. Unless such notice, accompanied by proof certified by an authorized surveyor, is sent by Buyer during such above mentioned period, Buyer shall be deemed to have waived any such claim.

[사례 2] Claim shall be notified from Buyer to Seller fully by telex or cable in writing within thirty(30) days from actual delivery to Buyer being substantiated by certificate of sworn surveyor or adequate samples, as the case may be. Notwithstanding the foregoing, no claim shall be entertained after processing or change in the state of the goods.

[사례 3] Any claims of whatever nature arising under this contract shall be notified to Seller by cable within thirty(30) days after arrival of the goods at the destination specified in the bills of lading. Full particulars of such claim, together with sworn surveyor's report shall be made in writing and forwarded by registered airmail within fifteen(15) days after cabling. Such claim shall be settled amicably as far as possible, and subject to an official approval of Korean Government authorities.

[사례 4] Buyer shall give Seller written notice by registered air mail of any claim within thirty(30) days from the arrival of the goods at the port of destination stipulated on the face of this contract. Unless such notice, accompanied by proof certified by an authorized surveyor, is sent by Buyer within such thirty(30) days period, Buyer shall be deemed to have waived all claims. In no case shall Buyer make any claim for indirect or consequential damages.

---

② 무역클레임의 제기절차와 서류

[무역클레임의 제기절차]

- 물품점검(checking) 또는 물품검사(inspection)를 통하여 하자의 개연성을 발견한다.
- 클레임 통지(notice of claim)를 발송한다. 클레임 통지는 정식으로 클레임을 제기함에 앞서 하자가 있는듯하니 정밀한 물품점검을 거쳐 곧 클레임을 제기하겠다는 클레임 예고장이다.

> **Notice of Claim**
>
> We have just received the 150 cases of Chinaware you shipped by m.s...on our order No. 689 of October 15, but we regret to inform you that cases No. 3 & 6 are broken and their contents badly damaged through a faulty packing. The details and the amount of claim will be submitted as soon as we will obtain the survey report.

- 공인된 검정인(surveyor)의 물품검정을 받고, 그 결과 하자가 확인되면 검정보고서(survey report)를 교부받는다. 이 경우 Surveyor는 공인된 제3자인 검정인(public third party surveyor)이어야 한다.

**판례** : 클레임 제기자(claimant)와 동일한 기업그룹에 속하는 surveyor의 suvey report에 의한 클레임제기는 비록 그 surveyor가 claimant와는 무관한 독립법인이라 할지라도 정당한 클레임으로 인정될 수 없다.

- 클레임 제기장(claim note)을 발송한다.

[무역클레임의 제기서류]

앞에서 설명한 바와 같이 무역클레임은 물품검사 후 클레임을 곧 제기할 것임을 미리 알리는 클레임 통지서(notice of claim)를 발송해 놓고, 그 후 공인된 제3의 검정인에 의한 물품검정 결과에 따라 클레임 제기장을 발송함으로써 정식으로 클레임을 제기하게 되는 것이다.

◆ 클레임 제기를 위해 발송되는 서류는 다음과 같다.

### ■ 클레임제기장(Claim Note)

여기에는 클레임내용의 개괄과 청구내용(청구금액의 총계)및 조속한 처리를 요구하는 문언 등이 기재된다.

### ■ 첨부서류(enclosures)

클레임명세서(statement of claim, particulars loss sustained), 검정보고서(suvey report), 차기통지서(Debit Note : D/N)사본, 기타 각종 증명서나 선적서류 사본 등을 Claim Note에 첨부하여 발송한다.

> ※ 무역클레임을 제기한다는 표현은 보통 다음과 같이 표현한다.
> - 'file(make, present) a claim on,~'
> - 'render a claim against~'
> - 'lodge a claim with~'
> - 'lay a claim to~'
> - 'put in a claim for~'

## 2. 무역클레임 해결방법

무역클레임은 당사자에 의하여 우의적으로 해결되기도 하고, 또는 제3자의 개입을 통하여 해결되기도 한다.

### (1) 당사자에 의한 해결방법

#### ① 클레임 포기(Waiver or Claim)

피해 당사자가 상대방에게 청구권을 행사하지 않거나 또는 제기한 클레임을 스스로 포기하는 것이다. 분쟁해결을 위한 가장 바람직한 방법이다.

#### ② 화해(Amicable Settlement, Composition, Compromise)

당사자 간에 자주적인 교섭과 합의로 타협점을 찾아 해결한다. 그 방법으로는 당사자가 서로 양보할 것, 분쟁을 종결할 것, 그 뜻을 약정할 것 등 3가지 요건을 필요로 한다.

### (2) 제3자에 의한 해결방법

#### ① 알선(Intercession, Recommendation)

당사자의 일방 또는 쌍방의 의뢰에 따라 공정한 제3자(예 : 상사중재원)가 분쟁에 개입하여 타협이 이루어지도록 해결 방안을 제시하거나 조언함으로써 클레임을 해결하는 방법이다.

#### ② 조정(Conciliation, Mediation)

당사자 쌍방의 조정합의(submission to conciliation)에 따라 공정한 제3자를 조정인(conciliator)으로 선임하고, 그가 제시하는 조정 방안에 쌍방이 동의함으로써 클레임을 해결하는 방법이다.

조정이 성립되면 화해에 의한 판정방식으로 처리하는데, 중재판정과 동일한 효력이 있으나 이에 실패하면 30일 내에 조정절차는 자동 폐기되며 중재규칙에 의한 중재인을 선정하여 중재절차가 진행된다. 그러나 30일의 기간은 당사자의 약정에 의하여 기간을 연장할 수 있다.

#### ③ 중재(Arbitration)

당사자 쌍방의 중재합의로 법률관계를 법원의 소송절차에 의하지 아니하고 공정한 제3자를 중재인(arbitrator)으로 선정하여 중재판정부(arbitral tribunal)를 구성하고, 그 곳에서 내려진 중재판정(arbitral award)에 양 당사자가 무조건 승복함으로써 클레임을 해결하는 방법이다.

중재판정은 법원의 확정 판결과 동일한 효력을 지니며, 외국중재판정의 승인 및 집행에 관한 국제연합협약(the United Nations Convention on the Recognition and Enforcement of Foreign Arbitral Awards : 일명 뉴욕협약)에 따라 각 체약국 내에서는 외국중재판정의 승인 및 집행을 보장받게 된다.

### ④ 소송(Litigation)

법관에 의한 법원의 판결, 즉 소송절차에 의하여 클레임을 해결하는 것이다 (민사소송법절차).

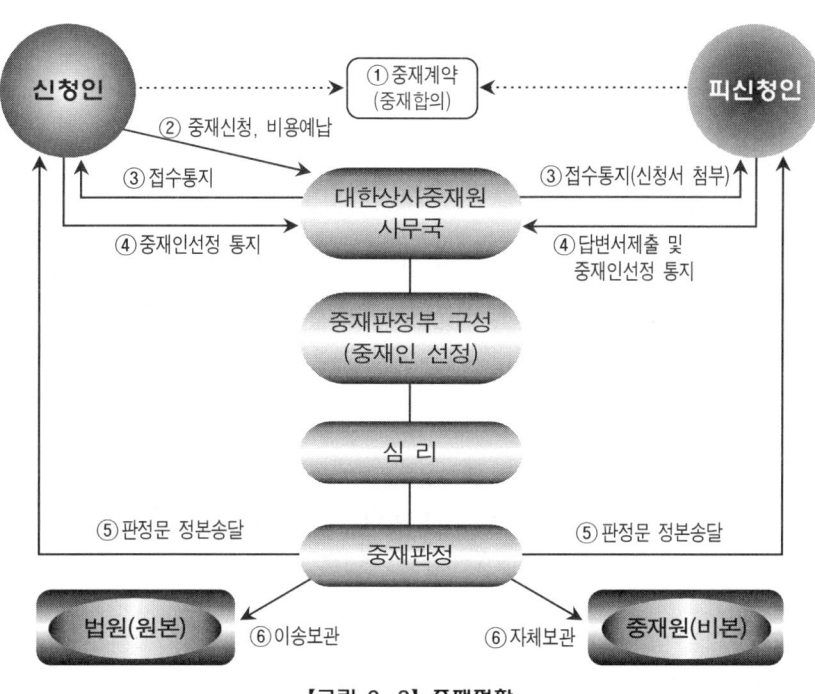

【그림 2-3】 중재절차

## 3. 상사중재

### (1) 상사중재의 특징과 장·단점

#### ① 중재의 장점

중재는 다른 해결 방법 특히 재판과 대비하여 다음과 같은 특징 내지 장점을 지니고 있다.

- **자발적인 분쟁해결 방법**(voluntary reference) : 중재는 중재 합의가 있을 경우에 한하여 가능하다.

- 편안한 분위기와 절차(peaceful atmosphere and informal procedure) : 중재는 민간인의 중재인에 의하여 진행되므로 호의적인 절차이다.
- 중재인의 전문성(expertness of arbitrator) : 중재에 의하면 무역실무, 국제무역법, 무역관습 등에 정통한 전문가에 의한 판단으로 공정한 해결을 도모할 수 있다.
- 신속한 해결(speediness of settlement) : 중재는 재판과는 달리 단심제이므로 신속한 분쟁 해결을 도모할 수 있다. 우리나라의 경우에는 심리(hearing)의 종결일로부터 30일 이내에 판정함을 원칙으로 한다.

> **대　　상** : 신청금액이 2천만 원 이하인 국내중재(국내에 주된 영업소나 주소를 두고 있는 당사자 간의 중재) 또는 당사자 간에 신속절차에 따르기로 하는 합의가 있는 국내외 중재
> **진　　행** : 신속절차는, 1인의 중재인이 판정하며 심문 전에 쟁점을 정리하여 판단하다. 또한 1회의 심문을 원칙으로 하며 심문 후 10일 이내에 판정을 한다.
> **중재비용** : 신청금액이 2천만 원 이하인 신속절차의 경우 US$ 100을 초과하는 관리 요금은 1/2감액한다.

- 낮은 비용(low costs) : 중재는 절차가 신속하고 변호사 선임을 요하지 않기 때문에 그 비용이 적게 든다.
- 중재절차의 비공개(closed proceedings) : 중재진행절차는 재판과는 달리 공개되지 않는다. 당사자의 상업상 비밀이 유지되고 보장된다.
- 외국에서의 강제집행(enforcement of foreign arbitral award) : 중재판정의 결과는 재판에서의 판결과는 달리 항상 외국인을 구속하므로 중재판정의 내용은 외국법원에 의해서도 그대로 강제집행 된다. 이것이 중재가 지니는 가장 중요한 장점으로, 중재판정에 이러한 효력을 부여한 것이 곧 "New York Convention"(United Nations Convention on the Recognition and Enforcement of Foreign Arbitral Awards, 1958)이다.

② 중재의 단점(한계성)
- 법률문제(matter of law or question of law) : 중재는 법률 전문가가 아닌 사람으로서 판정부가 구성될 때가 있으므로 사실 문제(matter of facts, question of facts)가 아닌 법률 문제에는 판정에 불완전성이 있을 수 있다고 주장한다.
- 판정결과에 대한 예견 가능성의 문제(problems of predictability) : 중재인의 자의주관에 의하여 좌우될 위험성이 있으므로 예견 가능성이 결여되어 있다는 설과 중재인은 업계의 윤리와 상식을 갖추고, 사리에 맞는 실제성을 갖고 있으므로, 예견 가능성이 있다는 설과 사실 및 법률문제 모두가 중요하므로 중재판정부의 구성을 조화 있게(법률전문가, 업계 및 학계의 각 1 인)하면 위험성이 없다는 설 등이 있다.

그러나 이러한 문제는 중재인을 선정할 때에 즉, 중재판정부를 구성할 때에는 당해 사안에 비추어 적절한 중재인을 선정함으로써 충분히 극복할 수 있을 것이다.

## 4. 중재합의

### (1) 중재합의의 의의와 형태

중재합의(arbitration agreement)란 일정한 법률관계에 관하여 당사자 간에 이미 발생하였거나 장래에 발생할 수 있는 분쟁의 전부 또는 일부를 중재에 의하여 해결하도록 하는 당사자 간의 합의를 말한다.

중재는 법관이 아닌 민간인의 중재인으로 구성되는 중재판정부의 판정에 당사자가 구속되는 제도이므로 그 구속력의 근거로서 중재합의가 필수적으로 요구되는 것이며, 이것은 곧 사법자치의 원칙 내지 당사자 자치 원칙의 반영이라 하겠다. 다시 말하면, 분쟁을 중재에 붙이기 위해서는 반드시 중재합의가 있어야 하며 따라서 이를 근거로 당사자 일방이 중재 신청을 하게 되는 것이며, 중재합의가 없으면 절대로 중재가 성립될 수 없다. 중재합의는 현존하는 분쟁을 대상으로 할 수도 있고, 장래에 일어날 수 있는 분쟁을 대상으로 할 수도 있다.

분쟁이 발생한 후에 그 분쟁을 중재에 의하여 해결하기로 하는 합의, 즉 현존분쟁에 대한 중재합의(사후합의)를 Submission Agreement라 하고, 앞으로 분쟁이 발생되면 그것을 중재에 의하여 해결하도록 하는 합의, 즉 장래분쟁을 대상으로 하는 중재합의(사전합의)를 Agreement to Refer라 하는데, 사전 중재합의는 일반적으로 거래관계개설약정서인 Agreement on General Terms and Condition of Business나 Sales Contract에 중재조항(arbitration clause)을 설정함으로써 이루어진다.

### (2) 중재합의의 대상과 요건

#### ① 중재합의의 대상

- 사법상의 분쟁(행정 또는 형사사건은 제외)으로 인한 불법행위에 의한 것도 가능하다고 본다.
- 일정한 분쟁이고, 당사자가 처분할 수 있는 것이어야 한다. 분쟁의 특정(즉, "이 계약으로부터" 등)이 있어야 하며, 비송사건 또는 가사심판사건 등은 당사자가 처분할 수 없는 분쟁이므로 제외된다.
- 분쟁이 현존하거나 장래의 것도 가능하며, 또한 분쟁의 일부이든 전부이든 무방하다.

#### ② 중재합의의 요건

중재합의의 요건은 중재합의의 법적 성질을 보는 측면에 따라 달라질 수 있겠으나 "사법상의 계약설"의 입장에서 보면 다음과 같이 설명될 수 있다.

[중재계약의 성립요건]

중재계약의 성립(전제)요건은 사법상의 계약 성립요건을 말하며, 당사자가 권리능력 내지 행위능력이 있고, 중재의사에 하자가 없으며 계약내용이 적법하고 사회적 타당성이 있으며, 실현 가능성이 있어야 한다.("New York Convention, 1958" 제5조 참조).

[중재계약의 유효요건]

중재합의가 제대로 효력을 발생하기 위해서는 중재합의의 3요소가 모두 명시되어야 하는데 일반적으로 중재합의의 3요소는, ① 중재지(심문장소 또는 중재장소와는 구별됨), ② 중재기관(중재를 관할할 기관의 명칭), ③ 준거법(governjng law, proper law) 등을 열거한다.

[기타 절차진행 요건]

이상의 성립요건 및 유효요건을 갖추면 중재계약은 유효하다. 그러나 중재는 본질상 당사자가 모든 절차를 중재계약 또는 기타 특약으로 미리 약정할 수 있으며, 이 약정은 준거법상의 규정보다 우선하여 적용된다. 절차진행 요건으로 명시될 수 있는 내용을 살펴본다면, 중재인수, 중재인 선정방법, 중재비용 부담방법, 중재절차 진행기간, 심문방법 등이 있을 수 있다. 그러나 이들에 관하여는 중재 규칙(준거법)에서 규정을 두고 있으므로 이에 따르면 된다.

### (3) 중재합의의 형식

#### ① 표준 중재합의문

중재합의의 형식적 성립요건은 서면주의이다. 즉, 중재계약은 구두로는 불가능하고 반드시 문서에 의하여야 한다는 것이다.

우리나라 중재법에서도 "중재합의는 서면으로 하여야 한다."고 규정하고 있으며, 독립된 합의, 즉 계약과 별도의 중재합의서를 작성하거나 계약서에 중재조항을 설정함으로써 중재합의를 하여도 좋도록 하고 있으며, 상사중재규칙에서 ① 계약 중의 중재조항으로 또는 ② 현존하는 분쟁을 중재에 의하여 해결하기로 하는 합의로 할 수 있도록 중재법의 규정과 일치시키고 있다. 또한, 상사중재 규칙은 중재 신청시에 반드시 중재의 합의를 인증하는 서면을 제출하도록 의무화하고 있으며, 영국의 중재법과 New York Convention(1958)에서도 서면주의의 원칙이 규정되어 있다.

우리나라 중재법에 의하면 ① 당사자들이 서명한 문서에 중재합의가 포함된 경우, ② 서신, 전보, 전신, 및 모사전송 기타 통신수단에 의하여 교환된 문서에 중재합의가 포함되어 있는 경우, ③ 일방 당사자가 당사자 간에 교환된 문서의 내용에 중재합의가 있는 것을 주장하고 상대방 당사자가 이를 다투지 아니하는 경우, 등은 모두 서명에 의한 중재합의로 본다고 규정되어 있다.

또한, 계약이 서면으로 작성되고 중재 조항을 그 계약의 일부로 하고 있는 경우에는 계약이 중재 조항을 포함한 문서를 인용하고 있는 경우에는 중재합의가 있는 것으로 본다.

### ❖ STANDARD ARBITRATION CLAUSE ❖

All disputes, controversies or differences which may arise between the parties, out of or in relation to or in connection with this contract, or for the breach thereof, shall be finally settled by arbitration in Seoul, Korea in accordance with The Arbitration Rules of The Korean Commercial Arbitration Board and under the Laws of Korea. The award rendered by the arbitrator(s) shall be final and binding upon both parties concerned.

### ❖ SUBMISSION TO ARBITRATIONE ❖

We, the undersigned parties, hereby agree to submit the below dispute to the Korean Commercial Arbitration Board for arbitration under the Arbitration Rules of the Korean Commercial Arbitration Board with impeccable understanding that the arbitral award to be rendered on the dispute shall be final and binding upon all the parties concerned.

Party(A) :
   Title of Corporation
   Name of President(or Agent)
   Signed by__
   Date of Signature

Party(B) :
   Title of Corporation
   Name of president(or Agent)
   Signed by__
   Date of Signature

Enclosure : Power of Attorney, in case where the submission is made by an agent one copy

## ② 잘못된 중재합의문

[중재기관의 명칭의 기재오류]

- Arbitration ....... by the Korean Chamber of Committee...
- Any disputes ....... by the Commercial Arbitration Institute of Korea
- Any disputes ....... by decisions of an internationally recognized trade arbitration board located in Korea.
- Arbitration shall take place in Seoul in accordance with Arbitration Law of Korea and Commercial Arbitration Rules of the Korean Commercial Arbitration Committee.

[중재기관과 준거법의 결여]

Any disputes arising under the Charter to be referred to arbitration in Seoul(or such other place as may be agreed) one arbitrator to be nominated by owners and the other by Charters, and in case Arbitrations shall not agree then to the decision of an Umpire to be appointed by them. The award of the Arbitrators or Umpire to be final and binding upon both parties. For the purpose of enforcing any award this agreement may be made as a rule of the court.

[불평등한 중재계약]

All decisions of "A" with respect to matters relating to a contract shall be final and conclusive except that if "B" submits to "A" within twenty(20) days of the receipt of such decision a formal request for appeal to arbitration with respect to any controversy or claim arising out of or relating to the contract or the breach thereof settlement shall be made by arbitration to be held in Seoul, Korea. The arbitration board is to consist of three persons, one appointed by "A", one by "B" and the third selected and appointed by the other two persons.

### (4) 중재합의의 효력

#### ① 직소금지의 효력

우리나라 중재법에서는 중재합의의 대상인 분쟁에 관하여 소송이 제기된 경우, 그 소송의 피고가 중재합의가 있었음을 들어 "중재합의 존재의 항변"(방소의 항변)을 하면 법원은 그 소를 각하해야 한다고 함으로써, 중재합의가 있는 경우에는 당해 분쟁사건은 반드시 중재에 의하여 해결하여야 하며 법원에 소송을 제기할 수 없다는 "직소금지(prohibition of direct suit)의 효력"을 인정하고 있다. 이러한 중재합의의 "직소금지효력"을 규정한 입법례로는 영국중재법, 미국중재법, New York Convention(1958) 등이 있으나 국제상업회의소 조정 및 중재규칙(Conciliation and Arbitration Rules of ICC)에는 이러한 직소금지의 효력에 관한 규정이 설정되어 있지 않다.

중재합의의 직소금지 효력을 주장하기 위하여 "중재합의 존재의 항변"(방소의 항변)을 하려는 자는 당해 소송의 본안에 대한 최초의 변론을 할 때까지 즉, 그 변론 이전에 해야 하며, 이 시기를 도과하면 항변권을 상실한다는 점에 유의하여야 한다. 즉, 이 항변권은 포기할 수도 있는 것이다.

- **중재인의 절차진행권** : 중재계약에 따라 선정된 중재인은 판정권이 있다. 중재인은 자기의 판정관할권(jurisdiction)에 관하여도 판정권이 있느냐에 대하여 학설(긍정설과 부정설)이 나누어지고 있으나 긍정설이 중재 본질에 맞는다고 본다(중재법 제10조 참조).
- **재산보존조치권** : 대한상사중재원 상사중재규칙 제40조에서는 "중재인은 당사자일방의 요청"에 따라 재산보존조치를 타방 당사자에게 지시할 수 있다고 규정하고 있다.
- **중재절차협력의무** : 중재계약에 따른 중재절차가 개시되면 중재 당사자는 중재인의 지시에 따라야 할 의무가 있다.
- **중재계약의 국제적 효력** : 서면으로 된 중재합의는 계약에 의한 것이거나 아니거나를 불문하고 뉴욕협약(외국중재판정의 승인과 집행에 관한 UN 협약)에 따라 승인 및 집행이 인정된다(뉴욕협약 제2조).

## 5. 중재신청과 답변 및 반대신청

### (1) 중재신청

#### ① 중재신청서 제출처

중재법에서는 중재 신청들이 합의한 기간 내 또는 중재판정부가 정한 기간 내에 신청취지와 신청원인 사실을 기재한 중재신청서를 중재판정부에 제출함으로써 중재신청을 하도록 규정하고 있다. 한편, 상사중재규칙은 중재를 신청하고자 하는 자는 대한상사중재원의 사무국에 중재신청서를 제출하고 소정의 중재비용을 납부해야 한다고 규정하고 있다.

#### ② 제출 서류 및 방법

중재신청을 위해서는 ① 중재신청서, ② 중재의 합의를 인증하는 서면 즉 중재합의서, ③ 대리인이 있는 경우에는 위임장 등을 제출하고 이와 함께 중재비용을 납부하여야 한다.

중재신청서에는 ① 당사자가 개인인 경우에는 그 성명 및 주소, 당사자가 법인인 경우에는 그 성명(법인의 명칭)과 주소 및 대표자의 주소, ② 대리인이 있는 경우에는 그 성명 및 주소, ③ 중재신청의 취지, ④ 중재신청의 이유 및 입증방법 등을 기재하여야 한다.

이러한 신청을 변경 또는 보완하려면 중재판정부에 의한 중재절차의 개시 전에는 중재원 사무국에 제출하되 중재절차의 진행 중에는 중재판정부의 허가를 받아 제출해야 한다.

#### ③ 중재신청서의 접수 및 통지

중재원 사무국은 중재의 신청서를 제출 받으면 즉시 당해 신청서류를 제대로 구비했는지의 여부를 확인하고 적합한 경우에는 이를 접수하게 된다.

중재원 사무국이 중재의 신청을 접수하였을 때에는 쌍방 당사자에게 이를 접수하였다는 접수 통지를 하는데, 이 경우에 피신청인에게는 중재신청서 1부를 첨부하여야 한다.

이러한 중재원 사무국의 중재신청서 접수 통지를 피신청인이 수령한 날을 "기준일"이라 하므로, 이 기준일은 중재신청에 대한 피신청인의 답변, 조정의 요청, 당사자의 중재인선정 서류 제출 등에서 그 기한 일의 기산일이 되므로 중재절차상 중요한 의미를 갖는다.

### (2) 답변(Answer)

중재신청인의 신청 내용에 대하여 피신청인이 이를 변명 또는 거부하거나 그의 입장을 방어하고 밝히는 것을 답변이라 한다.

피신청인은 통지의 수령일, 즉 "기준일"로부터 국내 중재의 경우에는 15일 국제 중재의 경우에는 30일 이내에 그 통지를 한 중재원 사무국에 ① 답변서, ② 답변의 이유를 증명하는 서증이 있는 경우에는 그 서증의 원본 또는 사본, ③ 대리인이 답변하는 경우에는 그 위임장 등을 제출하여 답변할 수 있다.

### (3) 반대신청(Counter-Claim)

중재신청이 있는 경우, 그 피신청인이 중재신청의 내용을 부인하면서 그것에 그치지 않고 오히려 피신청인이 손해를 보았으니 이를 배상하라는 등의 적극적인 대응 내지 청구를 하는 것을 반대신청이라 한다.

이러한 반대신청은 피신청인이 중재절차 중에 스스로 할 수 있음은 물론이지만, 또한 중재판정부가 앞에서 설명한 피신청인의 답변의 취지나 이유가 반대신청의 내용을 포함하고 있다고 판단할 경우에 피신청인에게 그 부분에 대하여 반대신청을 할 것인지의 여부를 명확히 하도록 요구하는 경우, 그 요구에 따라 신청하기도 한다.

## 6. 중재판정부 구성

### (1) 중재판정부(Arbitral Tribunal)

중재판정부는 중재절차를 진행하고 중재판정을 내리는 단독중재인 또는 다수의 중재인으로 구성되는 중재인단을 말한다. 이는 법원의 소송에서의 재판부에 해당하는 임시적 기관이다.

법원의 재판부도 단독판사와 합의제 재판부로 구성되는 것과 같이, 중재판정부도 1인의 단독중재인에 의한 중재판정부와 다수의 중재인으로 구성되는 중재인단에 의한 합의제 중재판정부 등, 두 가지 형태로 구성된다.

중재판정부는 분쟁사건의 중요도나 신청금액의 규모에 따라 정한 기준에 의하여 중재원 사무국에서 단독제 또는 합의제를 결정하여 구성되고 있으며, 중재인단에 의한 합의제 중재판정부는 3인으로 구성되는 것이 일반적이다.

합의제인 3인의 중재인단에 의한 중재판정부는 의장중재인과 2인의 기타 중재인으로 편성된다.

### (2) 중재인(Arbitrator)

중재판정부는 중재인에 의하여 구성되므로 중재판정부의 구성은 곧 중재인의 선정으로 귀결된다. 현행 중재법과 상사중재규칙에 따라 중재인 선정에 관하여 설명하면 다음과 같다.

#### ① 중재인의 자격과 선정제한

상사중재규칙에서는 중재의 결과에 관하여 법률적 또는 경제적 이해관계가 있는 자는 중재인이 될 수 없다고만 자격을 두고 있으며, 이 밖의 특별한 자격제한은 없다. 그리고 이 경우에도 당사자가 중재인에게 이러한 사정이 있음을 알면서도 서면으로 그 중재인을 선정하기로 합의한 경우에는 중재인으로 선정될 수 있도록 예외적 단서 규정을 함께 설정하고 있다.

중재법에서는 당사자 간에 다른 합의가 없는 한, 중재인은 국적에 관계없이 선정될 수 있다고 하고 있다. 한편, 상사중재규칙에 의하면 당사자의 국적이나 거주하는 국가가 다른 경우로서 중재원 사무국이 중재인을 선정하는 때에는 당사자의 어느 편에도 속하지 아니하는 제3국인 중에서 선정하도록 제한하고 있다.

② 중재인의 선정방법

■ 당사자의 합의에 의한 선정
- 당사자의 합의에 의하여 중재인을 선정하거나 또는 중재인의 선정방법을 정하였을 경우에는 그것에 의하여 중재인이 선정된다. 당사자가 그러한 합의에 따라 중재인을 직접 선정하였을 경우에는 기준일로부터 국내중재의 경우에는 15일, 국제중재의 경우에는 30일 이내에 그 중재인의 성명, 주소 및 직업을 기재한 서면과 중재인 취임 수락서를 중재원사무국에 제출하여야 한다.

※ 당사자가 중재인을 선정하거나 중재절차를 정하기로 하고 이를 이행하지 않거나 합의된 선정기간을 경과하는 등의 경우에는 중재원사무국이 중재인을 선정하도록 되어 있다.

■ 사무국에 의한 선정
- 당사자의 합의에 의하여 중재인의 선정기간을 정하고서도 그 기간 내에 당사자가 중재인을 선정하지 않는 경우
- 당사자의 합의로 중재인의 선정기간을 정하지 않은 때에는 중재원 사무국이 즉시 선정토록 통지하게 되는데, 당사자가 그 통지를 수령한 후, 국내중재일 때에는 15일, 국제중재일 때에는 30일 이내에 선정하지 아니하는 경우
- 당사자의 합의에 의하여 당사자가 선정한 중재인이 다른 중재인을 선정하도록 된 경우에는 당사자 간에 그 다른 중재인의 선정기간을 정하지 않았거나 선정기간을 정하고도 그 기간 내에 다른 중재인이 선정되지 않았을 때, 중재원사무국은 당사자가 선정한 중재인에게 다른 중재인을 선정하도록 통지하게 되는데, 당사자가 그 통지를 수령한 후 국내중재일 때에는 15일, 국제중재일 때에는 30일 이내에 당사자가 선정한 중재인이 다른 중재인을 선정하지 아니한 경우
- 당사자의 합의에 의하여 중재인을 선정 또는 중재인의 선정방법을 정하고도 그러한 합의에 따라 당사자가 중재인을 선정하지 아니한 경우

■ **사무국에 의한 선정의 방법**

① 중재인 명부 가운데서 다수의 중재인 후보자를 선택하여 그 명단을 당사자에게 송부한다.

② 각 당사자는 그 명단의 수령일로부터 국내중재의 경우에는 15일, 국제중재의 경우에는 30일 이내에 후보자의 성명 위에 의장중재인과 기타 중재인을 구분하여 선정의 희망순위를 표시하기 위한 번호를 붙여서 이를 중재원사무국에 반송한다.

　기간 내에 명단 반송이 없으면 명단에 기재된 후보자 전원에 대하여 동일 순위로 지명한 것으로 간주하며, 동일 순위로 지명된 2인 이상의 후보자나 희망 순위를 참작하여 중재원사무국에서 희망순위를 조정한다.

③ 대한상사중재원 사무국은 위와 같이 후보자 지명 순위에 따라 중재인의 취임 수락을 받되, 희망 순위가 동일한 후보자가 복수일 때에는 중재원사무국이 그 가운데에서 중재인을 선정한다.

　이상과 같은 절차에 의하여 중재원 사무국이 중재인을 선정하지만 만약, 당사자 쌍방이 지명한 중재인이 취임 수락을 거절하거나 또 다른 이유로 직무수행이 불가능할 때에는 이미 제출된 명단에서 순위에 따라 지명된 중재인으로부터 선정하여 취임 수락을 받게 된다.

　그러나 이미 제출된 명단에서 중재인을 선정할 수 없으면 이상의 방법과 절차에 따라 중재원 사무국에 의한 중재인 선정이 다시 진행된다.

■ **법원에 의한 선정**

<단독 중재인에 의한 중재의 경우>

　당사자의 일방이 상대방으로부터 중재인의 선정을 요구 받은 후 30일 이내에 양 당사자가 중재인선정에 관하여 합의하지 못한 경우

<3인의 중재인에 의한 중재의 경우>

　각 당사자는 각 1인의 중재인을 선정하고, 이에 따라 선정된 2인의 중재인들이 합의하여 나머지 1인의 중재인을 선정하기로 된 때에 일방 당사자가 상대방으로부터 중재인 선정의 요구를 받은 후 30일 이내에 중재인을 선정하지 아니하거나 선정된 2인의 중재인들이 선정된 후 30일 이내에 나머지 1인의 중재인을 선정하지 못한 경우

〈당사자 간에 중재인의 선정절차를 합의한 때로서 다음의 어느 하나에 해당하는 경우〉
- 일방 당사자가 합의된 절차에 의하여 중재인을 선정하지 아니하는 때
- 양 당사자 또는 중재인들이 합의된 절차에 의하여 중재인을 선정하지 못한 때
- 중재인의 선정을 위임받은 기관 또는 기타 제3자가 중재인을 선정할 수 없는 때

이상과 같은 경우에는 당사자 중 법원에서 일방적 중재인 선정 신청에 의하여 이루어진다.

## 7. 심리와 중재판정

### (1) 중재 장소의 결정

중재 장소(locale)는 중재가 행하여지는 장소로서 중재인의 선정, 중재절차 및 준거법 등의 결정에 있어서 그 기준이 되므로 대단히 중요한 의의를 갖는다. 중재법에서 중재 장소는 당사자의 편의와 당해 사건에 관한 제반 사정을 고려하여 중재 장소를 정하도록 하고 있다.

이에 반해 상사중재규칙에서는 당사자의 별도의 약정이 없는 한 당해 사건에 관한 당사자의 편의와 증거조사 방법 등을 고려하여 중재원사무국이 정하도록 하고 있어 법과 규칙이 일치하지 않는다.

법체계에서의 효력 우선순위는 규칙보다 법이 우선 하지만 상사중재규칙은 중재법의 규정을 충분히 고려하면서 상거래 분쟁의 해결을 위한 특별한 분야에 적용하기 위하여 대법원에서 승인한 것이므로, 이 규칙에 따라 당사자의 합의가 없으면 중재원사무국이 중재 장소를 결정하는 것으로 보아도 무리가 없을 것이다.

### (2) 심 리

#### ① 심리방법

중재 절차상 가장 중요한 것이 심리(hearing)이다. 심리과정에서 중재신청서와 준비서면(statement) 및 제출되는 여러 가지 증빙자료를 충분히 검토하여 중재판정부가 중재판정을 해야 하기 때문에 중재 절차에서 핵심이 되는 것이 심리이다. 심리는 구술심리(oral hearing)와 서면심리로 나뉘는데, 이 양자를 병행하는 것이 가장 바람직하다.

당사자 간에 다른 합의가 없는 경우, 중재판정부는 구술심리를 할 것인지 또는 서류심리를 할 것인지의 여부를 결정할 수 있다. 그러나 구술심리가 중요한 절차이므로 당사자에 의한 구술심리를 하지 않기로 합의되지 않는 한 중재판정부는 일방 당사자의 신청에 따라 반드시 구술심리를 하여야 한다. 그리고 중재절차의 신속화와 정확화를 기하기 위하여 중재판정부는 당사자에게 사전에 그의 주장과 증거방법 및 상대방의 주장에 대한 의견을 기재한 준비서면과 답변서를 제출하게 할 수 있으며 실제로 중재를 하는 과정에서 이렇게 하는 것이 상례이다.

서면심리를 위해 모든 서류는 진술서와 증거를 제출하도록 통지된 날로부터 국내중재의 경우는 15일, 국제중재의 경우는 30일 이내에 중재원사무국이 요구하는 부수의 사본을 구비하여 제출해야 한다.

제출된 증거는 당사자 전원이 출석하고 단독중재인 또는 중재인의 과반수가 출석한 자리에서 제출되고 조사되어야 함을 원칙으로 하고, 중재인은 제출된 증거의 신빙성과 유용성을 자유 심증(own discretion)으로 판단한다.

② 심리의 일시와 장소

심리의 일시와 장소 및 방식은 중재판정부가 정하도록 되어 있으며, 중재원사무국은 중재판정부가 결정한 심리의 일시와 장소 및 방법 등을 국내중재의 경우에는 심리개시 10일전, 국제중재의 경우에는 심리개시 20일전까지 당사자에게 통지한다.(당사자가 이 통지기간을 변경할 수 있다.)

중재판정부는 상당한 이유가 있으면 직권으로 또는 당사자의 요구에 따라 심리를 연기 또는 속행할 수 있다. 그러나 심리기일을 연기하는 경우에는 그 다음 심리기일에 대해 국내중재의 경우에는 15일, 국제중재의 경우에는 30일 이내로 정해야 한다. 연속 2회 이상 연기하지 않도록 규정하고 있는데 이는

중재절차의 신속성을 도모하기 위하여 타당한 입법이라 하겠다.

### ③ 당사자의 출석과 협조

심리절차에 당사자는 출석할 수 있는데, 이는 권리인 동시에 의무이기도 하다. 중재의 신청자가 신청 취지를 특정하지 아니하거나 신청 이유 및 입증 방법을 명시 또는 제출하지 아니하여 중재판정부가 중재절차의 신속한 진행을 기대할 수 없다고 판단하거나 당사자 쌍방이 주장 및 입증을 태만히 하여 중재절차의 계속적 진행이 부적절하다고 판단하는 경우에는 중재판정부는 심리절차를 종결할 수 있다. 이는 당사자의 게을리(해태/解怠)함에 의한 심리종결제도이다.

한편, 당사자의 일방이 출석하지 아니하거나 출석해서 심리에 응하지 아니하는 경우에도 심리절차는 그대로 진행시킬 수 있는데, 이 때, 당사자가 제출한 서면이나 기타의 증거가 있을 때에는 이를 진술 또는 제출한 것으로 본다.

그러나 당사자 쌍방이 심리의 일시, 장소가 정당하게 통지 또는 고지되었음에도 불구하고 2회 이상 출석하지 않거나 출석해서도 심리에 응하지 않는 경우에는 중재판정부는 중재절차의 종료를 선언할 수 있다.

### ④ 심리의 종결과 재개

중재판정부는 앞에서 기술한 당사자의 일방 또는 쌍방의 태만에 의하여 심리의 종결 또는 심리와 함께 중재절차까지의 종결도 단행할 수 있을 뿐만 아니라, 당사자가 주장 및 입증을 다하였다고 인정할 때에는 정상적으로 심리의 종결을 선언한다.

요약 준비서면 등의 제출이 요구되는 경우에는 중재판정부가 그 서류의 제출을 위하여 정한 최종 기일에 심리 종결된 것으로 간주한다. 한편, 중재판정부는 직권에 의하여 또는 당사자의 일방이 상당한 이유를 제시하여 신청하였을 경우에는 중재판정이 내려지기 전이면 언제든지 심리를 재개할 수 있다. 이렇게 심리가 재개되었을 경우에는 심리종결은 그 심리가 종결된 날로 한다.

### (3) 중재판정

중재판정(arbitral award)은 심리 종결 후, 30일 이내에 내려야 함을 원칙으로 하지만, 중재판정부에 의해 이 기간은 연장될 수 있다.

중재판정문은 판정주문(判定主文)과 판정이유(判定理由)로 구성되며, 중재판정이 내려지면 구속력과 확정력 및 집행력 등이 법원의 확정판결과 동일한 효력을 갖는다. 중재는 국제적 단심제이므로 판정결과에 불복하여 당해 국가 또는 외국에서 다시 중재신청을 할 수 없다.

### (4) 중재판정 취소의 소

중재판정의 내용에 불복하여 소를 제기할 수는 없지만, 중재 절차상에 오류 또는 하자가 있거나 중재 법규를 위반한 경우와 같이 판정 자체의 잘못이 있는 경우에는 당사자는 법원에 중재판정 취소의 소를 제기하여 구제를 요청할 수 있다. 현행 우리나라 중재법상으로는 다음과 같은 사실이 있는 경우에 한하여 중재판정이 취소될 수 있으므로, 그러한 경우에만 중재판정 취소의 소를 제기할 수 있다.(중재법 제36조 제2항)

> **중재법 제36조 제2항**
> ① 중재판정의 대상이 된 분쟁이 대한민국의 법에 따라 중재로 해결될 수 없는 경우
> ② 중재판정의 승인 또는 집행이 대한민국의 선량한 풍속, 기타 사회질서에 위배되는 경우
> ③ 중재합의 당사자가 그 준거법에 의하여 중재합의 당시에 무능력자이었던 경우
> ④ 중재합의가 당사자들이 지정한 법 또는 대한민국 법에 의하여 무효인 경우
> ⑤ 중재판정의 취소를 구하는 당사자가 중재인의 선정 또는 중재절차에 관하여 적절한 통지를 받지 못하였거나 기타의 사유로 당해 사건에 관한 변론을 할 수 없었던 경우
> ⑥ 중재판정이 중재합의의 대상이 아닌 분쟁을 다루었거나 중재합의의 범위를 벗어난 사항을 다룬 경우
> ⑦ 중재판정부의 구성 또는 중재절차가 당사자의 합의 또는 중재법에 따르지 아니한 경우

이러한 중재판정 취소의 소는 중재판정의 정본을 받은 날로부터 3월 이내에 제기하여야 하며, 법원에 의하여 당해 중재판정의 승인 또는 집행판결이 확정된 후에는 중재판정 취소의 소를 제기할 수 없음에 유의하여야 한다.

중재판정 취소의 소는 중재판정이 국법질서에 적합한가의 여부를 심사할 근거를 국가가 유보하고 있는 것이므로 "형성의 소"에 속한다.

중재판정 취소의 소가 판결로 확정되면 그 중재판정은 효력을 잃게 되는 것은 물론이지만 중재판정을 변경할 수는 없다. 다시 말하면 법원은 그 판정의 취소냐 아니냐의 판단만 할 수 있을 따름이다.

4.0 Introduction to Trade

# [제3부]
# 4차 산업혁명시대

PART 3

*a point note*

# 01 4차 산업혁명의 의의와 정의

## 1. 4차 산업혁명의 의의

4차 산업혁명이란 무엇인가에 대해 심도 있게 이해하기 위해서는 4차 산업혁명의 원동력인 핵심기술과 개념을 이해하여야 한다. 4차 산업혁명이란 정보통신기술(ICT)의 융합으로 이뤄지는 차세대 산업혁명으로 초연결, 초지능, 초융합으로 대표된다.

즉, 인공지능(AI), 사물인터넷(IOT), 로봇기술(Robot Technology), 드론(Drone), 자율주행차(Self-driving Car), 가상현실(VR) 등이 주도하는 차세대 산업혁명을 말한다.

4차 산업혁명이라는 용어는 2016년 6월 스위스 다보스포럼(Davos Forum)에서 포럼 의장이었던 클라우스 슈밥(Klaus Schwab)이 처음으로 사용하면서 이슈화되었다. 당시 슈밥 의장은 1, 2, 3차 산업혁명이 전 세계적 환경을 혁명적으로 바꿔놓은 것처럼 4차 산업혁명이 전 세계질서를 새롭게 만드는 도입이 될 것이라고 밝힌 바 있다. 4차 산업혁명이라는 용어가 발표되고 얼마 되지 않아 새로운 화두에 모든 사람들이 공감을 하고 있다. 우리나라와 일본, 중국을 비롯한 동아시아 국가와 유럽에서는 4차 산업혁명이라는 용어를 많이 사용하고 있지만, 미국을 비롯한 또 한편에서는 4차 산업혁명이라는 용어를 그다지 사용하지 않고 정보화 혁명 또는 디지털 혁신의 연장으로 이해하기도 하

고, 또한 독일 같은 경우는 4차 산업혁명보다는 Industry 4.0이라는 용어를 더 많이 사용하기도 한다.

산업혁명이라는 용어는 영국의 아놀드 토인비가 18세기 영국 산업혁명 강의에서 처음으로 사용하기 시작했다. 토인비는 산업혁명의 정의를 "인류 역사에서 기술혁신과 그에 수반해 일어난 사회경제 구조의 변혁, 어떤 기술이 나타났다가 반짝하고 사라지는 것이 아니라 관련 기술들이 연대적으로 발전해 경제 및 사회구조를 바꾸는 변혁이 일어나야 산업혁명이라는 용어를 쓸 수 있다고 하였다.

4차 산업혁명을 충분히 이해하기 위해서는 4차 산업혁명의 원동력인 핵심기술과 개념을 이해하여야 하는데, 이에 대한 핵심기술을 완벽하게 이해하기란 쉽지 않다. 왜냐하면, 이 기술들은 새로운 것들이며 인공지능과 같은 무형의 기술도 있고, 로봇과 자율주행차 같은 융복합 기술도 포함하고 있기 때문이다.

## 2. 4차 산업혁명의 정의

4차 산업혁명이라는 용어가 이미 우리 귀에는 친숙해지고 있지만, 우리에게 알려지기 시작한지는 얼마 되지 않았다. 그러면 클라우스 슈밥(Klaus Schwab)은 4차 산업혁명을 어떻게 정의하였을까? 4차 산업혁명에 대한 설명은 클라우스 슈밥의 "제4차 산업혁명"이라는 그의 저서에서 주장한 내용을 중심으로 정리해 보도록 하겠다.

클라우스 슈밥(Klaus Schwab)은 4차 산업혁명 이전에 세 번의 산업혁명이 있다고 보았다. 1차 산업혁명은 1760~1840년경에 철도건설과 증기기관의 발명을 바탕으로 기계에 의한 생산을 이끌었고, 2차 산업혁명은 19세기 말에서 20세기 초까지 이어진 산업혁명으로 전기와 컨베이어 출현으로 대량생산을 가능하게 한 것을 꼽았다. 1960년대에 시작된 제3차 산업혁명은 반도체와 메인프레임 컴퓨팅(1000년대, PC 1970년대와 1980년대), 인터넷(1990년대)이 발달을 주도했고, 그래서 이를 "컴퓨터 혁명" 혹은 "디지털 혁명"이라고도 부른다고 설명했다. 여기까지가 클라우스 슈밥이 1차 산업혁명에서 3차 산업혁명을 설명한 전부다.

슈밥(Klaus Schwab)은 이상과 같이 1차에서 3차 산업혁명을 설명하고, 오늘날 우리는 4차 산업혁명의 시작점에 있고 디지털 혁명을 기반으로 한, 4차 산업혁명은 21세기의 시작과 동시에 출현했다고 보았다. 4차 산업혁명을 이끄는 기술을 유비쿼터스 모바일 인터넷, 더 저렴하면서 작고 강력해진 센서, 인공지능과 기계학습(machine learning)을 그 특징으로 꼽았다. 따라서 3차 산업혁명의 특징 기술이었던 컴퓨터 하드웨어, 소프트웨어, 네트워크가 핵심인 디지털 기술에서 더욱 정교해지고 통합적으로 진화한 디지털 기술이 사회와 세계경제의 변화를 이끌고 있으며, 이러한 변화를 4차 산업혁명으로 보았다.

다시 요약해 보면 "디지털 기술"과 "진화한 디지털 기술"이 3차와 4차 산업혁명의 기술 특징으로 설명되고 있는 셈이다. 결국 3차와 4차 산업혁명의 뿌리는 디지털 기술에 있다고 보았고, 다만 4차 산업혁명은 기존 3차 산업혁명의 디지털 기술에서 진화된 개념의 디지털 기술이 주 동인이라고 본 것이다.

그리고 진화의 개념을 보완하기 위해 MIT의 에릭 브린욜프슨 교수와 앤드류 맥아피 교수의 「제2의 기계시대, The Second Machine Age」라는 책에 나오는 "오늘날 세계는 디지털 기술의 영향력이 자동화로 인하여 완벽한 힘을 갖추고, 전례 없는 새로운 것을 만들어내기 시작하는 변곡점의 시기에 있다"라는 주장을 인용하며 디지털 기술의 변곡점이 4차 산업혁명의 시발점이 되고 있다고 보았다.

또한, 슈밥은 4차 산업혁명이 스마트공장의 도입을 통해 제조업의 가상 시스템과 물리적 시스템이 유연하게 협력할 수 있는 세상을 만듦으로써 상품의 완전한 맞춤 생산이 가능해지고, 새로운 운영모델이 발생할 수 있다는 독일의 인공지능연구소가 발표한 CPS(Cyber Physical System)와 인더스트리 4.0도 4차 산업혁명에 포함된다고 보았다.

또한, 4차 산업혁명은 단순히 기기와 시스템을 연결하고 스마트화 하는 디지털 기술만이 아니라 유전자 염기서열 분석, 나노기술, 재생가능 에너지, 퀀텀 컴퓨팅까지 다양한 분야에서 동시다발적으로 일어나고 있는 기술 진보들을 포함하며, 이 모든 기술들이 융합하여 물리학, 디지털, 생물학 분야가 상호 교류하는 새로운 혁신을 만들어 가기 때문에 이전의 산업혁명과는 궤를 달리한다고 보았다(클라우스 슈밥, 제4차 산업혁명, pp. 25-26). 여기에서 그의 주장을 한번 정리해 보면, 슈밥은 21세기에 들어 4차 산업혁명이 시작되고 있다고 보았고, 4차 산업혁명을 특징짓는 기술로 "진화된 디지털 기술", CPS와 Smart Factory의 Industry 4.0, 더 나아가 물리학, 디지털, 생물학의 경계를 허물고 상호교류하며 만들어 가는 거대한 기술 진보로까지 범위를 확대하였다.

이로서 단지 제조업이 디지털 기술과 결합되어 새로운 혁신을 일으키는 인더스트리(industry) 4.0과 차별화하였고, 디지털 기술만이 아닌 물리학, 생물학과 융합된 융합기술로 범위를 확대하였다. 또한, 여기에서 주의해야 할 점은 물리학, 생물학 단독의 새로운 혁신이 아니라 디지털 기술과 융합된 거대한 약진으로 본 점이다. "진화된 디지털 기술"을 중심에 두고 디지털 기술이 다른 학문과 융합하여 만들어 가는 새로운 기술들도 4차 산업혁명의 범위에 포함시킨 셈이다. 클라우스 슈밥은 그의 저서에서 이 외에도 다양한 새로운 기술을 언급하며 이 기술들이 4차 산업혁명을 이끌 것 이라고 전망하였는데, 이 기술들을 세 방향의 메가트렌드로 다음과 같이 정리하였다.

첫 번째 메가트렌드는 물리학 기술인데, 여기에는 자율주행차를 포함하여 드론, 트럭, 항공기, 선박 등의 무인운송 수단과 적층가공으로 불리는 3D 프린팅, 첨단 로봇공학, 자가 치유와 세척이 가능한 소재, 형상기억합금, 그래핀, 열경화성 플라스틱, 압전세라믹과 수정 등 스마트 소재를 포함한 신소재가 포함된다고 보았다.

두 번째 메가트렌드는 디지털 기술이며, 사물인터넷, 블록체인, 공유경제라 불리는 on-demand economy가 만들어 내는 우버, 페이스북, 알리바바, 에어비앤비 등의 플랫폼 비즈니스가 포함된다고 보았다. 이는 앞에서 설명한 인공지능이 포함된 "진화된 디지털 기술"과는 조금 다른 접근이 아닌가 생각된다.

세 번째 메가트렌드는 생물학 기술로 유전공학, 합성생물학, 바이오프린팅(생체조직 프린팅), 뇌과학 등을 포함시켰다.(클라우스 슈밥, 제4차 산업혁명)

지금까지 설명한 내용은 슈밥의 저서에서 설명하고 있는 4차 산업혁명에 대한 정의와 4차 산업혁명을 드라이브하고 있는 주요기술에 해당하는 부분이다.

그는 이에 더해 서문에서 일부 학자와 전문가들이 지금 벌어지고 있는 상황들을 여전히 3차 산업혁명의 연장선으로 이해하고 있음을 경계하며, 이번 4차 산업혁명이 기존의 산업혁명과 다른 차이점을 다음의 세 가지 측면으로 설명하고 "이번에는 다르다"라고 다음과 같이 강조하기까지 하였다.

첫 번째는 속도(velocity)이다. 제1~3차 산업혁명과는 달리, 제4차 산업혁명은 선형적 속도가 아닌 기하급수적인 속도로 전개 중이다. 이는 우리가 살고 있는 세계가 다면적이고 서로 깊게 연계되어 있으며, 신기술이 그보다 더 새롭고 뛰어난 역량을 갖춘 기술을 만들어 냄으로써 생긴 결과이다.

두 번째는 범위와 깊이(breadth and depth)이다. 제4차 산업혁명은 디지털 혁명을 기반으로 다양한 과학기술을 융합해 개개인뿐 아니라 경제, 기업, 사회를 유례없는 패러다임 전환으로 유도한다. "무엇을", "어떻게"하는 것의 문제뿐 아니라 우리가 "누구인가"에 대해서도 변화를 일으키고 있다.

마지막 세 번째는 시스템 충격(system impact)으로 제4차 산업혁명은 국가 간, 기업 간, 산업 간 그리고 사회 전체 시스템의 변화를 수반한다.

그는 4차 산업혁명 이전의 3단계 산업혁명을 인더스트리 4.0에서 인용하고 있는, 제조업을 변화시켜온 증기기관, 전기, 디지털 기술을 그 동인으로 그대로 설명하고 있다. 그리고 3차 산업혁명의 동인이 된 디지털 기술에 이어 21세기 들어서 부각되고 있는 "진화된 디지털 기술", 즉 모바일 인터넷, 인공지능, 스마트공장을 포함한 인더스트리 4.0을 4차 산업혁명의 특징적인 주요 디지털 기술로 정의하였다. 이와 더불어 이러한 "진화된 디지털 기술"과 물리학, 생물학이 융합되어 새로운 혁신을 이루어 나갈 것으로 보아 디지털 기술만이 아닌 다른 영역의 신기술까지 포함하는 개념으로 보았다. 그리고 4차 산업혁명이 가져올 변화의 내용을 경제, 기업, 국가, 세계, 사회, 개인 등의 주체별로 상세히 설명하여, 4차 산업혁명이 단순한 기술의 변화뿐만이 아니라 기술혁신과 그에 수반해 일어난 사회경제 구조의 변혁까지 만들어 갈 것이라고 그 영향을 폭넓게 보았다.[42]

---

[42] 김대훈/장항배/박요익/양경란,스마트 기술로 만들어가는 4차 산업혁명,박영사,2019. pp 54-59

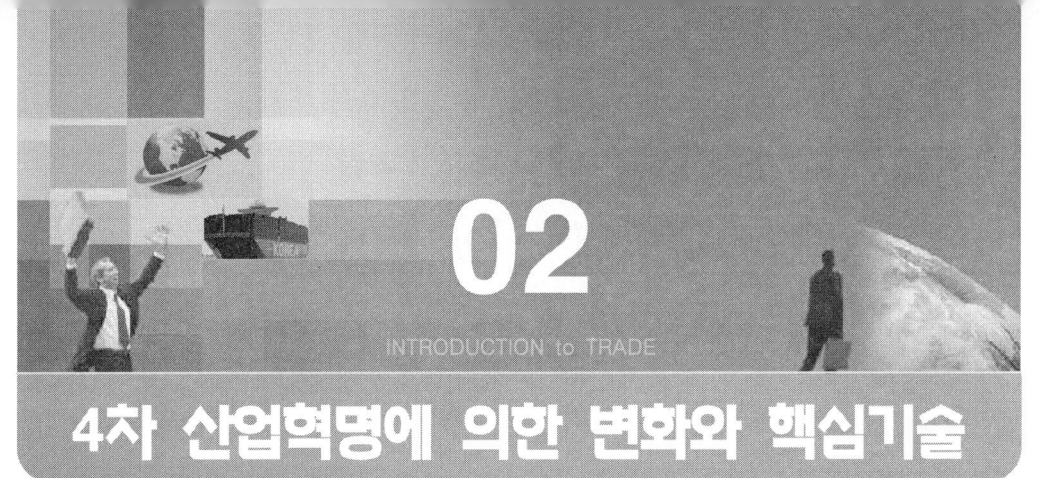

# 02 4차 산업혁명에 의한 변화와 핵심기술

## 1. 4차 산업혁명이 가져올 변화

클라우스 슈밥(Klaus Schwab)은 4차 산업혁명이 가져올 변화의 내용을 경제, 기업, 국가, 세계, 사회, 개인 등의 주체별로 상세히 설명하였다.

첫째, 4차 산업혁명이 세계경제에 미칠 영향력은 엄청날 것이라고 전제하고 그 키워드로 "성장"과 "고용"의 두 가지에 집중하여 설명하였다. 당분간은 고령화 사회, 과중한 부재 등의 요인으로 저성장 기조가 유지될 것이나 지금은 4차 산업혁명의 초입에 있어 4차 산업혁명의 핵심인 혁신적 기술로 창출된 생산성의 폭등을 경험하고 있지 못할 뿐, 곧 재생가능 에너지와 같은 새로운 성장 분야와 4차 산업혁명이 촉발하는 새로운 수요의 전 세계적인 화산, 각국 정부, 기업, 시민단체들의 적극적인 4차 산업 대응 등으로 세계경제는 성장국면으로 넘어갈 것으로 전망하였다.

하지만, 이와 더불어 4차 산업혁명이 가져올 부정적 영향인 불평등, 고용, 노동시장에 관련된 문제들을 제대로 인식하고 다루어야 한다고 강조하였다. 앞으로 수십 년 내에 다양한 산업 분야와 직군에서 기술혁신이 노동을 대신하게 되어 일자리 감소와 더불어 직업의 형태가 바뀌게 되는데, 이 과정에서 잘 대응하지 못한 사람들이나 국가에는 큰 위험이 닥치게 된다고 보았다. 고소득 전문직과 창의성을 요하는 직군에서는 고용이 늘어나지만 단순반복 업무는 자동화로 인해 일자리가 없어지게 되어 기술혁신에 의한 직업의 변화에 제대로 대응하지 못하는 그룹으로 인한 사회적 불평등과 긴장감이 확대되고, 이 과정에서 국가 간에도 개발도상국으로 이전되었던 단순 반복적인 일자리가 선진국으로 다시 돌아가는 리쇼어링(reshoring) 현상이 나타나게 되어 개발도상국들이 위험해진다고 보았다.

또한, 우버(Uber) 등과 같은 온디맨드(on-demand) 경제의 진전으로, 원하는 사람을, 원하는 때에, 원하는 방식으로 필요할 때에만 잠시 고용하는 휴먼 클라우스 형태의 고용 형태가 늘어나게 되면, 노동자들의 보호 장치가 사라져 불안정한 고용이 늘어나는 가상의 노동착취 현상이 발생할 수 있으므로 변화하는 노동력과 진화하는 노동의 본질에 걸맞은 새로운 형식의 사회계약과 근로계약을 만들어야 한다고 보았다.

이상의 경제에 대한 4차 산업혁명의 영향을 정리해 보면 당분간 이어질 저성장 기조는 혁신에 의한 생산성 향상과 신사업의 출현으로 곧 극복될 것이며, 오히려 기술혁신에 따른 일자리의 변화 및 감소와 노동형태의 변화에 따라 발생할 사회적 불평등과 긴장을 잘 해결해 나가야 할 큰 과제로 보았다.

둘째, 4차 산업혁명이 기업 분야에서도 큰 변화를 일으킬 것으로 보았는데, 주로 디지털 기술이 기업의 공급과 수요측면과 결합하여 파괴적 혁신이 일어나게 되고, 그 결과 기업의 전통적인 가치사슬이 파괴되고, 데이터 공유 및 소통력이 뛰어난 밀레니엄 세대(1980~2000년 출생세대)가 주도하는 새로운 소비 트렌드인 소비의사결정 과정의 투명성 및 소비자 참여 증대, 소유에서 공유로의 소비 패턴의 변화 등으로 권력이 기업에서 소비자에게 이동하는 변화가 광범위하게 일어날 것으로 보았다.

그리고 이러한 기업 차원만이 아니고 디지털 기술이 상품과 서비스의 융합이라는 파괴적 혁신을 초래하여 산업 분야 간 경계를 파괴함으로써 새로운 사업 모델들이 출현하는 산업의 융합이 폭넓게 일어날 것으로 보았다. 이러한 기업 및 산업에 디지털 기술이 결합되어 일어나는 파괴적 혁신에 대한 대응으로 기업들은 기존의 사업운영 모델에 대한 전면적인 개편과 새로운 비즈니스 모델의 창출에 대한 고민이 중요하며, 이를 위해 빅 데이터를 비롯한 데이터 활용능력이 무엇보다 중요해져 이 부분에 대한 적극적인 투자가 필요하다고 보았다. 이러한 변화는 일부 산업이 아닌 모든 산업에 걸쳐 나타날 것이며, 모든 산업이 4차 산업혁명의 힘으로 변화해 가는 변화의 곡선상에 있을 것으로 보았다. 이와 더불어 앞으로는 인재가 기업의 전략적 우위를 확보하기 위한 중요한 자산이므로 사업에 적합한 인재를 영입해 그들이 창의력과 혁신을 펼칠 수 있는 인재주의(talentism)를 강조하였고, 데이터의 활용도가 높아짐에 따라 같이 증가되어야 하는 데이터의 보안 역량에도 지속적인 투자가 이루어져야 한다고 충고하였다.

이상과 같이 4차 산업혁명이 기업에 영향을 미칠 큰 변화로는 기업의 가치사슬, 소비자의 소비패턴, 상품과 서비스의 결합으로 인한 산업의 융합 등, 기업활동 전반에 걸쳐 데이터 중심의 디지털 기술이 주도하는 파괴적 혁신이 일어나게 되므로 이에 적극적으로 대응하기 위한 새로운 비즈니스 모델의 구축이 시급할 것으로 보았다.[43]

셋째, 국가와 세계에 4차 산업혁명이 미치게 될 영향에 대해서는 국민들이 다양한 디지털 기술의 활용으로 많은 정보를 가지게 되어 이전보다 시민사회의 힘이 커지게 될 것으로 보았다. 이에 정부도 웹 등의 디지털 기술을 적극적으로 활용하게 되어 전자정부 기능이 확대되며, 규제가 기술의 변화속도를 따라가지 못하는 현상이 심화되어 이를 해결하기 위해 규제기관이 규제대상을 정확히 이해하고 스스로를 개편해 지속적으로 급변하는 새로운 환경에 적응해 나가며, 규제와 법 제정의 새로운 생태계를 만드는 "민첩한 통치시스템"을 만들어야 한다고 보았다.

그리고 온디맨드(on-demand) 경제의 발달로 고용안정성과 장기근속 혜택이 없는 유연하고 임시적인 새로운 형태의 일자리가 늘어나게 되며, 정부가 독점권을 가지고 승인하는 정부승인 직군이 파괴될 것으로 보았다. 이러한 변화과정에서 일어나게 될 정보의 불균형에서 오는 디지털 격차를 정부가 시급히 해결해야 할 과제로 보았다.

또, 새로운 디지털 경제에서 개방적인 국제규범을 구축하고, 정보통신기술에

---

[43] 클라우스 슈밥, 제4차 산업혁명, pp. 86-111

대한 접근성과 활용 면에서 민첩한 정책체제를 갖추어 인재들을 유인하는 국가와 도시가 경쟁력을 가질 것으로 보았다. 또한, 4차 산업혁명이 초 연결 사회로의 변화를 가속시켜 불평등이 심화되고 이에 따른 사회불안과 폭력적 극단주의가 안보위험에 대한 성격을 바꾸어 국가 간의 관계와 국가안보의 본질에 근본적인 영향을 미칠 것으로 보았다. 그리고 군사 로봇과 인공지능 기반 자동화 무기의 출현으로 인한 Robo-War의 자율전쟁과 해커와 싸워야 하는 사이버 전쟁 등을 대비해야 할 과제로 꼽았다.44)

넷째, 4차 산업혁명이 사회에 미칠 영향으로는 로봇과 알고리즘이 노동을 자본으로 대체하고, 노동시장은 전문적 기술이라는 제한된 범위로 더욱 편중될 것이고, 전 세계적으로 연결된 디지털 플랫폼과 시장은 소수의 스타들에게 지나치게 큰 보상을 주는 시스템을 만들어 새로운 아이디어와 비즈니스 모델 상품과 서비스를 제공하는 등 혁신이 주도하는 생태계에 완벽히 적응한 능력을 갖춘 사람들이 승자가 되고, 저 숙련 노동력이나 평범한 자본을 가진 기존의 중산층이 기회를 잃어버리는 사회적인 불평등이 심화될 것으로 보았다.

그리고 디지털 채널의 증가로 많은 정보를 가지게 된 시민들이 권력을 얻었지만, 미디어가 범람하면서 개인이 활용하는 뉴스 제공의 원천이 편협해지고 양극화되는 현상과 새로운 디지털 기술을 활용하여 정부와 이익집단들이 새로운 형태의 감시와 통제를 하여 오히려 시민들이 권력을 잃을 수도 있음을 경계해야 한다고 하였다.

다섯 째, 4차 산업혁명은 개인의 행동양식, 프라이버시와 오너십에 대한 개념, 소비패턴, 일과 여가에 할애하는 시간, 경력을 개발하고 능력을 키우는 방식 등, 개인의 정체성도 변화시킨다고 보았다.

또한, 사람을 만나고 관계를 쌓는 방법과 사회적 계급과 건강에까지 영향을 미쳐서 생각하는 것보다도 빠르게 휴먼 증강(human augmentation)을 실현해 인간 존재의 본질에 대한 의문을 불러일으킬 것으로 보았다.

이러한 정체성 변화와 더불어 4차 산업혁명이 일으키는 변화를 받아들이는 사람과 저항하는 사람, 물질적 승자와 패자로 갈라놓아 개인 간의 격차를 벌

---

44) 클라우스 슈밥, 제4차 산업혁명, pp. 112-146

리는 양극화가 심화 되며, 새로운 기술이 공공의 이익이 아닌 특정 집단의 이익을 위해 악용될 수 있음을 인식해야 한다고 하였다.

4차 산업혁명으로 개인과 집단이 기술과 더욱 깊은 관계를 맺게 되면서 서로 얼굴을 맞대고 하는 대화는 온라인 소통에 밀려나고, 디지털 홍수에 빠져있는 시간이 길어질수록 스스로 주의력을 통제하지 못해 인지능력이 퇴화하고, 인간이 타인과 공감하는 사회적 능력이 떨어질 수 있다고 우려하였다.

마지막으로 인터넷과 상호연결성이 높아지면서 일상적으로 사용하는 기기를 통해 편리함을 취하는 대가로 기꺼이 사생활을 제공하려는 경향이 보편화되어 이로 인해 발생하는 사생활 침해를 어떻게 해결할 것인지와 기술의 노예가 아닌 기술의 활용자가 되기 위한 개인들의 노력이 있어야만 4차 산업혁명이 우리의 행복을 파괴하기보다는 향상시키는 힘이 될 것으로 보았다.[45]

4차 산업혁명을 심도 있게 이해하기 위해서는 4차 산업혁명의 원동력인 핵심기술과 개념을 이해하여야 한다. 핵심기술을 완벽하게 이해하기란 쉽지 않다. 왜냐하면, 이들 기술들이 새로운 것들로 인공지능과 같은 무형의 기술도 있고, 로봇과 자율주행차 같은 융복합 기술도 포함하고 있기 때문이다. 기업에 이미 근무하는 직장인은 4차 산업혁명을 이해하고 신제품 신규 사업과 경영전략을 개발하는 능력을 갖추기 위해서는 이들 기술에 대한 이해가 필요하다. 또 창업에 관심이 있는 독자는 여기에서 소개되는 기술적 요소를 이해해야만 미래 성장 분야의 창업기회를 디자인할 수 있을 것이다. 그리고 취업 준비생은 자기소개서나 면접 과정에서 4차 산업혁명의 핵심기술과 개념을 이해하고 있다는 점을 강조하여야 할 것이다. 인문사회 분야의 전공자도 취업과 직장생활에 적응하기 위해서는 여기에서 소개하는 핵심기술들에 대한 기본적인 이해가 있어야 한다. 기술에 관심이 적은 사람에게는 다소 흥미가 없는 내용일 수도 있겠으나 이해해 두면 유용하리라고 생각한다.[46]

---

[45] 클라우스 슈밥, 제4차 산업혁명, pp. 162-168
[46] 박춘엽,박병연,오점술 4차 산업혁명의 핵심전략, 책연,2018. pp 35-38

## 2. 4차 산업혁명의 핵심기술

### (1) 인공지능(AI)

#### ① 인공지능 기본개념

인공지능(artificial intelligence)은 공상과학 소설이나 영화나 대학 강의시간에만 나오는 주제가 아니고 인간의 일상생활과 산업에서 실제로 활용되고 있는 실제적 기술이다. 우리나라에서는 2016년 4월에 인공지능 알파고(AlphaGo)가 이세돌(바둑구단)과의 바둑 대결에서 승리함으로써 인공지능에 대한 인식이 크게 확산하였다.

인공지능(AI)이란 '인간의 뇌가 가진 지능의 기능을 컴퓨터 소프트웨어를 이용하여 수행할 수 있게 하는 기술을 다루는 과학'이라고 할 수 있다. 인공지능은 이제 단순한 기억뿐만 아니라 인간의 뇌처럼 습득한 지식을 바탕으로 하여 추론하고, 자연언어를 이해하고, 스스로 학습하고, 시각적 판단을 할 수 있는 단계에까지 이르렀다.

#### ② 인공지능 활용분야

◆인공지능이 활용되는 예를 몇 가지 살펴보면 다음과 같다.

- 미국에서는 아마존이 판매한 음성인식 인공지능 알렉사가 부모의 허락을 받지 않은 어린아이의 명령에 따라 쿠키와 인형을 주문해서 물건이 배송되었다고 한다. 그런데 이 사건을 텔레비전 방송국 아나운서가 방송하자 시청자 가정에 있던 여러 인공지능이 이 방송내용의 일부를 명령으로 인식하고 쿠키와 인형을 주문하는 바람에 해당 기업에 주문이 폭주하여 혼란이 있었다는 보도가 있었다. 인공지능이 이미 인간의 생활을 돕고 있지만 아직은 한계도 있다는 내용이다.
- 일본에서는 인공지능이 탑재된 로봇이 일반 가정과 기업에서 활발하게 활용되고 있다. 인공지능이 창작된 문학작품이 신춘문예 작품 현상공모에 출품되었다고 한다.

- 한국은 투자 의사결정에서 인공지능의 결정이 인간 애널리스트보다 투자수익률이 더 높게 나타나기도 했으며, 또 어느 대학병원에서는 미국의 EM사가 개발한 인공지능 왓슨(Watson)을 도입하여 질병진료에 활용하고 있다고 보도되었다.
- 중국에서는 춘절에 여행객이 기차역에서 개찰을 하는 업무를 수행한다고 보도되었다. 인공지능 앞에 서서 신분증을 제시하면 인공지능이 승객의 얼굴을 인식하여 본인임을 확인한다는 것이다.
- 인공지능은 로봇과 자율주행차의 핵심기술이기도 하다.

이처럼 외국의 예를 들지 않더라도 인공지능은 우리생활의 매우 가까이에서 활용되고 있다. 예를 들면, 많은 스마트폰에 다운로드 되는 구글의 지도가 그것이다. 구글의 지도는 음성인식이 가능하여 목적지를 음성으로 말하면 목적지가 스마트폰 화면의 지도에 나타난다.

또한, 스마트폰의 네비게이션에서 목적지를 음성으로 입력하면 길 안내와 소요시간 등이 화면에 나타나고 음성으로 안내를 들려주기도 한다. 그래서 인공지능기술이 활용된 구글의 지도는 혼자 외국에서 여행하는데도 큰 도움이 될 수 있다는 것이다.

이와 같이 인공지능은 이미 우리생활에서 활용되고 있는 것이다. 인공지능이 활용되는 분야는 다음과 같다.

- **게임** : 인공지능은 전략적 요소가 포함된 게임에서 매우 우수한 능력을 나타내고 있다. 인공지능은 체스, 포커, 바둑 등에서 그 능력의 우수함이 입증되었다.
- **자연어 처리** : 인간이 말하는 자연어를 이해하는 인공지능을 만들 수 있다. 스마트폰에도 인간의 말을 이해하는 인공지능이 내장되어 있다.
- **전문가 시스템** : 기계와 소프트웨어와 특수 정보를 통합하여 추론과 조언을 할 수 있는 전문가 시스템이 있는데 이것도 인공지능을 이용한 것이다.

- **비전 시스템** : 시각적 입력 자료를 이해하고, 해석하고, 사고할 수 있는 인공지능 시스템이 있다. 예를 들면, 정찰기로 사진을 찍어서 특정 지역에 대한 정보를 얻어낼 수 있고, 범인의 얼굴 영상을 자료에 있는 사람과 연결할 수 있는 능력을 가진 인공지능이 있다.
- **수기자료 인식** : 손으로 쓴 글씨를 인식하고 그것을 읽을 수 있으며, 문자로 변환시키는 인공지능 시스템이 있다. 또한, 수기 한자를 인식하는 사전 앱을 스마트폰에 다운로드 받아 사용하기도 한다.
- **지능형 로봇** : 인간이 명령한 일을 수행할 수 있는 로봇도 인공지능을 이용한 것이다.
- **자율주행차** : 자율주행차의 중앙처리장치는 고도의 인공지능 기능을 수행하는 장치이다.

### ③ 인공지능 활용의 미래 전망

인공지능은 앞에서 열거한 사례 외에도 교육, 경영, 의사결정, 엔터테인먼트 등, 여러 분야에서 활용될 것이 확실하다고 하겠다. 향후 기업에서 인공지능을 활용하는 기회가 특히 많을 것이다.

인공지능(AI)이라는 말은 1956년, 미국의 다트머스대학교의 존 매카시(John McCarthy) 교수가 개최한 다트머스 회의(Dartmouth Conference)에서 처음 사용되기 시작했다. 그 역사는 약 60여년이라고 할 수 있는데, 1980년대의 침체기를 거쳐 인터넷이 보급되는 1990년대 이후 근래에 매우 활발하게 연구·활용되고 있다.

영국의 물리학자 스티븐 호킹(Stephen William Hawking) 박사는 인공지능이 인간을 위협하게 될 것이라고 경고하기도 하였는데, 이에 반대하는 의견을 가진 전문가도 많다. 하지만, 반도체 발명이 정보산업으로 연결되어 상상하지 못했던 문명을 만든 사실을 생각하면 인공지능이 앞으로 인류에게 어떤 편익과 불행을 가져다줄지 속단하기는 어렵다.

인공지능은 4차 산업혁명의 핵심기술이 될 것이다. 왜냐하면, 인공지능은 로봇에서도 머리 부분은 인공지능으로 이루어지게 되는데, 머리 부분의 인공지능이 좋을수록 합리적인 판단을 더 잘할 것이며 인간과의 교류도 원활할 것이기 때문이다.

또 자율주행차에서도 자동차가 사물을 인식하고 판단하는 기능은 인공지능이 수행하기 때문에 인공지능의 역할은 매우 중요하다. 그래서 인공지능 부분이 우수한 자율주행차가 주변 상황에 잘 적응하고 승차감에도 편안함과 안전을 더 많이 보장해 줄 것이다.

인공지능은 당분간 인류의 편익을 증진하는데 많이 활용될 것이다. 대표적으로는 제품의 생산과 서비스 활동에서 원가를 절감하고 생산성을 향상시키는 중요한 도구가 될 것이다. 그리고 많은 자료를 분석하여 수행하는 각종 의사결정, 교육, 오락 등에서도 효과적으로 활용될 수 있을 것이다.

기술의 발전과 활용에 관한 과거의 경험을 보면 기술의 조기 도입자(early adopter)들은 동종업계의 선두주자가 된 경우가 많다. 인공지능에서도 마찬가지로 조기 도입자는 초기시장을 선점하게 될 것이며, 따라서 기업인들은 인공지능의 발전 동향을 예의주시하고 자사의 제품과 서비스에 인공지능을 도입하고 활용하는 방안을 모색하고 있다.

하지만, 인공지능이 초래하게 될 부정적인 측면에 대한 우려도 적지 않다. 이미 언급한 바와 같이 인공지능은 여러 분야에서 현재 인간이 하고 있는 일을 대신할 것이며, 블루컬러 직업뿐만 아니라 화이트컬러의 일자리도 인공지능이 대체할 것이다.

미래에 인공지능에 의해서 대체될 수 있는 일자리 중에서 특별히 그 가능성이 큰 직업으로는 텔레마케터, 세무보고자, 보험평가사, 스포츠 심판자, 법률비서, 음식점과 커피숍의 접객원, 부동산중개사, 비서와 행정보조자, 농업근로계약자, 운반원 등이다. 이러한 직업들이 인공지능으로 대체될 확률은 90% 이상으로 추정되고 있다.

예를 들어, 이세돌과의 바둑대결에서 이긴 인공지능 알파고는 딥 마인드(DeepMind)라는 영국의 인공지능 기업이 개발하였는데, 딥 마인드는 데미스 하사비스(Demis Hassabis)와 셰인 레그(Shane Legg), 무스타파 슐레이만

(Mustafa Suleyman)에 의해 설립되었다.

이 기업을 구글이 2014년 1월에 4억 달러(약 4,800억원)에 인수하였다. 왜 그렇게 많은 돈을 투입하여 인수하였겠는가?

대답은 이 회사가 작지만 그만큼 미래가치가 있다고 판단하였기 때문이다. 세계 10위권 규모의 경제대국인 한국도 이제는 첨단기술의 추격자로서의 전략만으로는 경쟁력을 유지할 수가 없는 상황이 되었다. 따라서 한국도 독자적인 기술을 개발하고 보유하지 않으면 안 되는 상태에 이른 것이다. 그러므로 인공지능 분야에 있어서 한국은 비록 뒤져 있지만, 독자적인 연구체계를 갖추고 나아가야 하기 때문에 기술개발을 위해서는 전문적 인력이 필요하다. 뿐만 아니라 인공지능 분야에서 최고 수준의 인력도 필요하지만, 초급기술자로서 연구와 개발 보조기사도 많이 필요할 것이다.

인공지능에 대한 교육과 연구는 주로 컴퓨터공학과 관련하여 세계적으로 활발히 진행되고 있다. 영국의 에든버러대학교(University of Edinburgh)에서는 인공지능 전공 학사·석사·박사 과정이 개설되어 있으며, 이 대학교는 인공지능 전공학과를 이미 1990년대에 개설하였던 것으로 판단된다. 영국에서 인공지능 전문회사인 알파고사가 설립된 것이 우연이 아님을 설명하는 사례라고 하겠다.

미국에서도 인공지능 교육과 연구가 매우 활발하다. 미국의 신문 유에스 앤드 월드 리포트(U.S. News and World Report, www.usnews.com)에 따르면 대학원 과정에서 인공지능 분야의 상위권 대학으로는 스탠퍼드대학교, 카네기멜런 대학교, MIT, 캘리포니아대학교(버클리), 워싱턴대학교, 조지아공대 등의 순이다. 한국에서는 주로 컴퓨터공학 분야에서 인공지능을 교육·연구하였으나 이제 독립된 학과로 개설되어 활발히 연구 활동을 하고 있다.

## (2) 로봇(Robot)

### ① 로봇의 기본개념

로봇은 어떤 작업이나 조작을 스스로 할 수 있는 기기를 말하며, Robot의 어원은 체코어 'Robota'로 노동을 의미한다.

로봇은 인간생활 깊숙이 활용되고 있다. 즉, 청소 등의 일을 거들고, 산업에 활용되고 있으며, 일본에서는 사람 모양의 로봇이 대화하면서 정서적인 상대가 되고 있는 등, 로봇의 활용은 이제 상상에서 현실로 나타나고 있다. 로봇의 구성과 작동원리는 기본적으로 4부분의 장치에 의해 이루어진다. 즉, 감지장치, 제어장치, 동작장치, 동력장치로 이루어진다는 것이다.

[감지장치]

감지장치는 주변의 빛, 소리, 온도 등의 환경 정보를 감지하여 제어장치로 전달하는 기능을 하는 부분이다. 인간의 눈, 코, 귀, 피부가 주변으로부터 정보를 수집하여 뇌로 보내는 것처럼 감지장치에 의해서 수집된 정보는 제어장치로 전달된다.

[제어장치]

제어장치는 감지장치로부터 수신한 정보를 바탕으로 하여 판단을 하여 동작장치에 행동 명령을 내린다. 제어장치는 인간의 두뇌와 같은 역할을 한다.

[동작장치]

동작장치는 제어장치가 내린 명령에 따라 로봇의 팔, 다리 등을 움직여서 목적하는 동작을 하여 의도한 작업을 수행하는 것인데, 이것은 인간의 머리에서 내린 명령에 따라서 팔과 다리가 움직이는 것에 비유된다.

[동력장치]

동력장치는 감지장치, 제어장치, 동작장치가 작동하도록 동력을 제공한다. 동력으로는 교류 또는 직류의 전기가 주로 쓰인다. 전원장치로 건전지가 사용될 수도 있다.

② 로봇의 활용

로봇(robot)은 용도에 따라 다양하게 많은 종류의 로봇이 있다. 국제로봇협회(International Federation of Robot)는 로봇을 그 용도별로 분류하였는데, 먼저 제조업용 로봇과 서비스용 로봇으로 분류할 수 있다.

[제조용 로봇]

자동차 제조(핸들링, 조립, 용접, 도장 등), 전자제품 제조(도장, 조립, 핸들링 등), 조선(용접, 블라스팅, 도장)

[서비스용 로봇]

서비스용 로봇은 개인서비스. 공공서비스. 극한작업. 기타 산업용 로봇으로 나눌 수 있으며 그 내용은 다음과 같다.

- **개인 서비스로봇** : 가사지원(청소, 정리정돈, 집지킴이, 심부름), 노인지원(보행 보조, 생활지원), 재활지원(병간호, 장애자 보조, 재활훈련), 작업지원(부상방지, 작업효율증가), 여가지원(오락, 테마파크, 게임, 헬스 케어), 교육(가정교사, 교육 기자재 활용), 이동지원(개인 이동시스템, 탑승형 로봇)

- **공공 서비스로봇** : 공공서비스(안내 도우미, 도서관 사서, 민원서류 발급), 빌딩 서비스(경비, 배달, 청소), 사회 안전서비스(경비)

- **극한작업로봇** : 사회 인프라(활선작업, 관로, 고소작업), 재난극복(화재진압, 인명구조), 군사(지뢰제거, 경계, 전투, 로봇갑옷 등), 해양(탐사, 자원개발 지원)

- **기타 산업로봇** : 소매업(판매활동), 서비스(은행, 음식점 접객서비스), 건설(건설지원, 건설 유지보수, 해체지원), 농림. 축산(농약살포, 과실수확 지원), 의료(수술, 간호, 진료, 치료, 교육)

로봇은 이미 많은 인간의 일을 대체하고 있고, 향후 그 범위는 더욱 확대될 것이다. 따라서 이로 인한 일자리 감소가 심각한 문제로 대두될 것으로 예상된다. 일본의 경우, 노인을 돌볼 사람이 부족하여 노인돌봄로봇을 많이 이용하고 있다고 한다.

로봇 사용에 관한 국제적인 통계자료를 보면 한국이 세계에서 로봇을 가장 많이 사용하고 있는 국가로 나타나고 있는데, 국제로봇연맹(2016)에 의하면 제조업 근로자 1만 명당 로봇 사용 대수는 세계 평균이 69대인데 한국은 531대로 세계최고이다.

다음은 싱가포르로 398대이고, 그 다음은 일본 305대 순이다. 이 통계 숫자를 보면 한국의 현장에서 로봇이 얼마나 많이 사용되고 있는지를 상상할 수 있을 것이다. 하지만, 일반 서비스업에서 한국이 로봇을 사용하는 경우는 많지 않다.

로봇은 4차 산업혁명 과정의 주요 기술로 '인간을 노동으로부터 해방하는데 있어서 핵심적인 역할을 할 것이다. 물론 '노동으로부터의 해방이라는 말이 일자리 감소를 의미하기 때문에 반가운 일이라고만은 할 수 없다. 하지만, 이것은 4차 산업혁명 시대에서 나타나는 대세이다. 이 문제의 해답은 일자리 문제를 어떻게 해결하느냐에 대한 해답을 찾아내는 인간의 지혜에 달려 있다고 할 수 있다.[47]

### (3) 사물인터넷(IoT)

#### ① 사물인터넷의 기본개념

사물인터넷(IoT : Internet of Things)은 사물(thing)과 사물(thing)을 연결하는 것으로 사물인터넷(IoT)은 그 활용 범위가 엄청나게 확대될 것으로 전망된다. 사물인터넷이라는 말은 케빈 애쉬튼(Kevin Ashton)이 1999년에 처음으로 사용했다고 한다.

사물인터넷을 선점하는 자가 인터넷을 통한 미래시대 혁신의 아이콘이 될

---

47) 박춘엽,박병연,오점술 4차 산업혁명의 핵심전략,책연,2018. pp 39-41

것이라고 예상하여 사물인터넷을 선점하기 위해 세계의 유수한 기업과 정부들이 치열하게 경쟁하고 있다.

사물인터넷은 활용범위가 매우 광범위할 것으로 전망된다. 예를 들어, 자동차 회사에서 자동차의 엔진 온도와 진동 등을 측정하여 자동차의 고장 가능성을 사전에 감지할 수 있는 센서를 장착하여 놓고, 이 센서에 들어온 정보를 인터넷을 통하여 본사의 애프터서비스센터와 연결해 놓으면 자동차회사는 특정 자동차의 고장 가능성을 미리 알 수 있게 된다는 것이다.

② 사물인터넷의 구성

사물인터넷의 구성요소는 센서, 통신네트워크, 클라우드, 정보처리의 4부분으로 나누어서 설명할 수 있다.

[센서(Sensor)]

디지털 체온계로 체온을 측정해 본 경험이 있을 것이다. 디지털 체온계를 이마나 관자놀이 부근에 갖다 대면 신호음이 들리고 체온이 디지털 신호로 변환되어 표시장치에 숫자로 나타난다. 또한, 비대면 스텐드형 얼굴인식 발열 감지시스템 가까이 접근하면 적정 거리가 유지되었을 때 체온이 디지털표시장치에 나타난다. 이렇게 온도가 디지털 표시장치에 숫자로 나타나는 것은 사물인터넷의 핵심 요소인 센서에 의한 것이다.

사물인터넷에서 센서(sensor)는 주변으로부터 정보를 수집하는 감각기관이라 할 수 있다. 여기에 감지(sense)의 대상이 되는 것은 온도, 습도, 소리, 진동, 빛, 위치, 영상, 열, 가스, 조도 등을 대상으로 할 수 있다. 사물인터넷의 센서는 물리적 조건이나 사건으로부터 감지한 내용을 전기적, 광학적 또는 디지털 자료로 변환하는 역할도 함으로써 디지털 체온계로 측정하여 감지한 온도가 디지털 신호로 전환되어 숫자로 나타나는 것이다.

사물인터넷의 센서는 주변 현상에 대한 감지기능, 감지한 측정치를 디지털 신호로의 전환기능, 전환된 신호를 클라우드로 보내는 통신기능을 포함하고 있다. 센서(sensor)의 종류는 감지하려는 목적(온도, 진동, 소음 등)과 정확도,

신뢰성, 범위, 정밀도 등에 따라 여러 가지가 있다.

### [통신 네트워크(Communication Network)]

사물인터넷의 두 번째 요소는 센서로부터 수집된 자료를 전송하는데 사용되는 통신 네트워크이다. 통신 네트워크와 센서를 연결하는 기술은 와이파이, 블루투스, 아이맥스, 이더네트(Ethernet), LTE(long term evolution), 라이파이(LiFi) 등이다.

### [클라우드(Cloud)]

사물인터넷의 세 번째 요소는 센서로부터 수집된 자료를 처리하고 저장하는 모든 활동을 포함한다. 이 과정에서 데이터는 클라우드(cloud)라고 하는 저장소에 저장되는데, 클라우드(cloud)라고 하는 클라우드 저장소(cloud storage)를 의미한다.

### [정보처리]

사물인터넷의 네 번째 요소는 센서로부터 통신 네트워크를 통해서 전송된 정보를 처리하는 기능이다.

여기에서 '정보처리'를 한다는 말은 사물에서부터 전송되어 온 가공되지 않은 데이터를 인간이 사용하기 쉽게 만든다는 뜻이다. 정보처리를 좀 더 구체적으로 말하면 정보의 비주얼화(그래프로 표시하기 등), 해석(위험상태 알림 등), 예측과 최적화 등을 포함한다.

정보처리를 함에 있어 요즈음은 인공지능이 많이 이용된다. 정보처리를 통하여 추출된 자료는 통신망을 통하여 기계나 사람에게 전달되며, 전달된 정보를 접수한 사람이나 기계는 사전에 정해진 원칙에 따라 적절하게 조치하여 처리하게 된다.

사물인터넷의 이와 같은 4가지 구성요소와 기능을 그림으로 표시하면 [그림 3-1]과 같다.

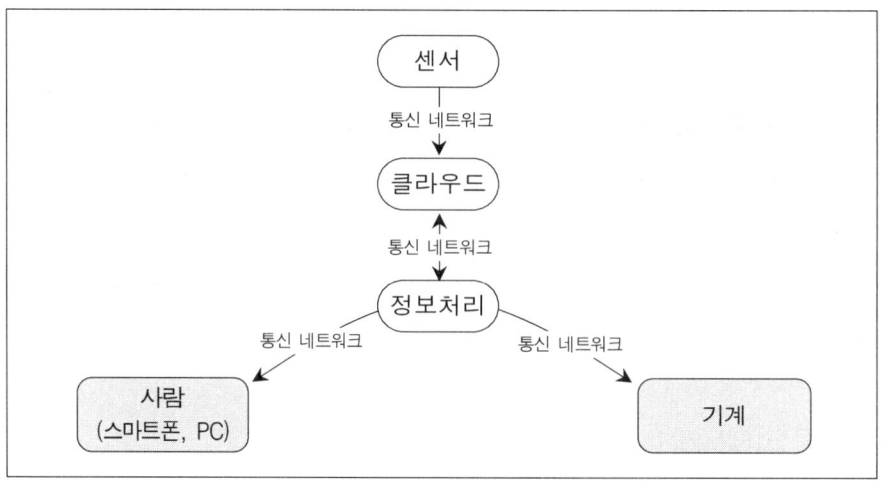

【그림 3-1】 사물인터넷 원리 개념도

### ③ 사물인터넷 활용사례

사물인터넷은 웨어러블(wearable) 장치, 스마트 홈 관리, 가전제품관리, 자동차관리, 개인 건강관리(원격 의료관리), 스마트 교통관리와 제조업 및 서비스산업 응용에 적용할 수 있고, 나아가서는 스마트 도시건설에도 적용할 수 있게 되는 것이다.

### [스마트 홈]

가정 내의 조명, 난방, 환기, 냉방, 보안, 비디오 감시시설이 휴대폰을 이용해서 중앙통제식으로 관리하는 것을 말한다. 스마트 홈은 사물인터넷을 이용하여 구현된다.

### [스마트 도시]

스마트 도시(smart cities)란 인터넷 접속이 언제 어디서나 가능하고 도시 내 시설들이 지능화된 다양한 유비쿼터스 서비스를 제공받는 도시의 개념을 나타내는 말이다.

예를 들면, 아랍에미리트(LAE)의 두바이 시는 도시의 모든 가로등에 비디오카메라가 설치된 스마트 조명으로 되었다고 한다. 이것은 시내 전체를 가로 지르는 스마트 조명을 통해 도시의 상황을 한눈에 파악할 수 있는 도시 컨트롤센터 설치를 목적으로 한 것이다. 즉, 도시 어느 곳에서나 접할 수 있는 가로등을 도시 전체를 하나로 연결하는 스마트 기반시설로 활용하는 사례이다.

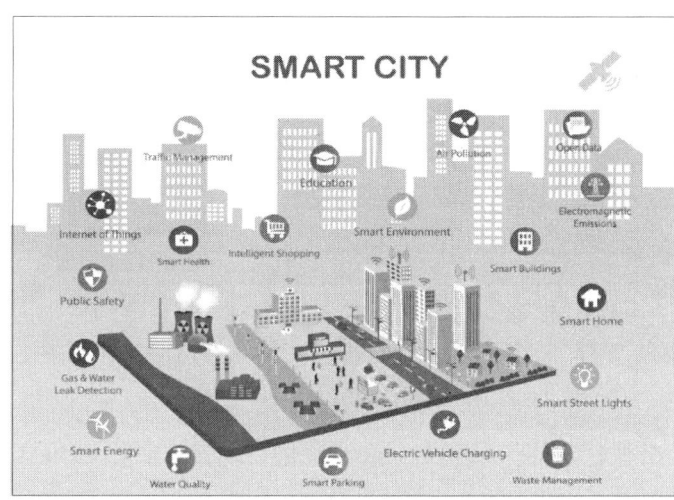

【그림 3-2】 스마트 도시의 상상도

[교통서비스]

사물인터넷을 통해 차량에서 실시간으로 정체구간이나 교통사고 발생 정보를 얻을 수 있고, 빠른 우회경로를 안내한다. 또한, 버스정류장에 오고 있는 버스 정보와 예상 소요시간이 디스플레이로 표시되는데 이러한 것이 사물인터넷을 이용한 것이다.

[에너지 절약]

가정과 빌딩의 전기. 전자 제품에 대해 사물인터넷을 통하여 스마트폰으로 실시간 에너지 사용량을 알 수 있으며, 전기료 최소화 방법을 안내한다. 외출 중 스마트폰으로 전자제품을 끄기도 하고, 집에 들어가기 전에 집안의 온도와 조명을 조절할 수도 있다.

[관광 서비스]

사물인터넷을 이용한 근거리 무선통신기술을 이용하여 관광객이 방문지에 도착하면 스마트폰에서 해당 지역의 맛집과 관광정보 등을 제공한다.

[산업에 활용]

산업용 기기에 사물인터넷을 이용하여 온도, 진동 등을 모니터링하여 고장을 예측하고 사전 정비를 함으로써 기기의 수명을 연장하거나 대형 사고를 예방할 수 있다.

[건강관리]

사물인터넷을 통해서 심박수 및 보행수 체크, 혈압 체크 등의 건강관리를 할 수도 있다.

이 외에도 사물인터넷은 스마트 헬스케어, 스마트 빌딩, 스마트 에너지, 스마트 소매, 스마트 근무, 스마트 제품관리 등에도 활용된다.

### ④ 사물인터넷과 웨어러블 디바이스

인터넷은 인류 최대의 발명이라고 지칭될 정도로 세상을 통째로 바꾸어 놓았다. 이제 인터넷은 하루도 없이는 살 수가 없는 현대사회의 불가결한 하부구조가 되었다.

인터넷이 진화하여 오늘날 일반적으로 사용 가능하게 된 것은 1991년에 World Wide Web이 개발되면서 부터이다. 인터넷 역사는 짧지만, 이메일 등 편리한 통신활동을 가능하게 하였고, 전자상거래라고 하는 새로운 경제활동 영역을 가능하게 하였다. 따라서 아마존과 알리바바와 같은 초대형 전자상거래 회사와 수많은 소규모 전자상거래 회사가 설립되어 상거래 양상이 근본적으로 변화되었다.

인터넷은 또 SNS라고 하는 전 인류가 참여하는 새로운 사회적 연결망을 탄생시키기도 했다. 또한, 사물인터넷(IoT)이라고 하는 새로운 영역으로 확장되었고, 사물인터넷을 통하여 인간과 사물, 사물과 사물이 연결되므로 인해서 인류는 또 한 번의 변혁을 하고 있다. 사물인터넷은 웨어러블 디바이스(wearable device)라는 이름의 기기로 변신하여 티셔츠처럼 입을 수 있고, 착용할 수 있는 안경, 팔찌, 시계, 신발 등의 형태로 인간에게 많은 편익을 주게 될 것이며 빠르게 진행되어 세상을 변환시키고 있다.

### (4) 융복합기술 자동차

자동차는 20세기 문명의 상징과도 같다. 그런데 지금까지 개발된 서로 다른 인공지능 기술 등을 융합·결합하여 사람이 직접 운전하지 않아도 목적지까지 갈수 있는 자율주행차로 발전하고 있다. 또한, 석유를 동력원으로 하는 자동차에서 전기 또는 수소연료전지(hydrogen fuel cell)를 동력원으로 하여 새롭게 재탄생되고 있다.

#### ① 자율주행자동차

자율주행 자동차(self-driving car)란 운전자가 조작하지 않아도 위성항법시스템 등과 차량의 각종 센서로 스스로 목적지를 파악하여 운행되는 자동차를 말한다. 영문으로 Autonomous Driving Car, Smart Car로도 표현된다. 엄밀한 의미에서 무인자동차(driverless car)와는 다르지만 실제로는 혼용되고 있다. 자율주행 자동차는 운전자가 운전을 하지 않아도 내장된 소프트웨어 제어시스템에 의해서 스스로 통제된다.

[부품과 기능]

〈자동차의 위치를 파악하는 시스템]〉

GPS(Global Positioning System), 속도계, 고도계, 자이로스코프(gyroscope)의 정보를 종합하여 위치를 결정한다.

〈광 탐지기(Light Detection and Ranging, Ladar)〉

광 탐지기는 주변으로부터의 빛을 분석하여 도로표시, 도로의 변두리 등을 파악한다.

### 〈비디오카메라〉

교통신호와 도로표시를 읽고, 다른 자동차와의 거리를 파악하며, 보행자와 장애물을 감지하여 주행하도록 한다.

### 〈레이더 센서(Radar Sensor)〉

레이더 센서는 근접한 자동차의 위치를 파악하는 기능을 한다. 레이더 센서를 통해 수집된 정보는 중앙컴퓨터의 자동운행 통제장치에 연결되어 자동차를 제어하는데 사용된다. 자동차의 전면과 후방에 설치되어 있다.

### 〈중앙컴퓨터〉

중앙컴퓨터는 모든 센서로부터 수집된 정보를 분석하여 조향장치, 가속기, 브레이크를 조정하는 기능을 한다. 이때 사용되는 소프트웨어는 각종 자동차 법규와 안전에 관한 정보를 사전에 입력되어 있다.

### 〈초음파 센서〉

초음파 센서는 매우 근접한 물체와의 거리를 측정한다. 주차할 때 유효하게 쓰인다.

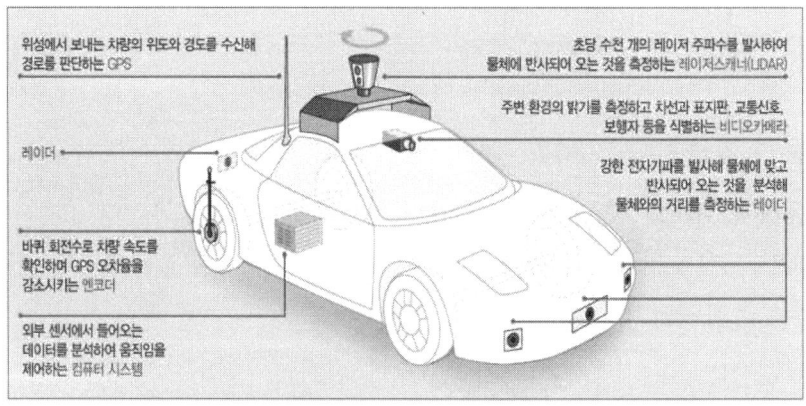

【그림 3-3】 자율주행차 모형

자율주행차 실현을 위해서는 앞에서 설명한 장치 외에도 여러 가지 기술이 필요하다. 즉, 차간거리를 자동으로 유지해 주는 고속도로 운전 도움장치(Highway Driving Assist, HDA), 차선이탈 경보시스템(Lane Departure Warning System, LDWS), 차선유지 지원시스템(Lane Keeping Assist System, LKAS), 사각지역 탐지시스템(Blind Spot Detection, BSD), 어드밴스드 스마트 크루즈 컨트롤(Advanced Smart Cruise Control, ASCC), 자동 긴급제동(Automatic Emergence Brake, AEB) 등이 있다.

자동차 시장은 방대하기 때문에 세계 주요 자동차 제조사는 물론, 투자 여력이 있는 소프트웨어 회사들도 자율주행차 개발에 적극적으로 나서고 있다. 현재 자율주행차 상용화에 가장 가깝게 다가선 회사는 미국의 구글로 보고 있다. 구글이 개발한 자율주행차의 시험 주행거리는 350만km를 넘는다. 자동차와 무관한 소프트웨어 검색업체인 구글이 자율주행차 개발을 주도하고 박차를 가하고 있는 것은 소프트웨어 기술력이 자율주행차 개발의 성패에 결정적인 역할을 하기 때문이다.

자율주행차의 시장은 자동차 시장이 방대하여 우수 신제품에 대한 매출이 매우 클 것이라고 믿기 때문에 누구도 양보할 수 없는 치열한 경쟁을 벌이고 있다. 미국의 GM, 포드, 독일의 벤츠, 일본의 도요타, 한국의 현대자동차와 기아자동차도 양보할 수 없는 개발 경쟁을 하고 있다. 한국 최초의 무인차는 1992년 고려대학교의 한민홍 교수가 만들어서 청계천 고가도로에서 시연하여 성공하였다(KBS 보도). 하지만, 당시에 국내자동차 회사들은 큰 관심을 보이지 않았다. 자율주행 자동차 개발에는 중국의 추격도 만만하지 않다. 한국에서는 2016년 2월 12일, 자동차 관리법 개정안이 시행되면서 자율주행차의 실제 도로주행이 가능해졌다.

자율주행차가 본격적으로 실용화되면, 운전기사가 없는 택시가 등장할 것이고, 화물 배송도 운전자 없는 자동차로 하게 될 것이다. 그렇게 되면 자율주행차의 상용화로 인한 일자리 감소가 현실화될 것이다. 자율주행차의 기술은 자동차에 한정되지 않고 일반적인 무인자동차 시스템과 농업용 트랙터의 운행에도 활용될 수 있을 것이다. 일부 선진 국가에서는 운전자가 없는 스마트 트랙터가 농업에서 이미 활용되고 있다.

### ② 전기자동차

탄소연료를 쓰는 자동차는 두 가지 한계점을 가지고 있다. 한 가지는 탄소연료 배출 가스가 공기를 오염시킨다는 것이고, 다른 한 가지는 탄소연료는 그 매장량이 유한하다는 것이다.

20세기 말에는 원유가 향후 50~100년 후에는 고갈되리라고 예측되고 있다. 따라서 세계 각국은 석유시대 이후에 대한 관심이 높아졌고, 그런 인식의 일환으로 자동차에 석유를 대체할 방법을 찾던 중, 석유 자동차를 대체할 방법으로 전기자동차와 수소연료전지차가 개발되었다.

전기자동차는 비용도 적게 들고 공해도 유발하지 않아 호평을 받고 있다. 특히, 한국에서는 미세먼지와 대기오염이 심각해지고 있으므로 관심을 많이 받는 교통수단으로 되고 있다. 하지만, 전기자동차가 상용화되기 위해서는 해결해야 할 문제가 있다. 첫째는 충전시간을 단축시켜야 하는 기술적 문제다. 둘째는 충전장치가 설치되어 있는 충전소가 충분히 많아야 한다는 점이다. 마지막으로는 일회의 충전으로 갈 수 있는 주행거리의 한계이다. 이러한 문제는 시간이 경과함에 따라 상당 부분 해소되었다. 그런데 지난 수년 동안에 원유 가격이 하락 안정되는 바람에 전기자동차에 대한 관심은 증가세가 다소 둔화되었다고 할 수 있다.

하지만, 전기자동차 시장은 꾸준히 성장하고 있다. 세계의 전기자동차 시장은 2015년에는 50만대 수준에 이르렀다. 전기자동차에 관심이 특별히 많은 나라는 대기오염으로 고민하는 중국이다. 2016년에 중국에서는 약 33만 대의 전기자동차 판매로 세계 1위를 차지했다. 중국은 전기자동차 수출에서도 괄목할 만한 성과를 보이고 있다. 특히, 영국의 런던에서는 중국의 전기자동차가 운행되고 있는 실정이다. 세계의 전기자동차 시장은 중국을 선두로 가파르게 성장할 것으로 예상되고 있다. 한국에서는 제주특별자치도를 중심으로 전기자동차의 사용이 적극적으로 추진되고 있다. 한국은 국토가 비교적 협소하고 인구밀도가 높아 전기자동차가 갖는 문제점으로 인해 제약을 크게 받지 않을 여건을 가진 나라라고 할 수 있다. 또한, 대기오염에 대한 관심이 높아짐에 따라 전기자동차에 대한 관심도 높아질 것이다.

### ③ 수소연료전지차

수소연료전지차는 기존의 석유를 연료로 사용하는 내연기관 대신 연료전지(수소와 공기 중의 산소를 반응시키고, 이 때 발생하는 전기를 이용하는 전지)를 이용하는 자동차로서 탄산가스를 포함하는 매연을 발생시키지 않는 친환경 자동차이다. 이때 수소의 공급방식은 다음과 같은 두 가지로 구분할 수 있다.

- **압축수소 이용방식** : 압축수소나 액화 수소탱크를 이용해서 수소를 공급하는 방식인데, 자동차 운행시 물만 발생하므로 공기오염이 없다는 장점이 있다. 이 방식이 갖는 한계점은 수소탱크 탑재로 인한 차량의 크기 증가, 수소의 불안정성, 수소 공급 인프라 구축의 어려움 등이다.
- **메탄올(methanol) 방식** : 메탄올을 분해하여 수소를 공급하는 방식이다. 분해 과정에서 일산화탄소($CO$), 탄화수소($HC$), 질소산화물($NOx$) 등이 다소 발생하지만 그 양이 기존 석유연료 차량의 발생량보다 적다. 메탄올 방식은 메탄올이 액체이므로 기존의 석유연료 공급 인프라를 보완하여 사용할 수 있다는 장점이 있다.

한국에서는 현대자동차가 2013년 1월에 수소연료전지차의 양산을 시작하였다. 하지만, 수소연료전지 충전소는 11개(2017년 11월 현재)에 불과하다고 한다(중앙일보, 2017. 11. 20). 이처럼 수소연료전지 충전소가 적어서 대중화되지 못하고 있다.

한편, 일본은 수소연료전지 충전소가 79개소, 독일에서는 40여개가 설치되어 있어서 수소연료전지차의 대중화에서 한국을 추월하고 있다고 한다(중앙일보, 2017. 11. 20). 이와 같은 결과가 초래된 데에는 관련 기술의 부족도 한 원인으로 지적되고 있다.[48]

---

48) 박춘엽,박병연,오점술 4차 산업혁명의 핵심전략,책연,2018. pp 49-53

## (5) 3D 프린팅

### ① 3D 프린팅 기본개념

3D 프린팅(3 dimensional printing)이란 3차원 공간에서 실행되는 인쇄라는 뜻이다. 3D 프린팅 기술을 왜 제조기술의 혁명이라고 하는가? 3D 프린팅을 이해하기 위해 먼저 종래의 인쇄에 관해서 설명해 보면, 인쇄된 책은 2D(2차원) 인쇄라고 할 수 있다. 즉, 활자가 새겨진 아연판에 잉크를 묻혀 종이에 찍어서 인쇄하는 단순 복제로 이므로 2차원적 인쇄라고 할 수 있다. 3D 프린팅은 X축과 Y축에 추가하여 높이 Z축에 따라 이동하며 인쇄하여 입체로 만들어진다는 개념을 이용한 것이다. 예를 들면, 시루떡을 만들 때, 쌀가루와 팥으로 한 켜를 만들 때는 2차원 평면인쇄에 해당한다. 그런데 시루떡을 한 켜 두 켜씩 차곡차곡 쌓아 올리면 결과적으로 여러 겹으로 쌓여진 모양의 시루떡이 만들어지므로, 3차원 프린팅에 해당된다.

### ② 가공 방식

3D 프린팅은 만들어질 제품의 모양에 관한 정보가 프린터에 입력되면 그 정보에 따라 가로(X), 세로(Y), 높이(Z)가 결정되며, 3D 프린팅 기술을 이용하여 입체 형태를 가공하는 방식은 적층가공 방식과 절삭가공 방식의 두 가지로 나눌 수 있다.

적층가공(積層加工) 방식은 한 축씩 쌓아 올리는 방식으로 첨가형 또는 쾌속조형 방식을 말하며, 절삭가공(切削加工) 방식은 하나의 덩어리를 깎아서 원하는 형상을 만드는 방식으로 컴퓨터 수치제어로 조각하는 방식을 말한다.

3D 프린팅은 과거에는 입체 형태를 만들기 위해 많은 비용을 들여 금형을 제작하여 재료를 금형에 넣어 사출, 압출, 주조의 과정을 이용했었지만, 3D 프린팅은 과거의 방식보다 시간도 단축되고 비용도 절감될 뿐만 아니라 개인별 맞춤 생산도 용이하게 되었다. 따라서 소비재 생산에서도 3D 프린팅 기술은 여러 가지 변화를 가져올 것으로 기대된다. 왜냐하면, 개인별 맞춤형 생산이 과거보다 좀 더 용이하고 효율적으로 가공할 수 있기 때문이다.

이제 3D 프린팅 기술은 생체의료 분야에서도 활발하게 응용이 이루어지고 있다. 3D 프린팅 기술이 인간의 신체 부위나 장기의 생산에 적용될 경우, 관련되는 의료서비스에도 큰 변화가 일어날 것이다. [그림 3-4]는 적층가공 방식으로 심장모형을 만드는 것을 보인다.

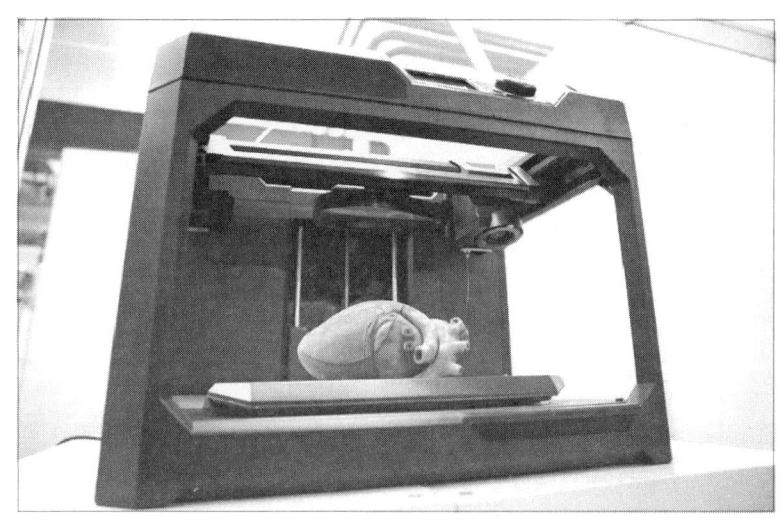

【그림 3-4】 3D 프린팅의 심장모형 적층가공 방식(사례)

하지만, 3D 프린팅이 가져올 수 있는 부정적인 영향도 적지 않다. 3D 프린팅은 일반적으로 제조과정에서 쓰레기를 전통방식보다 더 많이 생산할 것으로 예상된다. 또, 인간의 신체 일부와 장기 등을 생산하게 될 때 윤리적인 문제가 발생할 것이라고 한다.

현재 우리나라 교육기관에서는 3D 프린터를 도입하여 교육에 활용하고 있다. 1980년대 초반에 PC가 보급될 때 전교에 한 두 대의 PC를 사들여 PC의 기능 등을 공부했는데, 그로부터 40년이 오늘에는 한 사람이 한 대의 PC를 손에 들고 다니며 활용하게 된 것을 생각하면 오늘날 3D 프린터가 광범위하게 사용될 날도 그리 멀지 않았다는 상상을 하는 것이 어렵지 않다.[49]

---

49) 박춘엽,박병연,오점술 4차 산업혁명의 핵심전략,책연,2018. pp 53-54

## (6) 빅 데이터(Big Data)

### ① 빅 데이터의 기본개념

빅 데이터(big data)는 많은 양의 데이터를 말한다. 디지털 시대에서는 과거의 아날로그 환경에서 생성되던 것과는 비교할 수 없을 정도로 많은 자료가 생성된다. 즉, 인터넷 쇼핑몰에서 구매를 하면 상품의 종류와 금액, 방문자가 관심을 보인 상품 종류, 쇼핑몰에 머물렀던 시간 등이 기록된다. 쇼핑몰에 들어가 아무것도 구매하지 않아도 방문자의 여러 가지 정보가 축적된다.

오프라인 매장에서도 소비자들이 사용한 신용카드 사용금액, 판매시점 등에 관한 자료가 생성된다. 카카오톡에서 생성되는 자료도 하루에 수억 건 이상이 될 것이다. 이외에도 CCTV에 기록된 영상자료도 엄청나게 생성된다. 생성되는 대량의 데이터를 총칭하여 빅 데이터라고 하며, 빅 데이터를 잘 분석해 보면 거기에서 경영정책을 위한 의사결정에 유용한 정보를 얻어낼 수도 있다.

Big Data라는 용어는 1990년대부터 사용되었으며, 좀 더 체계적으로 정의한다면 기존 소프트웨어 도구로는 적정한 시간 내에 포착, 관리, 처리 등을 분석할 수 없을 정도의 매우 많은 자료를 말한다.

빅 데이터에서 말하는 빅(big)의 기준도 시간이 지남에 따라 그 범위는 수십 Tera-Byte를 넘어 Peta-Byte 수준이다. 테라는 $10^{12}$으로 1조 바이트에 해당하는 정보량을 말하며, 페타는 $10^{15}$으로 1000조 수준이다.

### ① 빅 데이터의 특징

[양(Volume)]

빅 데이터는 자료의 양이 많다. 이 자료는 전통적인 통계학에서 사용하는 표본추출이라는 방법을 적용하지 않고, 자료를 있는 그대로 관측하고 분석한다.

[속도(Velocity)]

빅 데이터는 디지털 자료이므로 매우 짧은 시간에 분석하거나 또는 실시간으로 분석하고 활용할 수 있다.

[다양성(Variety)]

빅 데이터 자료는 다양하다. 문자, 이미지, 소리, 동영상 등을 포함한다.

[기계학습(Machine Learning)]

인공지능이 빅 데이터에 내재된 패턴, 규칙성, 또는 특성 등을 찾아낸다.

[디지털 발자국(Digital Footprint)]

디지털 자료는 디지털 교호작용(예를 들면, 스마트폰 채팅)의 결과로 추가적인 비용이 없이 생성되는 부산물이다. 이와 같은 디지털 활동의 결과로 발생되는 자료를 디지털 발자국이라고 한다.

이상과 같이 빅 데이터는 기존의 통계학적 방법으로는 분석할 수 없다는 특징을 가지게 된다. 빅 데이터는 무질서해 보이지만 잘 분석하면 그 안에 포함된 유용한 정보를 찾아낼 수 있다. 예를 들면, 고객의 쇼핑행위에 관한 빅 데이터를 분석하면 고객이 선호하는 상품의 종류, 가격, 디자인 등에 관한 정보를 찾아낼 수 있다. 이제 대기업뿐만 아니라 중소기업들도 사업과 관련된 빅 데이터에 접근할 수 있게 되고, 그것을 분석하여 기업경영에 유용한 정보를 확보할 수 있을 것이다. 또, 빅 데이터는 기업경영에서뿐만 아니라 질병예방, 범죄수사와 예방, 농업 등에서도 이용될 수 있다. 따라서 빅 데이터 분석전문가는 향후 가장 유망한 직업 중의 하나로 지목되고 있다.[50]

## (7) 가상현실(VR)과 증강현실(AR)

### ① 가상현실과 증강현실의 기본개념

가상현실(virtual reality, VR)이란 실제 현실이 아니지만, 현실처럼 느껴지는 것을 말한다. 즉, 극장에서 영화를 보는 동안에 나오는 장면들이 마치 현실인 것 같은 착각이 들기도 하는 것을 말한다. 영화는 순간적으로 관람자에게

---

50) 박춘엽,박병연,오점술 4차 산업혁명의 핵심전략,책연,2018. pp 54-55

마치 현실인 것처럼 느껴지지만, 현실은 아니다.

전자제품 판매장에 VR(가상현실) 장비들이 진열·판매하고 있는데, 그 장비를 통해 가상현실을 체험해 볼 수 있다. 예를 들면, VR기기를 착용하고 패러글라이딩 체험을 하기 위해 영상을 보고 있으면 마치 자신이 하늘을 나는 것과 같은 느낌을 받는다. 이처럼 가상현실 장치를 이용하여 영상을 통해 하늘을 날아가는 체험을 하는 듯한 느낌을 받게 되는 것을 가상현실이라고 한다.

이와 같은 가상현실은 사진기술, 그래픽기술과 컴퓨터기술을 이용하여 만들어진 것이다. [그림 3-5]와 같이 VR기기를 착용하고 있는 동안은 자신이 눈으로 보고 있는 가상현실 영상을 실제로 체험하고 있는 것처럼 느낌을 받고 있는 모습이다.

【그림 3-5】 가상현실 기기 착용모습

### ② 가상현실(Virtual Reality : VR)

가상현실이란 좀 더 전문적으로 표현하면 '어떤 상황이나 환경을 컴퓨터를 통해서 그것이 마치 실제인 것처럼 느끼게 하는 인간과 컴퓨터 사이의 인터페이스(interface)'를 말한다. 가상현실은 가상의 시각체험뿐만 아니라 가상의 맛, 가상의 냄새, 가상의 소리, 가상의 촉각도 만들어 낼 수 있다. 가상현실은 가상 환경(virtual environment), 인위적 현실(artificial reality), 실감나는 멀티미디어(immersive multimedia), 합성 환경(synthetic environment)이다.

가상현실의 응용 분야는 매우 다양하다. 예를 들면, 자동차 운전교육, 항공기 조종사 훈련, 해부학 실습을 위한 3차원 해부도 및 시뮬레이션, 가상 내시경, 모의수술 등의 교육적인 목적에도 사용된다. 또, 스포츠 분야에도 많이 활용되는데, VR 패러글라이딩, 각종 VR 스포츠 체험 등이 있다.

### ③ 증강현실(Augmented Reality : AR)

증강현실이란 눈에 보이는 것들이 가상의 이미지와 현실이 섞여 있는 것이라고 할 수 있다. 증강현실은 체험자가 자유롭게 움직이면서 체험할 수 있는데, 보통 스마트폰을 이용한다. 예를 들면, 한국에 엄청난 열풍을 몰고 왔던 포켓몬고는 증강현실을 이용한 게임이다. 포켓몬고 게임에서 게임플레이어는 휴대폰에 나타난 영상(가상)뿐만 아니라 자신이 실제로 있는 현실도 보고 있는 상황에서 게임을 하는 것이다.[51]

## (8) 드론(Drone)

### ① 드론의 기본개념

드론(drone)의 사전적 의미는 '웅웅거리는 소리'를 말한다. 그런데 지금은 무인항공기(unmanned aerial vehicle, UMV)를 의미하는 말로 많이 쓰인다. 무인항공기에는 사람이 타지 않고 비행체를 지상에서 원격으로 조종을 하는 것이다. 드론이 4차 산업혁명의 주도적 기술은 아니고 응용기술에 해당하는 기술이지만, 그 활용 범위가 넓어서 4차 산업혁명 과정에서 큰 역할을 할 것이며, 관련 산업이 크게 발전하고 있다.

[그림 3-6]과 같이 프로펠러가 4개 달린 드론인 쿼드로터(quad-rotor)가 항공영상촬영이나 개인 취미활동용으로 널리 보급되어 우리에게 친숙하다. 무인항공기는 원래 군사적 목적으로 시작되었으며, 특히, 제2차 세계대전 때 독일을 중심으로 많은 기술적 진보가 있었고, 그 후에는 이스라엘이 중동전쟁을 하는 동안 광범위한 지역에 대한 군사정보를 수집할 목적으로 무인항공기 기

---

[51] 박춘엽,박병연,오점술 4차 산업혁명의 핵심전략,책연,2018. pp 56-57

술을 크게 발전시켰다. 그래서 현재 군사적 목적의 무인항공기 기술은 이스라엘의 기술이 바탕이 된 것으로 알려져 있다.

【그림 3-6】 프로펠러가 4개인 드론, Quad-rotor

## ② 드론의 활용분야

- **항공촬영** : 드론을 정보통신기술과 결합하여 미디어콘텐츠 개발에 활용
- **수송** : 인터넷서점 아마존은 드론으로 배송할 계획을 하며, 드론은 긴급한 장기수송에도 활용
- **농업** : 드론은 농약살포와 작황 항공촬영에도 활용
- **우주항공 해양** : 적조 감시
- **환경기상** : 대기오염 분석, 기상관측에도 활용
- **재난안전** : 조난자 수색, 긴급구조에 활용
- **군사** : 항공정찰, 군사적 촬영에 활용
- **교통** : 교통상황 분석, 교통사고 처리에도 드론을 활용

이상과 같이 드론은 광범위하게 활용될 수 있지만, 국내에서는 제한을 받는 경우가 있다. 예를 들면, 서울지역 대부분이 비행금지 구역으로 설정되어 있어서 드론이 제한을 받을 수 있다.[52]

---

52) 박춘엽,박병연,오점술 4차 산업혁명의 핵심전략,책연,2018. pp 57-58

## (9) 공유경제(Sharing Economy)

### ① 공유경제의 기본개념

공유경제(sharing economy)란 소유하고 있는 제품을 여러 사람이 나누어 가며 소비하는 경제활동을 의미한다. 예를 들면, 카 쉐어링(car sharing)을 들 수 있다. 카 쉐어링은 여러 사람이 개별적으로 각자 차량을 소유하지 아니하고, 하나 또는 그 이상의 차량을 여러 사람이 공동으로 소유하고 각자가 필요한 때에 사용하는 방식이다.

이렇게 되면 각자가 개인별로 차량을 소유할 때보다 좀 더 적은 비용으로 자신의 교통 욕구를 만족시킬 수 있게 된다. 이러한 카 쉐어링은 조금 불편할 수도 있지만 차량의 공동관리, 관리비의 공동부담 등으로 경제적인 이익도 있다.

공유경제라는 개념은 2008년에 미국이 금융위기를 겪으면서 취업난, 가계소득 감소 등이 심화하자 합리적인 소비로 어려움을 극복하기 위한 방안으로 활성화되었다고 한다. 특히, 이러한 개념이 실용화되는 단계까지 발전하게 된 배경에는 인터넷과 SNS의 발달로 개인 대 개인의 접속과 거래가 용이해진 점이 있다. 그래서 이런 공유경제는 단순히 나눠 쓰기 정도의 개념을 넘어서 새로운 비즈니스를 개발하는 개념으로도 널리 활용되고 있다.

### ② 공유경제의 거래형태

[쉐어링(sharing)]

사용자들이 제품 혹은 서비스를 소유하지 아니하고 필요에 따라 사용하는 방식으로, 예를 들어, 미국에서는 출퇴근길이 같은 사람들끼리 하나의 자동차를 공동으로 이용하는 라이드 쉐어링(ride sharing)이 수십 년 전부터 이루어지고 있었는데, 인터넷과 SNS의 발달로 인하여 쉐어링이 좀 더 보편적으로 이루어지게 된 것이다. 한국에서도 쉐어링 형태의 공유경제 서비스가 이미 시작되었다. 지방자치단체에서는 자전거 쉐어링, 홈 쉐어링도 하고 있다.

### [교환]

필요하지 않은 제품을 필요한 사람에게 제공하고 거래하는 방식이다. 예를 들면, 중고품매매가 있다. 한국에는 중고품거래 인터넷사이트에 수십만 명이 가입하여 중고품 거래를 하고 있다.

### [협력적 커뮤니티]

특정 커뮤니티의 구성원 사이에 협력을 통한 방식으로 유형과 무형의 재화를 공유한다. 대표적인 사례가 에어비앤비(Airbnb)인데, 이것은 여행자에게 쓰지 않는 방을 대여해 주는 커뮤니티이다(www.airbnb.co.kr).

### ③ 공유경제를 이용한 비즈니스 모델

공유경제란 비영리 목적에만 적용할 수 있는 개념으로 이해할 수 있으나, 실제로는 이 개념을 이용하여 새로운 영리사업을 시작할 수 있다. 공유경제 개념을 이용하여 창업된 기업 중에서 세계적으로 유명한 우버(Uber)와 에어비앤비(Airbnb)가 있다.

### [에어비앤비(Airbnb)]

미국인 브라이언 체스키와 조 게비아(Brian Chesky and Joe Gebbia)가 샌프란시스코에 왔는데, 잠잘 곳이 없어서 공기 매트리스를 깔고 자기 시작했다. 이후 친구인 네이선 블레차르지크(Nathan Blecharczyk)가 2008년에 참여하여 샌프란시스코에서 에어비앤비(AirBed and Breakfast)라는 이름으로 단기간 저가의 숙박 서비스를 시작하였다.

에어비앤비는 자신들이 숙박시설을 소유하지 아니하고 여분의 숙박공간을 가진 사람들이 대여 서비스에 참여하도록 하고 참여자에게는 소득을 보장하고 사용자에게는 저가의 숙박 서비스를 활용하게 하며 자신들(airbnb 본사)은 이 조직화와 연결 서비스에 대하여 소정의 수수료를 취하는 비즈니스 모형이다.

에어비앤비는 이처럼 자신은 숙박시설을 보유하지 않고 숙박 서비스를 시작하였지만, 지금은 191개국 65,000개 도시에 3,000,000개의 숙박목록을 보유한 세계최대의 숙박업기업이 된 것이다.

### [우버(Uber Technologies Inc.)]

우버(Uber)는 자동차를 필요로 하는 사람과 자동차를 보유한 사람을 연결 서비스를 제공하고 이용하는 교환이 이루어지게 하는 스마트폰 앱을 개발하여 운영하는 회사이다. 이 앱을 이용하면 누구든지 차량을 보유하고 있으면 운송 차량의 역할을 할 수 있기 때문에 정식으로 사업허가를 받았고, 택시서비스를 제공하는 택시업계와의 마찰이 계속되고 있다. 우버(Uber)는 공유경제를 상징하는 기업으로 인식되고 있다.

우버는 원래 개럿 캠프(Garret Camp), 스텀플 어폰(Stumple Upon)과 트라비스 카라니크(Travis Kalanick)가 우버캡(UberCab)이라는 이름으로 2009년에 창업하였다. 실제로 우버 택시 앱이 사용된 것은 2011년이었다. 그리고 회사명칭도 우버캡에서 우버로 바뀌었다.

한국에서는 2014년 10월, 우버 택시 서비스를 시작하였는데 우버 서비스가 자가용차가 허가 없이 영업 행위를 하게 한다는 점에서 법규를 위반한다고 규정하고, 2015년부터 우버 서비스를 금지하고 위반자를 단속하고 있다. 이 규정을 위반하는 자를 신고하는 경우 포상금을 제공하고 있다.[53]

### (10) 가상화폐와 블록체인(Virtual Currency & Block Chain)

가상화폐(virtual currency 또는 virtual money)는 4차 산업혁명 시대에 등장하는 새로운 개념들 중에서 이해하기가 가장 어려운 것 중의 하나이다.

가상화폐는 "가치를 디지털로 표시한 것으로 디지털 화폐라고도 불리며, 중앙은행이나 공공기관이 발행한 것이 아니지만, 지불수단으로 사용될 수 있으며, 컴퓨터 등의 전자적으로 송금, 저장, 교환되는 것"이라고 정의할 수 있다 (유럽은행/European Bunking Authority 정의).

따라서 가상화폐는 물리적 실체가 존재하지 않고 전자적으로만 존재하는 화폐이므로 종이나 금속을 이용해서 가치를 표시하던 기존의 화폐에 익숙해져

---
53) 박춘엽,박병연,오점술 4차 산업혁명의 핵심전략,책연,2018. pp 58-60

있는 사람들은 이해가 좀 어려운 화폐이다.

전통적인 지폐 한 장은 물리적으로는 한 장의 종이에 불과하지만, 국가가 보증하기 때문에 그 종이 위에 표시된 숫자 만큼의 가치를 모든 사람이 인정하고 교환과 저장의 수단으로 통용한다. 지폐(화폐)가 성립되기 위한 중요한 두 가지 기본요건은 국가의 공인과 위조방지라고 할 수 있다.

그런데 디지털 화폐인 가상화폐는 초기에 국가가 인정하지는 않았지만 우여곡절을 거쳐서 실제로 거래수단으로 사용되게 되었으며, 지금은 금융기관들과 개인들이 디지털 화폐 거래에 참여하고 있다. 최근에는 일본과 영국에서 디지털 화폐를 교환의 수단으로 인정하는 단계에 이르렀다. 이쯤 되면 디지털 화폐가 국가의 공인 화폐로서의 필요조건을 확보한 셈이다.

공인 화폐가 되기 위한 두 번째 조건으로 위변조 방지라는 문제가 있다. 그런데 이것은 블록체인(block chain)이라는 개념을 통해서 극복되었다고 할 수 있다.

블록체인(block chain)은 가상화폐 거래시 발생할 수 있는 해킹을 막는 기술로, 가상화폐로 거래된 내용을 기록한 전자장부를 말한다.

가상화폐 거래내용은 전 세계의 관계자 모두에게 공개되고 기록되고 전파된다. 그러므로 블록체인을 조작하려면 전 세계의 관계된 모든 컴퓨터에 기록되어 있는 공공거래 전자장부를 동시에 조작해야 하므로 사실상 특정인이 임의로 조작할 수 없을 뿐만 아니라 장부를 특정인이 소유할 수도 없고, 장부 스스로가 암호화하는 기능을 가지고 있으므로 임의적 조작은 불가능하다. 따라서 가상화폐로 사용한 거래내역은 위조될 수 없으므로 화폐가 가져야 하는 위변조 방지라는 신뢰성을 확보하게 된 셈이다.

가상화폐는 아직 소비재 구매에 널리 사용되고 있지는 않지만, 교환 수단으로서의 기능은 어느 정도 인정되었다고 할 수 있다. 그런데 가상화폐를 구매하고자 하는 수요자가 증가함에 따라 가상화폐의 가격이 상승하고 있어서 투자 내지는 투기의 대상이 되고 있는 실정이다. 아직까지 가상화폐가 전 세계에 일상적으로 사용되고 있지는 않지만, 송금이 용이하고 저비용이라는 장점 때문에 전통적 화폐가 사용되기 어려운 여러 상황에서 쓰이면서 자리를 잡을 것이라고 예상하고 있다. 많은 전문가들이 가상화폐에 대한 투자는 수익성이 좋을 것이라는 예측을 하지만, 가상화폐에 대한 투자는 손실을 초래할 수 있다는 점도 명심해야 한다. 이미 가상화폐에 대한 투자 결과로 희비가 엇갈리는 결과가 발생하고 있다.

가상화폐에 대한 투자나 매입을 하려면 국내에 설립되어 있는 자문회사의 안내를 받거나 이미 발행된 서적을 읽어보고 스스로 할 수도 있다. 실제로 발행된 가상화폐로는 비트코인(Bitcoin), 이더리움(Ethereum), 리플(Ripple), 라이트코인(Litecoin) 등 수백 가지나 되며, 가상화폐의 더 깊은 내용은 현재 수준을 넘는 것이라 판단되므로 생략한다.

보도에 따르면 한국에서도 가상화폐가 공인되는 과정을 밟고 있는 것으로 보인다. 금융거래법의 개정으로 2017년 7월 18일부터 은행이 아닌 업체도 일정 요건을 갖추면 소액 외화 송금사업을 할 수 있게 되었다. 이렇게 되면 소규모업체가 비대면(untact) 온라인 형식으로 해외송금업을 시작할 수 있을 것으로 보인다. 다만, 송금 한도는 건당 3,000달러, 연간 2만 달러로 제한된다. 실명확인은 처음에만 실시하고 두 번째 거래부터는 이 절차가 생략된다. 따라서 소액 외화 송금업체가 확대됨으로 인한 변화가 예상되며, 먼저 외화 송금 수수료가 절반 정도 수준으로 낮아지게 된다.

가상화폐를 이용한 외화 송금에서는 먼저 원화를 송금업체에 맡기고 해당 국가의 계좌를 지정하면 송금업체가 원화를 가상화폐로 바꾸어 해당 국가의 거래업체에 보낸다. 이 돈을 받은 거래업체는 가상화폐를 해당 국가의 화폐로 환전하여 지정된 계좌에 입금하게 된다. 이는 2~3일 걸리던 해외송금이 몇 시간 정도로 단축된다. 이로써 한국에도 가상화폐 시대가 현실화되고 있다.

### (11) 핀테크(Fin Tech)

#### ① 핀테크 기본개념

핀테크(fin tech)는 금융(finance)과 기술(technology)의 결합에서 만들어진 말이다. 여기서 기술은 정보기술(information technology)을 의미한다. 따라서 핀테크란 '금융서비스를 위한 정보기술'이라는 의미로 쓰이게 된다.

핀테크라는 말은 원래 금융기관들이 고객들과는 상관없이 자신들의 업무처리를 위해서 사용하는 기술을 의미하는 것이었다.

핀테크에 처음 사용되었던 기술은 대형컴퓨터와 이와 관련된 주변기기라고 할 수 있다.

그러나 지금 핀테크는 금융기관들의 내부적 업무처리뿐만 아니라 금융서비스 이용 소비자들인 개인들의 금전거래, 계좌입금과 출금, 주식거래, 로봇을 이용한 금융서비스 자문 등에 사용되는 기술을 포함한다.

핀테크 이용 또는 이용될 기술에는 PC, 인터넷, 스마트폰, 인공지능, 엑셀, 통신네트워크, 인식기술 등이다. 금융기관에서 과거에 주판을 이용하여 숫자를 처리하던 때를 생각하면 컴퓨터와 인터넷 기술이야말로 천지개벽과 같은 엄청난 변화이다.

금융소비자도 은행에 직접 가지 않고 현금인출, 인터넷뱅킹, 폰뱅킹 등을 할 수 있어서 이에 만족하는 소비자도 많다. 하지만, 정보통신기술의 발전과 인터넷 전문은행의 설립 그리고 가상화폐의 출현과 인공지능의 발전 등으로 인하여 핀테크는 금융산업과 금융 서비스에 있어서 또 한 번의 큰 변화를 예고하고 있다.

#### ② 핀테크 장점

[실시간 처리가 가능하다]

핀테크는 지불과 입금 등의 금융거래자료를 실시간으로 포착하고 처리할 수 있다.

### [거래 활성화와 기회창출이 가능하다]

핀테크는 금융거래를 원활하게 할 수 있으며, 거래 활성화를 통해서 핀테크는 경쟁, 혁신과 일자리 창출을 촉진할 것이다. 또한, 핀테크를 통해 생성된 자료는 부가가치를 창출할 수 있다.

### [새로운 서비스 개발의 기초자료가 된다]

금융서비스 제공자들은 수십만 건의 자료를 분석하여 소비자의 특성을 파악할 수 있게 되고, 기업과 금융당국은 거의 무한대의 자료에 대해서 구조화된 접근을 할 수 있다. 특히, SS의 대중적 사용으로부터 발생하는 자료를 분석하여 정보를 얻고, 이를 바탕으로 새로운 서비스와 제품을 제공할 수 있다.

### [효율적인 시장창출이 가능하다]

SS의 자료로부터 정보를 얻는 방법은 과거에 사용하던 데이터 마이닝과는 달리 딥러닝이라는 기법인데, 이를 통해 상상하지 않았던 통찰과 정보를 얻을 수 있게 되며, 이를 바탕으로 좀 더 개인화된 제품과 서비스를 제공할 수 있고 좀 더 효율적인 시장을 창출할 수 있다.

### [중소기업의 재무관리와 금융서비스 개선이 가능하다]

핀테크는 중소기업에게 소규모의 금융서비스를 효율적이고 좀 더 다양한 형태로 제공할 수 있다. 혁신적인 핀테크를 이용하면 중소기업들에게 맞춤형 금융서비스를 제공할 수 있다.

예를 들면, 온라인 공급사슬 금융, 온라인 거래금융 등과 같은 것이다. 혁신적인 금융솔루션은 중소기업들이 현금흐름을 개선하고, 운전자금관리를 개선하고, 자금 확보를 좀 더 확실하게 할 수 있다.

### [대금청구와 수금의 용이성이 있다]

핀테크의 개선된 결제 시스템은 고객관계관리 및 대금청구와 수금 등에서 모든 기업에게 도움이 된다. 핀테크의 솔루션은 전자 송장관리 포털과 공급사슬 파이낸스 솔루션도 포함한다.

### [고객만족 증대가 가능하다]

핀테크는 모바일 기기와 태블릿을 이용하여 거래할 수 있도록 한다. 이와 같은 기기를 이용하는 거래는 좀 더 효율적이고 고객만족을 증대시킬 수 있다.

### [정보의 비대칭성을 해소할 수 있다]

핀테크는 시장에서 정보의 비대칭성을 해소하여 투자자와 대부자와 대출자를 연결하는 능력을 개선할 수 있다.

### [로보 자문이 가능하다]

로보 자문(robo-advisors)과 같은 혁신적인 서비스를 이용하면 광범위한 고객들에게 금융자문을 해줄 수 있다. 이렇게 되면 일반인들도 보험투자 등 금융 관련 문제에서 좀 더 나은 의사결정을 할 수 있게 될 것이다.

### [자원의 효율적 배분에 기여한다]

인터넷이 모든 사람들에게 정보의 접근성을 가져온 것처럼, 핀테크는 시장에서 정보의 비대칭성을 줄이고, 위험을 감소시키며, 자원을 좀 더 효율적으로 배분하게 하는데 기여하게 될 것이다.

### [빠른 의사결정이 가능하다]

대출에 있어서 빠른 의사결정을 할 수 있다. 담보 없이도 대출 신청을 할 수 있으며, 수분 이내로 대출 여부를 결정하는 기관들이 서비스를 하게 된다.

### ⑫ 위험관리와 보안관리에 도움이 된다

핀테크 산업의 선두 주자들은 신기술이 금융시스템의 위험을 좀 더 잘 관리할 수 있게 할 것이다. 또한, 거래의 디지털화로 인해서 감사기능이 향상되고 지급 시스템이 좀 더 투명해지고, 거래의 보안성 향상에 도움이 될 것이다.

### ⑬ 새로운 가치 스트림 생성이 가능하다

블록체인과 가상화폐가 성공적으로 결합하면 금융서비스뿐만 아니라 경제 전반에 걸쳐서 새로운 가치 스트림이 발생될 수 있다고 한다.

### ⑭ 경쟁촉진을 한다

정보기술에 의한 경쟁을 촉진하게 된다.

[참고문헌]

- 김희철·이신규, 국제무역의 이해, 두남, 2004
- 박규영·양의동, 무역학개론, 동성출판사, 2003
- 박종수, 무역창업의 이해, 삼영사, 2006
- 박종수·채훈, 무역실무론, 삼영사, 2008
- 이시환·김정회, 국제운송론, 대왕사 2005
- 중소기업청, 중소기업지원시책안내, 2008
- 추창엽·이주섭, 무역전문 인력 양성을 위한 교재, 재능대학, 2007
- 한국무역협회, 무역실무, 2009
- IBSC, 중소기업 콜센터 상담 사례집, 2007
- 전자무역 이론과 실무 김연동 저, 2013.6, 두남
- 무역실무의 모든것, 김연동.이준호 저, 2009.6, 원앤원북스
- '무역 e-마켓플레이스」 현황과 발전방향 2010.11 이씨플라자㈜
- 검색엔진마케팅 & 소셜네트워크 서비스 활용 2012.11 이씨플라자㈜
- 무역실무의 모든 것 2009.6 김연동/이준호 저
- e-Trade시대의 무역공급망관리 2012.8 김연동/최경주 저
- PAA 동아시아 전자무역 구축 소개 2004.11 ㈜한국무역정보통신
- 중소기업수출경쟁력 강화를 위한 전자무역마케팅 혁신 마스터플랜 수립 2007.3 전자무역추진위원회
- 유비쿼터스 시대를 대비한 전자무역실무 2007.8 조원길 저
- 쉽게 배우는 EDI, 2007.8 ㈜한국무역정보통신
- 전자무역론 2011.6 이상진
- 전자무역실무 학습교재 2008.8 조원길, 김연동
- 전자적 수출환어음 매입(e-Nego) 서비스 2011.2.14 한국무역협회
- 2012년도 전자정부지원사업 제안요청서 2012.05 지식경제부
- ASEM 전자무역 네트워크 구축사업 소개, 2004.5 ㈜한국무역정보통신
- 해외수출마케팅 e-Biz지원 사업 설명회_e-MP 활용 교육_2010.07.14 이씨플라자㈜
- PAA 동아시아 전자무역 구축사업 소개, 2004. 11 ㈜한국무역정보통신
- 무역업체 대상 eNego 서비스 설명자료, 2011.02.14 ㈜한국무역정보통신
- 칠레 전자무역 분야 FS 컨설팅, 2010.5 정보통신산업진흥원
- 우즈베키스탄 전자무역 분야 FS 컨설팅, 2008.12 정보통신산업진흥원
- 루마니아 전자무역 분야 FS 컨설팅, 2009.10 정보통신산업진흥원
- 무역협회 http://www.kita.net/
- 한국무역정보통신 http://homepage.ktnet.co.kr/ktnet
- 외교통상부 자유무역협정FTA http://www.fta.go.kr/new/index.asp
- FTA종합지원포털 http://www.ftahub.go.kr/
- 대한상공회의소 무역인증서비스센터 http://cert.korcham.net/
- 수출대금카드결제 http://kops.buykorea.org/index.jsp
- 수협은행 글로벌구매카드 서비스소개
- 전자무역 포털 https://www.utradehub.or.kr/
- 이씨플라자(주) http://ecplaza.net/
- 원산지관리시스템 http://www.ftapass.or.kr/index.do
- 대한무역투자진흥공사 http://www.kotra.or.kr
- 관세청 http://www.customs.go.kr
- 관세청 http://portal.customs.go.kr

## [이 주 섭]

순천향대학교 국제통상학 경영학 박사, 청운대학교 인천캠퍼스 국제통상학과 조교수 역임, 청운대학교 AMP최고경영자과정, 공·항만 물류 최고경영자 과정 주임교수 역임, 청운대학교 글로벌 물류연구소 연구원 역임, 현)숭실대학교 벤처경영학과 무역학 초빙교수

경력사항
2007~2009 (사)한국통상정보학회 이사 역임
2014~2016. 12 (사) 한국국제상학회 상임이사 역인
2017~현)㈔한국물류학회원
2016~현)㈔한국국제상학회 부회장(6년,연속)
2021~현)㈜인천시 스마트시티 비 상임이사
2021~현)인천축산농협 운영평가 자문 위원
2022~현)인천 연수구의회 인사 평가 위원
2022~현)인천환경공단 인사(면접) 위원

### [연구부분 논문/과제]
- 한국국제상학회 : BPO거래의 당사자간 법률관계 연구, 2021. 06. 이주섭, 장은희
- 한국국제상학회 : 전자결제시스템의 유형별 비교 연구, 2021. 03. 이주섭, 장은희
- 한국 물류 학회 : 전자무역시 ERP가 수출입 물류효율화에 미치는 영향에 관한 연구, 공저 유준수, 이주섭(교신저자), 이양규 2020. 5
- 한국 국제 상학회 : INCOTERMS 2020의 개정사항 특징과 시사점 고찰. 2020. 6.

### [저서]
- 무역창업실무경영, 에이드북, 2010.
- 무역경영의 이해(창업과EDI실무중심), 에이드북, 2014.
- 무역창업론(수출·수입을 중심으로), 에이드북, 2016.
- 4차 산업혁명시대의 국제물류와 운송(incoterms 2020 중심으로), 에이드북, 2020.
- 4차 산업혁명시대의 국제무역, 에이드북, 2021.
- 국제무역법규, 두남, 2022.

## 4.0 시대의 무역학개론

1판인쇄 : 2022년 2월 25일
1판발행 : 2022년 2월 28일
저　　자 : 이 주 섭
발행자 : 양 준 석
발행처 : **에이드북**
주　　소 : 서울 동작구 사당로 9가길 6
전　　화 : 02)596-0981
팩　　스 : 02)595-1394
신　　고 : 제2016-000001호
e-mail : aidbook@naver.com
정　　가 : **24,000**원

ISBN : 978-89-93692-60-0　　13320